郭忠华 编著

巨变时代的社会理论

名家访谈录

创于1897
商务印书馆
The Commercial Press

序　言

1895 年，阿克顿在剑桥大学发表就职演说，表达了其对于徐徐而来的现代社会的信念：

> 始料未及的是，在变革法则的支配下，自古以来的延续性纽带被剪断了，现代世界建立在新秩序的基础上。在那些日子里，哥伦布颠覆了人们的世界观，改变了生产、财富和权力的存在条件；马基雅弗利把政府从法律的限制中解放出来；伊拉斯谟将古代的学说潮流从世俗引入基督教的渠道；路德打破了权威和传统锁链中最坚实的环节；哥白尼则更是激起了一种惊人无比的力量，为未来的进步树立起永恒的标记……这是新生命的觉醒，世界在一种前所未知的力量的影响下，运转在一条与往昔截然不同的轨道上。①

阿克顿所表达的是人类历史在"曾是"（was）与"是"（is）之间出现的断裂，社会之基从锚定在"历史"上转变为锚定在"未来"上，现代社会正从与传统社会的分道扬镳中昂首前行。时下的社会尽管仍被看作"现代社会"，现代性尽管仍被看作是一项"未完成的工程"（尤根·哈贝马斯），但当前的社会却似乎越来越与其早期阶段大异其趣。思想家们已使用了大量的词汇来标示当前社会的特异性，如"后工业社会"（丹尼尔·贝尔）、"风险社会"（乌尔里希·贝克）、

---

① 转引自安东尼·吉登斯：《资本主义与现代社会理论：对马克思、涂尔干和韦伯著作的分析》，郭忠华、潘华凌译，上海译文出版社，2018 年，第 1 页。

"后现代社会"（福柯）、"高度现代性社会"（吉登斯）等。无论如何，人类社会都似乎又运转在一条"与往昔截然不同的轨道上"，存在诸多的线索可以标示已然出现的断裂。

第一，"经济全球化"的发展。全球化首先是作为一种经济现象而出现的。相对于现代社会早期政治、经济、社会一定程度上在同一个民族国家边界范围内齐步成长的格局，当代经济正运行在全球性的市场上，正演变成为一种世界经济。在这种世界经济中，跨国公司成为最重要的主体，民族国家则不再构成其中的要点。正如哈贝马斯所指出的："今天与其说是国民经济埋置在国家的界限内，不如说是国家埋置在市场之内。"①

第二，一系列"新技术"的发展。1957 年，第一颗人造地球卫星发射成功，预示着"地球村"时代即将来临。数十年之后，人类已建立起遍及整个地球的卫星通信系统，人类真正生活在"地球村"时代。与此同时，网络技术、微电子技术、空间技术、新材料技术、光电技术、生命技术、医学技术等也突飞猛进。"这些技术突破是成群地出现，彼此间以正向的反馈过程互动。"② 在这些不断正向增强力量的推动下，人类社会正迅速摆脱与其早期阶段的藕断丝连而进入一个崭新的时代。吉登斯曾把欧洲绝对主义晚期全球地理知识的形成、近代军事和资本主义力量的发展看作人类历史发展过程中的"双重断裂"。③ 但我们现在似乎正处在一种"多重断裂"中：从信息匮乏转向信息大爆炸、从自然智能转向人工智能、从自然基因转向编辑基因、从地球中心转向立体化与虚拟化共存的多元空间等。"世界是平的""网络社会的兴起""机器学习""基因编辑"等晚近词汇标示了这种多重断裂性。

第三，一系列"全球性问题"的兴起，体现在全球经济危机、全球气候变化、全球难民危机、全球恐怖主义等方面。全球经济危机与

---

① 中国社会科学院哲学研究所编：《哈贝马斯在华讲演集》，人民出版社，2002 年，第 108 页。

② 曼纽尔·卡斯特：《网络社会的崛起》，夏铸九、王志弘等译，社会科学文献出版社，2001 年，第 31 页。

③ Anthony Giddens, *The Nation-State and Violence*, Cambridge：Polity Press, 1985, p. 92.

经济全球化携手同行。从某种意义而言，资本主义的全球扩张已经为
全球经济危机准备好了舞台。全球经济危机尽管历时已久，但时至今
日仍未找到有效的解决之法，这一点从 2008 及此后数年所出现的全
球金融危机中可见一斑。全球气候变化则是一个晚近才得到凸显的问
题，尽管它威胁巨大，但由于在日常生活中不是有形、直接和可见
的，以致许多人袖手旁观，甚至怀疑它根本就不存在。然而，正如吉
登斯所指出的，气候变化问题一旦变得有形、具体和严重，想要解决
却为时已晚。① 全球难民危机亦是晚近才成为引人注目的一种现象。
由于战乱、灾害、偷渡等原因，20 世纪末以来，国际社会出现了一股
规模宏大的难民潮。时下，这一浪潮已被视为一种政治上的威胁（因
介入他国而引起政体不稳，造成对国家安全的伤害）、经济上的威胁
（损害福利国家制度）和文化上的威胁（对民族属性的损害）。② 全球
恐怖主义则是一种更加晚近的现象，全球恐怖主义不论在范围、组
织、手段、目标等方面都表现得与传统恐怖主义迥然相异，它的活动
范围是全球性的，并受到特定国家或者政府的支持，它以现代主义的
手段（如通信技术）来反对现代主义，并旨在逆转世界政治的潮流。③
以 "9·11 事件" 为标志，恐怖主义已成为生长在人类社会肌体上难
以祛除的毒瘤。

　　这是一个远远超出马克思、涂尔干、韦伯等经典社会理论家们所
描述的时代。面对不断崭露头角的现代性社会，马克思等经典思想家
们从各自的立场出发，对现代社会的产生动力、基本轮廓、主要矛盾
和发展前景等问题做出了说明，形成了体系完整且特色各异的现代社
会理论。经典思想们的社会理论尽管对他们所处的时代做出了深刻
的说明，但由于他们主要生活在 19 世纪这一现代社会初露端倪的阶

---

① 安东尼·吉登斯：《气候变化的政治》，曹荣湘译，社会科学文献出版社，2009
年，第 2 页。
② 参见卡特琳娜·维托尔·德文登：《国家边界的开放》，罗定蓉译，社会科学文
献出版社，2010 年。
③ 安东尼·吉登斯：《全球时代的民族国家》，郭忠华编，江苏人民出版社，2010
年，第 312—313 页。

段，很难预知 20 世纪中后期以来人类社会将发生的沧桑巨变。基于这一情形，众多思想家以当代社会状况作为言说对象，以经典思想家所建构的社会理论作为基础，阐明其对当代社会的理解，形成了各种特色鲜明的当代社会理论。例如，吉登斯、鲍曼等人有关晚期现代性社会的理论，贝克等人有关风险社会的理论，福柯等人有关后现代社会的理论，贝尔等人有关后工业社会的理论，以及弗里德曼、曼纽尔等人有关网络社会的理论，等等。

当代社会理论种类繁多、异彩纷呈，呈现出明显的多元化特征。这种状况为对话的不同思想家提供了肥沃的土壤。在过去的十余年间，出于对当今社会巨变的敏感和对西方社会理论的好奇，笔者基于不同的主题先后对吉登斯等一系列当代西方著名思想家进行了深度访谈，从而形成了这本《巨变时代的社会理论：名家访谈录》。为使读者对本书具有一个更好的理解，对这些访谈的背景做一简单介绍似乎很有必要。

所有访谈都出于笔者对当代社会巨变的明确感知和对于当代西方社会理论的浓厚兴趣。这种感知和兴趣既来自 21 世纪初以来与吉登斯所进行的一系列深入交往，也来自与基恩、雅诺斯基等许多其他思想家的偶然际遇。我把 20 世纪中后期以来的高度现代性阶段看作"巨变时代"，围绕"巨变时代的社会理论"这一主题，全书共划分为四章。第一章是"巨变时代的思想追踪"，主要追溯马克思、涂尔干和韦伯的经典社会理论，探讨经典思想家对于现代社会的理解及其在理解巨变时代方面的得失。第二章是"巨变时代的政治解读"，主要从政治视角来理解当代社会，探讨民族国家、政治民主和福利制度在当代社会所出现的最新变化。第三章是"巨变时代的社会解读"，主要从社会的视角来理解当代社会的情形，探讨西方公民社会、公民身份、性别平等和全球气候等领域所发生的最新变化。第四章则是"巨变时代的展望与方法"，主要表明部分思想家对于当代社会的发展展望和研究方法。

全书一共收录了 5 篇对吉登斯的访谈。这不仅是出于我与吉登斯所建立起来的深厚友谊，而且是出于吉登斯在刻画当今时代巨变方面所产生的深刻影响。21 世纪初，当吉登斯的"第三条道路"思想如一缕清风吹拂我国思想界时，初登学术殿堂的我亦沐浴在这缕春风之中。但遨游于其广袤的思想之海，最终真正吸引我的却是其围绕"现代性"线索所建构起来的深邃社会理论。没有太多的犹豫，我便选择了以吉登斯的现代性思想来作为博士论文的研究对象。随着博士论文的完成，吉登斯思想不仅构成了我的学术研究对象，而且还深深影响了我的情感认同。在我看来，尽管吉登斯在当下已越来越淡出人们的视野，但马丁·奥布赖恩（Martin O'Brien）对于 20 世纪末的吉登斯的评价仍然是经得起时间检验的。他指出："吉登斯是一位划时代的社会理论家、出版界的独行侠和影响越来越大的政治哲学家。"① 在社会理论领域，吉登斯不仅创造了一条从社会心理角度来理解现代性的进路，而且围绕这一进路建立起了完备的现代性理论，内容涉及高度现代性社会的动力来源、制度维度、主要问题和发展展望等。即使在当下，吉登斯有关认同、脱嵌、反思性、时空、风险、全球化等观点，仍然是社会理论领域中不可忽视的存在。

在 2004 年博士论文完成后的近十年间，沿着"晚期现代性社会"这一线索，我继续将对吉登斯现代性思想的研究推向广延和纵深。2007 年，我在中山大学组织召开了"吉登斯与现代社会理论"学术研讨会，吉登斯亲自参加了该次会议。两年以后，我又以访问学者身份留学英国，使我有更多的机会接触到吉登斯。通过这些机会，我不仅完成了除博士论文之外的另一本有关吉登斯现代性思想研究的专著（《现代性理论脉络中的社会与政治——吉登斯的思想地形图》，上海人民出版社，2010 年）和大量译著，而且还对吉登斯本人进行了一系列专访。这些专访涵盖了经典思想家的现代性理论、民族国家理论、结构化理论以及气候变化的政治等。通过这些访谈，我们有可能了解他与马克思等经典思想家之间的知识关联，他对于当代民族国家、社

---

① Anthony Giddens, Christopher Pierson, *Conversations with Anthony Giddens*: *Making Sense of Modernity*, Stanford: Stanford University Press, 1998, p. 1.

会学研究方法以及气候变化等问题的看法。访谈中所透露出来的诸多信息很难见诸吉登斯的各种著作中，因而是了解其晚期现代性思想的不可多得的材料。

晚近十年来，除吉登斯思想之外，公民身份、国家理论等亦成为我学术研究的重要主题。围绕着这些主题，我曾举办一系列国际性学术会议，如"公民身份、公民社会：世界主义的挑战"（2010）、"东方社会的公民身份"（2013），或者应部分学者的邀请赴国外从事学术交流。通过这些活动，我有机会与一系列在社会理论领域具有广泛影响的学者进行深入的交流，其中的一些重要场景至今仍历历在目。

在政治维度板块，除开对吉登斯的那篇访谈之外，其余 3 篇的背景情况大致如下。2010 年，当我仍是英国谢菲尔德大学的访问学者时，有幸认识了当时正在该校政治学系任教的新马克思主义者柯林·海伊（Colin Hay）。海伊当时在英国政治学界的名气如日中天，且在剑桥读书期间曾受教于吉登斯。这些背景使我有与他进行面对面交流的冲动。围绕着"西方马克思主义的国家理论谱系"主题，我对他进行了一次富有成效的专访。他对于西方马克思主义国家理论谱系的清晰梳理，至今仍让我印象深刻。2009 年，著名学者约翰·基恩（John Keane）出版了其极富争议的著作《民主的生与死》（*The Life and Death of Democracy*）。在该书中，他把"监督式民主"（monitory democracy）看作继古希腊广场式民主、近代代议制民主之后的第三大发展阶段。此后一段时间，他对其"监督式民主"理论进行了广泛的宣传。2010 年，基恩应邀参加我在中山大学组织的国际学术研讨会。利用这一机会，围绕"监督式民主"专题，我对他进行了一次深度访谈。专访不仅使我对监督式民主有了全面的认识，而且也使他意识到该理论存在的局限。基恩的态度是开放的，他后来将该访谈稿张贴于其专门为《民主的生与死》所建立的宣传网站上。同样是在 2010 年，由笔者主持翻译的《重新思考公民身份》（*Rethinking Citizenship*）中文版面世。该书于 1992 年由政体出版社（Polity Press）首次出版。为了使作者站在 21 世纪的时代背景下对西方福利制度的晚近发展做更新的思考，我对莫里斯·罗奇（Maurice Roche）教授进行了一次书面专访。访谈先是我向他书面提出一系列问题，由他做出完整的书面回答。在此基础上，再辅以面访以进行补充。该次访谈使该著作的内容跟上了时代发展的步伐，完整呈现了西方福利制度的经典范式、主要问题及其最新走向。

在社会维度板块，除对吉登斯的访谈外，其余 3 篇的访谈背景大致如下。托马斯·雅诺斯基（Thoms Janoski）是美国著名社会学家，曾出版《公民与文明社会》（*Citizenship and Civil Society*）等重要著作。2010 年和 2013 年，他曾两次赴中山大学参加笔者组织的学术研讨会，笔者也曾赴美国与其共同讲授相关课程。收入本书的《文明社会的领域划分与互动机制》是 2010 年他来中山大学参加学术会议时笔者对他所做的一次专访。访谈主要以《公民与文明社会》为蓝本，详细讨论了文明社会（civil society）内部的领域划分（国家领域、公共领域、市场领域和私人领域）以及彼此间的互动关系，有助于我们理解西方公民社会内部的复杂构成。恩靳·艾辛（Engin F. Isin）是当代著名的公民身份研究专家，长期担任《公民身份研究》（*Citizenship Studies*）期刊主编。2013—2014 年间，笔者曾与其进行了一系列富有成效的合作，如共同举办"东方社会的公民身份"国际学术研讨会、共同主持"东方社会的公民身份"中英博士联合培养与科研合作项目等。在公民身份研究领域，艾辛最有抱负的理论主张是建立"东方主义之后的公民身份"（Citizenship after Orientalism）理论体系——超越"西方中心主义"的视角，从东方社会内部来挖掘公民身份的要素。这种努力一定程度上反映了他对西方公民身份的主流理论所做的反思。收入本书的《公民身份的理论内涵与视角转换》反映了他在这方面所做的思考，它不仅详细梳理了西方公民身份的含义流变，而且详细讨论了艾辛对于"东方主义之后的公民身份"的看法。《公民身份：女性主义的视角》专访于 2009 年在英国拉夫堡大学进行。露丝·李斯特（Ruth Lister）是英国著名的女性主义者，她不仅对妇女、儿童等权益保护问题倾注了大量的心血，而且还出版了专著《公民身份：女性主义的视角》。即使是现在，该书仍然是公民身份研究领域中很难绕过的著作。访谈主要围绕该著作进行，在访谈过程中，李斯特详细阐明了她对于公民身份的理解，以及她对于"女性-友好型公民身份"（woman-friendly citizenship）的期待。

在第四部分的 3 篇访谈中，除对吉登斯的访谈外，其余 2 篇的情况主要如下。杰拉德·德兰迪（Gerard Delanty）是英国著名学者，其对于世界主义的研究在公民身份和文化研究领域具有广泛的影响。2010 年，他应邀来中山大学参加我所组织的"公民身份、公民社会：世界主义的挑战"国际学术研讨会，并为会议提交了论文《世界主义政治共同体的建构：对重大社会变迁的解释》。会议期间，围绕"世界主义政治共同体的建构"问题，我对他进行了一次富有成效的专访。对乔恩·埃尔斯特（Jon Elster）的访谈于 2013 年在中山大学进行。此前，我曾翻译过埃尔斯特的代表作《心灵的炼金术：理性与情感》。在该书中，作者对社会科学研究的特殊性进行了说明，并提出从"方法论个人主义"和以"机制"（mechanism）的方法来进行社会科学研究的观点。我对这一点印象深刻。2013 年，埃尔斯特应邀前来中山大学访问。值此机会，我对他进行了"社会科学的解释模式与方法论个人主义"专访，访谈的内容集中反映了他对社会科学研究的独特思考。

这些访谈尽管离现在已略有时日，但它们的内容却并没有因此过时。相反，随着社会巨变进一步向纵深发展，许多访谈反而凸显了被访谈者的洞察力和预见性。时下，我们所处的时代变幻莫测，没有人知道它最终将去向何方。它将给人类带来福祉，抑或使人类承受风险？理解时代巨变需要有穿透时代迷雾的能力，我希望广大读者能够借助这些思想家们的双双慧眼，在重重迷雾中窥透时代的本真面目。

郭忠华

庚子年季秋于祈乐苑

目 录

第四章　巨变时代的展望与方法

第一章
巨变时代的思想追踪

安东尼·吉登斯

安东尼·吉登斯（Anthony Giddens），当代著名思想家。1938 年出生于伦敦北部的埃德蒙顿，分别从英国赫尔大学（University of Hull）、伦敦政治经济学院和剑桥大学获得学士、硕士和博士学位，先后就职于英国莱斯特大学（University of Leicester）、剑桥大学和伦敦政治经济学院，曾担任伦敦政治经济学院院长之职。2004 年退休后，被授予爵士头衔，成为英国上议院议员。曾被誉为英国前首相托尼·布莱尔的"精神导师"，并参与创建政体出版社。吉登斯早年的学术思想主要集中在对经典思想家著作的反思、社会学研究方法的重建、民族国家理论和现代性理论等主题的研究上。1998 年之后，其思想表现出明显的现实转向，旨在对现实政策和大众思想产生广泛影响。到目前为止，已出版著作 40 余部，代表著作包括《资本主义与现代社会理论：对马克思、涂尔干和韦伯著作的分析》《历史唯物主义的当代批判》《社会的构成：结构化理论大纲》《第三条道路：社会民主主义的复兴》等。

　　（马克思、涂尔干、韦伯）都为解释现代社会提供了重要的视角，但是，他们都是从某种单一的角度解释现代社会的。但实际上，这些视角之间并不是非此即彼、彼此排斥的关系，它们代表了创造现代社会的不同力量。

——安东尼·吉登斯

经典思想家与现代性
——对安东尼·吉登斯的访谈

　　背景介绍：现代社会是一种迥异于传统社会的社会形态，现代社会具有其自身独特的发展动力、表现形态、内在矛盾等。在如何理解现代社会方面，以马克思、涂尔干和韦伯为代表的经典思想家曾从各自不同的立场出发建立起完备的理论体系，对后世社会理论产生了深远的影响。20 世纪70 年代初，安东尼·吉登斯出版著名的《资本主义与现代社会理论：对马克思、涂尔干和韦伯著作的分析》，对三大思想家的理论体系进行全面总结。该书后来被誉为"理解社会学三大经典传统的系统入门书""本科生、研究生教材的生命线"。本次访谈主要围绕"经典思想家与现代性"主题展开，初步呈现经典思想家有关现代性理论的不同理路。在访谈最后还附录了一个吉登斯有关"马克思和马克思主义"的演讲，以便使读者对马克思的现代性思想形成更加深入的理解。

自左至右：阿丽娜·莱德尼娃（吉登斯夫人）、安东尼·吉登斯、

郭忠华、孙关宏、付春、彭军

（2007年12月3日于上海）

郭忠华： 在您的学术生涯中曾对马克思、涂尔干、韦伯等三大思想家进行了长期而细致的研究，将他们看作经典社会学家。请问这三大经典社会学家中，谁对您的影响最为深刻？您现在是如何评价他们的？

吉登斯： 马克思是一位深刻影响了我们时代发展的思想家，但我早年深受涂尔干的影响。他不像马克思那样有过亲自参与政治实践的经历，所以他的思想具有严密的体系性。我曾经出版过数本有关涂尔干的著作，如《埃米尔·涂尔干》《涂尔干论政治与国家》等，他为解释现代社会的兴起提供了一种与马克思迥然相异的理论范式。至于韦伯，我早年也曾经投以大量的精力。你知道，他在解释现代社会兴起的时候，尽管也把资本主义的兴起看作现代社会兴起的标志，但他是从"资本主义精神""新教伦理"的角度做出解释的。至于如何来评价他们，在现在看来，他们都为解释现代社会提供了重要的视角，但是，他们都是从某种单一的角度解释现代社会的。但实际上，这些视角之间并不是非此即彼、彼此排斥的，它们代表了创造现代社会的不同力量。另外，马克思的历史唯物主义理论带有非常浓厚的历史目的论色彩，认为人类最终将进入一个超越私有制、超越剥削、没有阶级甚至不存在商品的共产主义社会。我要说，历史是没有目的的。韦伯则认为，现代社会将会进入一个无所不在的官僚制"铁笼"的统治，实际上这种情况并没有出现。

郭忠华：　您所指的重要角度应当是马克思的"资本主义"、涂尔干的"工业主义"和韦伯的"理性化"吧。我读过您早年出版的小册子《马克斯·韦伯思想中的社会学与政治学》，尤其为您对韦伯的"理性"思想的解读所吸引。在那里，您对理性进行了复杂的分类，如目的理性、工具理性、形式理性、实质理性、价值理性等，您能对这些理性形式进行简单比较吗？

吉登斯：　那是我非常早的一本书，就某些具体内容而言，我已记得不太清楚了。但你说的"理性"，的确是我在此书中要进行重点分析的内容，因为它代表了韦伯分析现代社会兴起的核心观点。就韦伯的理性而言，目的理性实际上表示新教徒世俗生活的最终目的，那就是印证自己已成为上帝的选民，与实质理性和价值理性大致有相同的含义，但形式理性和工具理性代表的是清教徒在世俗生活中的理智。按照韦伯的说法，它们表现在复式簿记的发展上。两者间的关系表现在：工具理性以价值理性作为前提。清教徒之所以在世俗生活中过着高度理性化的生活，关键在于他们对上帝的崇信，世俗生活中的清醒和努力是出于对上帝所尽的"天职"。在韦伯看来，这种精神非常有利于资本主义的发展。

郭忠华：　您在《资本主义与现代社会理论》一书中，仅仅分析了马克思、涂尔干、韦伯等三位思想家。但按我的理解，格奥尔格·西美尔也是相当重要的一位社会学家，他有关"形式社会学""现代文化的矛盾""陌生人"等观点也有着广泛的影响，请问您是如何看待西美尔的理论贡献的呢？

吉登斯： 你说得有道理，但当我写作《资本主义与现代社会理论》的时候，我只能集中精力分析这三位社会学家。从现在来看，把这三位思想家看作现代社会学的奠基人已经得到广泛的接受。当我写作该书的时候，曾经对西美尔进行过某些分析，但实在精力有限，无法对四位思想家同时展开分析。即使从现在来看，对西美尔的研究也还非常不够，他的著作涉猎广泛，是一位知识渊博的思想家，应该对他进行更充分的挖掘。

郭忠华： 那就又回到三大思想家上来吧！按照我对您的理解，三大思想家的著作代表了古典现代性理论的三大解释范式，而您在进入 20 世纪 90 年代以后，对三大思想家进行了有力的综合，描绘了一幅高度现代性社会的图景：资本主义、工业主义、监控和军事暴力。您描述了一幅高度现代性社会的图景，但却对它的产生原因没有进行充分和专门的分析，为什么会这样呢？

吉登斯： 在《现代性的后果》中，我描绘了一幅现代性图景，并就高度现代性社会对个人的认同机制、信任机制、亲密关系等的影响进行了简要分析。在该书中，我也提及了高度现代性社会的形成原因，如设计错误、操作失误等，尤其是知识的反思性应用和行动的未预期后果等，只是没有对它们展开专门分析而已。

郭忠华： 那您为什么不对它们进行专门分析呢？那不是一件很有意义的事情吗？

吉登斯： 20 世纪 80 年代以后，整个世界发生了巨大的变化，这种变化即使在 20 世纪中期都是无法想象的。在这以前，不论是媒体、政治领导者还是学术界，很少有谁提及"全球化""现代性"词汇。但进入 20 世纪 80 年代以后，全球化的进程明显加速。全球化带给我们的是一个充满机会和风险的世界，一个地方出现的问题，迅速在全球其他地方也感觉到了。"9·11 事件"是人类的一次悲剧，但同时也是一次全球性事件，当第二架飞机撞击世贸大楼的时候，全球有大约七百多万人在同步收看。与前三十年相比，这个世界正迅速进入一个与此前大不相同的时代。一边是大量的机遇，另一边是严重的风险和不确定性。它给民族国家的主权带来了挑战，同时又给民族国家提出了更高的要求。全球化就是现代性的全球化。在那个时候，学术界对于全球化和现代性的分析却表现得严重不足。正是在这样一种情形下，作为一名社会学家，我感到最紧迫的任务在于解释什么是"全球化"和"现代性"，并且找到民族国家应对它们的现实策略。

郭忠华： 我能理解您作为一名社会学家所感到的时代责任，并试图对其原因做出解释。记得您在《现代性的后果》《现代性与自我认同》等著作中曾提出过"解放政治"和"生活政治"等概念，似乎是对其中原因的总体解释和展望，但您在这些著作中对它们的解释并不多。不知您是怎么看待这对概念的？能否对它们的涵义进行更充分的阐释？

吉登斯： 这两个概念的确是一对我已经提出但又未多加论证的概念。我所说的"解放政治"，主要指启蒙运动以来的以人为中心、把其他一切都看作人的对象的政治。这种对象化集中体现在"解放"的追求上，追求从传统中解放出来，追求对自然的征服，追求从不平等状态中解放出来，推翻传统政治统治。解放政治体现的是一种"主奴辩证法"。但现实表明，历史并没有按照启蒙思想家所设计好的方案发展。从现在看，解放政治方案是不成熟的，当人把一切东西都作为征服对象的时候，作为意外后果，人自身也成为自然、政治的"他者"。因此，我提出"生活政治"的概念。生活政治代表一种生存理念，它不再把一切都看作"他者"，它首先要求我们考虑高度现代性条件下我们应当如何生活，复活被现代性压制的道德、伦理问题，重新考虑人与自然、人与传统乃至人与自身的关系，重视女权运动、环保运动、劳工运动等的意义。这些都是现代性迫使我们思考的问题。

郭忠华： 20 世纪 90 年代末，您提出的"第三条道路"曾风靡一时，但据我了解，到 2001 年以后，您就再没有出版以"第三条道路"为题的著作。这是否意味着您开始思考新的问题？如果是的话，它们又是什么问题呢？

　　吉登斯： 的确，自那以后，我很少谈及"第三条道路"这一主题。"第三条道路"当时之所以能带来如此广泛的影响，关键在于它切合了当时工党的政治需要。工党在经过十余年的沉沦之后，它需要一种新的政治思维，而且布莱尔也找到了它。"第三条道路"包含了广泛的内容，当然也受到许多攻击。但如果说我现在所从事的研究与"第三条道路"完全不同，那也不能这么说，因为我现在考虑的内容有许多是"第三条道路"思想的继续。比如，关于福利国家的改革，我有了更加具体的研究主题，比如"欧洲社会模式"（European Social Model）。在《全球时代的民族国家》中，我对欧洲社会模式进行了专门论述，因为欧盟模式已成为一种重要的实践。欧盟尽管存在各种问题，但它潜在地成为世界其他地方的治理模式。欧盟所要探索解决的问题在于：保留民族国家的政治单位，保留国家认同、国家主权，同时又尝试建立一个多层级的治理体系。欧盟尝试解决的问题就是当今民族国家必须或者将要解决的问题，由民族国家所组成的世界很大程度上取决于欧盟试验的成败。这种模式既不是很多人所说的那样是"民族国家的终结"，但又能建立一个具有共同法律、共同货币和集中权力的政治框架。

　　郭忠华： 从莱斯特大学开始算起，您的学术研究和政治实践历程已逾40年之久，这期间您从事了一系列不同的研究，如对经典思想家著作的反思、结构化理论、现代性、"第三条道路"等。难道它们就如此彼此不相关吗？您能否对您的思想历程做一个简短的总结？

　　吉登斯： 从那时算起，我的确经历了40多年的学术和政治生涯。你所说的这些主题也就代表了四个不同的阶段。对经典社会学家著作的分析是我学术研究的第一阶段，因为在那时候我面临了两种现实：一是当我投身于学术研究的时候，经典思想家的著作存在着广泛的影响，这些产生于18和19世纪的理论著作仍然具有极大的重要性；二是社会现实已经发生巨大的变化，与经典思想家建构其理论的时代有着极大的不同。这种局面一方面使我必须从经典思想家的著作中吸取营养，另一方面又必须去反思他们存在的不足。在这种情况下，我花了很大的精力来分析经典思想家们提出的社会理论。

第二阶段是结构化理论的提出和建立。即使是现在，我都仍然认为，社会学研究存在着"两极分化"（polar division）的现象，那就是或者从行动者（agent）的角度出发解释社会，把能动性置于社会解释的首要地位，或者从结构（structure）的角度出发，把社会力量看作最终的解释因素。结构化理论的目标在于从一种辩证的立场出发，重构主体与客体之间的关系。比如我们日常生活中的语言，说话者在使用语言进行交流的时候，既是其能动性的表现，他能熟练地使用语言符号和语法规则进行交流，语言是行动者进行交流的媒介。但反过来看，语言也对行动者构成制约——我不懂得汉语，因此没有办法用汉语进行交流。还必须看到，通过行动者的反复使用，语言不断得到再生产。结构化理论的主要目标就在于走出这种两极分化的现象，使它们辩证地联系在一起。进行这一研究的时间大致是 20 世纪 70 年代中后期到 80 年代上半期。

第三阶段是 80 年代中后期到 90 年代早期，集中对现代性和全球化进行研究。许多人认为，我们已经进入一个后现代社会。我却不这样认为，现在并没有出现与现代社会制度完全不同的社会制度。实际上，当前的情况恰恰表明现代社会越来越表现出它的纯粹形式。当然，我认为，我们处在一个后工业社会，这也正是许多人认为我们进入了后现代社会的原因。后工业社会体现在从事手工操作的人数大大下降和服务业的极大发展上。现代性在现代社会与前现代社会之间划下清晰的界线，这是一种问题重重的思想理念。对我来说，现代性体现在两大组织的发展上：工业化生产+民族国家（或者现代国家）。从 20 世纪末至今，全球化趋势表现得非常明显，作为一名社会学家，你必须对全球化、现代性所带来的问题做出解释。因此，80 年代中后期以后，我又加入了有关全球化和现代性的讨论中去了。

第四个阶段是对于现实政治的参与。面对全球化和高度现代性的社会，政府应当如何加以应对，多元文化主义意味着什么，身处充满冲突和困境的民族国家，应当如何建立起多层治理体系，等等。

回顾自己的知识生涯，我还可以把它划分为两大阶段。第一阶段是作为学者，在大学里从事学术研究，我提出了很多较为抽象的理论，尤其是结构化理论。那时，我的写作对象主要是知识分子群体，主要是从事学术性思考。第二阶段是作为一名社会思想家，我不仅针对知识分子群体进行写作，而且针对政治家和一般社会民众写作。如果说前一阶段是要使人变得困惑不解的话，后一阶段则是启发（enlighten）人们，使他们对我们所处的时代有更加清楚的认识。前三十年我试图写人们难以读懂的著作，此后我则针对一般大众进行写作，这是时代变化所使然。

附：马克思与马克思主义
——吉登斯讲演录①

　　今天讲座的核心内容是关于社会主义的思想传统、它们的来源、马克思以及马克思主义在这些传统中所发挥的作用，还有这些传统在今日的境况等。要真正理解当代所发生的政治变化，社会主义和马克思主义无疑是其中不可忽视的线索。我们必须认识到重要的一点，即对于社会主义和马克思主义的研究不能仅仅为满足学术关注的需要，它们塑造了 19 世纪和 20 世纪的世界历史。"冷战"以来的变化弱化了这些影响，但它们不该被忘却。因此在这场讲座里，我计划先花相当一部分时间来讨论马克思、马克思主义以及描绘社会主义的思想轮廓，我希望能够勾勒社会主义的知识轮廓。

　　本次讲座基本上是介绍性的，类似很正式的讲课，而不仅仅是我们午餐时分的闲聊。但我希望讲座浅显易懂，因为讲座的受众主要是一些没有太多相关知识背景的学生。这并非高级课程，因为我希望能够让更多的人参与这场讲座。听众中还有一些重量级的人物，希望你们能包涵，因为我是从简单的角度来谈论相关议题。我将主要对过去 150 余年社会和政治的基本思想进行直白的分析。

　　我们现在生活于其中的文明，并不是其他文明的简单延伸。它是一种新生事物，在我们的时代具有真正全球性的影响。无论工业主义和民主的真正含义是什么，它们的影响的确已波及整个世界，其他任何一种文明都没有如此巨大的影响力。我们必须了解现代性源自何

---

　　① 本讲座是 1998 年 10 月 28 日吉登斯在伦敦政治经济学院主讲的"后社会主义的政治"系列讲座中的一讲，讲座的标题为编者所加。

处，为什么现代社会能够保持其发展的动力。我们的世界与过去相比的确发生了天翻地覆的变化，过去 200 年的变迁比过去 2000 年的变化还要深远，这是一件相当不可思议的事情，因为它意味着我们生活的试验性。我们不仅随着历史的车轮向前迈进，而且还生活在历史的风口浪尖。我们处在某个宏大而具有高度历史意义的试验前沿，这一尝试的后果如何我们尚不得而知，但当今社会的确比以往任何文明都更加具有风险性。正因为如此，我想，理解现代政治思维演进的背景、窥透更广泛意义的社会分析变得至关重要。

先来谈谈这一变迁（flux）。请记住我指的是 18 世纪晚期以来的变迁，18 世纪晚期在某种意义上类似 20 世纪晚期，这是一个革命性变革（transformation）的时期，我会在接下来的讲座中阐述这种变革。在 18 世纪晚期和 19 世纪早期，人们意识到自己生活的时代发生了巨大的变革，这种变革从一开始就对这一历史时期的革命造成了巨大的影响。我曾经一再强调，革命并非贯穿于历史的始终。相反，它是近代历史的特征，我们现在濡染于其中的各种政治思想实际上都是对这些情境做出反应的表现。现在，主要有三种政治理论取向与我们结伴同行，它们的成长与工业革命和法国革命的交汇影响密切相关——无论在你眼中这些革命究竟有何种意义。它们是一些前无古人的理论，在 18 世纪晚期和 19 世纪早期它们甚至连名字都不存在，变迁的到来才真正催生了它们，它们是对我上次谈到的变化（changes）的反应。

其中之一是保守主义——当然，你会说有些人永远都死守传统等，因此在某种意义上，对世界怀有保守的观点是永恒的现象。但保守主义理念作为一种政治路线或者政治意识体系，是刚刚提到的两次大革命的结果。首先，保守主义是对法国大革命的回应，该革命开天辟地地开创了一片世俗的天地（secular wonderland），是世俗而非宗教意义上的人间天堂。保守主义正是在它的刺激下产生的。在这一方面，你可以参考一些著名的保守主义者的早期作品，例如爱德蒙·柏克（Edmund Burke），他可能是保守主义的创立者，其最重大的观点在于不能按照人为的设计来拷问我们的世界（you can't torture the world to human design)。在保守主义者看来，必须继续保持过去对现在的影响。他们认为，法国革命者尝试扭曲历史，让历史臣服于人为的摆弄。历史不应该被如此对待。但这正是法国大革命的态度和期望，马克思在革命发生 40 多年后对它的评论也正是如此。保守主义者反对这一点，我想他们的想法直到相对晚近的时候才有所改变。如果你留意保守主义的最近发展，你会发现它与其起源阶段相比已经发生了巨大的变化。简单来说，保守主义是对传统的捍卫，传统理念是保守主义的核心，因为在保守主义者看来——这可以从 19 世纪保守主义者的作品看出——传统包含了过去遗留下来的思想，因此不能打着未来的幌子简单地加以破坏。

现在，以未来之名破坏过去的却是社会主义希望达成的目标，这是我们所说的第二种传统。社会主义是 18 世纪晚期至 19 世纪早期的产物。"社会主义"一词，据我们所知，是 18 世纪后期才发明的词语，直到 19 世纪才广泛应用开来。社会主义在许多人眼里是某种对个人主义蔓延现象的回应，我今天的讲座将对其原因加以解释。社会主义强调社会和共有，这就是为什么社会主义与共产主义拥有同样根源，我想我们对这一点要格外小心。因为在 20 世纪，共产主义意味着某种非常特别的东西，例如苏联共产主义、中国社会主义等，但这并不意味着社会主义与它的起源相比发生了本质的变化。共产主义也倡导我们是属于社会的个人，我们依靠集体，集体是人类个性和人类繁荣的基础等。这与强调人类社会性的社会主义如出一辙。因此，多年以来，人们都自由地交替使用社会主义和共产主义这对词语。马克思也是如此。此后的马克思主义者对它们进行了区分，但整体而言，马克思本人是交替使用这对词语的。两者具有同样的根源，关注同样的事物，并且都建立在下述理念的基础之上：让我们团结一心，按照我们的意愿来创造历史，但我们只能作为社会群体或集体来达到这一目标，而不应该作为自私的个人……

除此之外还有自由主义。自由主义也是这一时期的产物。大概在 19 世纪，自由主义者们相信市场能够创造自由，并且看到了市场社会的崛起——他们很大程度上喜欢这种社会。与前两者联系起来，三者的区别体现在：自由主义者乐意看到市场社会的发展，因为他们感觉这种社会能为他们带来充分的个人自由，市场是繁荣的前提；保守主义者则不然，他们想回到昔日的时代，早期保守主义被打上了回归封建传统的烙印，认为推翻旧政权是绝对不能允许的事情，"旧制度"（ancient regime）是早期保守主义或者保守主义的基本表征；社会主义者也不喜欢市场，但是他们认为，我们要迈向前进而非倒退，不应该简单地照单全收一个市场型社会，应该改造社会。市场型社会以个人主义为基础，而社会主义者则希望建立一个以人类有意识控制为基础的社会。

现在我要强调，这些在19世纪早期或者18世纪所创立的词汇已经被赋予了各种不同的含义。政治理论不存在简单的连续性。社会主义随着19世纪的推进发生了改变，自由主义也一样。这些词汇现在都蕴涵着许多不同的意思。切勿在历史上寻求其简单的统一性，因为这种统一性少之又少，当然，这些政治词汇出现的时代也弥漫了其他的政治观点，例如无政府主义和法西斯主义，我不会在这些讲座中直接谈及它们。这一分类并非详尽无遗，但却非常重要。因为在我看来，整体而言，这三种分类仍然代表着现代政治的基本架构，现代政治的展开主要是围绕着有关这三种思想传统的讨论进行的，即使个中含义已经发生了变化。

要探讨社会主义传统，那我们首先要了解卡尔·马克思的思想。他生于1818年而逝于1883年。马克思主义的发展是一件相当奇妙的事情，因为它涉及了我们所说的马克思本人和"马克思主义"，或者说更广泛意义上的社会主义，但是其中，许多社会主义者却成了反马克思主义者。无论如何，马克思主义和社会主义都占据了20世纪的大部分世界历史。毫无疑问，从俄国革命到"冷战"结束是社会主义的世纪，直到1991年苏联解体，几乎所有的人都接受了这一点，这点也包括保守主义者在内。大多数人认为，社会主义和马克思主义是通往未来之路。但是，两者并没有能担负起历史的责任，社会主义阵营的解体成为导致今天政治理论危机的基本原因之一。因为两者都曾经不仅仅成为首屈一指的政治理论，而且在指导政治实践的过程中发挥了重要的作用。因此，它们的崩溃显得尤为惊天动地。当你思考马克思、马克思主义的含义和内容的时候，重要的是必须认识到，马克思从来没有尝试仅仅建立一种知识理论，他总是强调理论与实践的统一。在他看来，哲学家用不同的方式解释世界，但问题在于改造世界。马克思希冀引入一套理论，在它的指引下，人类能够创造一个崭新的世界。他在这一点上成功了，但从社会本身而言却没有成功。但是，马克思对 20 世纪所造成的影响可能比任何个体或思想家都要大，其中包括某些经典宗教思想家。我们完全可以说，马克思主义对 20 世纪的影响比任何一种宗教体系都要来得深远，这是我们在谈到世界历史时必须注意到的现象。

让我先给各位介绍一下马克思的生平，因为这对于我们理解马克思的思想和马克思主义的演化有着密切的联系。我将尽量简洁，因为大家很容易就可以找到相关的资料。马克思出生于德国。作为一名激进派学生，他并不讨当局的喜欢，并且在后来被迫离开德国。当时他想成为一名学者。如果他如愿以偿，20 世纪的历史将会被改写，也就不再会有马克思主义的横空出世。他终究未能成为一名学者，而且被迫离开德国。当他还是 20 多岁时就来到了巴黎。在巴黎的所见所闻对他产生了莫大的影响，但他也不能在那里继续逗留，巴黎当局对他没有多大的赏识。因此，他又来到了英国，确切地说是英格兰。他把大部分时间都花在大英图书馆的阅读室里，那里和伦敦政治经济学院只有一英里之遥。在过去，大英图书馆翻修之前，人们总是喜欢争抢马克思曾经伏案的书桌，如果你是早上第一个来，也许就能得到这一机会。但是，似乎总是有一位留着灰白长胡子的人从大清早开始就坐在那个位置上，不知道他是真人还是幻影。

因此，马克思永远都没有从事循规蹈矩的职业，我想他的著作与他的经历息息相关。他没有取得正规的职业，而且总是贫困潦倒。他得到了朋友恩格斯巨大而长期的支持。当时他拿着类似于森宝利

(Sainsbury) 超市（当然那个时候还没有这个超市）的购物袋来往于大英图书馆，在那里写下了惊世之作。最后他在默默无闻中逝去。马克思在其生活的时代并非声名显赫，马克思主义在马克思生活的年代并没有出现。马克思的"圣保罗"正是他一生的挚友及同事弗里德里希·恩格斯。恩格斯普及了马克思主义，他翻译了这位不为人知、穷困潦倒、屡经挫折的学者的作品——我们这里似乎也有饱经挫折的学者，可能不是太多，但的确有那么几位。只有经历过挫折的人才能够改变世界，其他的人只能到处晃悠开开讲座而已。

恩格斯是一位非常有趣、非常富裕的商人。马克思主义正是经由这位富有的企业家建立的。恩格斯在曼彻斯特拥有非常成功的生意，尽管他也是德国人，但却在曼城成功地经营了自己的产业。因此，马克思主义是在商业中孕育和诞生的，来源于成功的企业家的资助。这一点并非无足轻重，因为马克思本人是仰慕企业家的，但随后的许多马克思主义者则不然。马克思的确喜欢和企业家打交道，他与恩格斯的友谊就是最好的例证。

马克思在上述几个国家的经历非常重要，因为正是这种游历研究的方式让他建立起了自身的思想体系，其中包括著名的三方面因素。第一，在德国，他受到了德国古典哲学的影响，尤其是保守主义哲学家黑格尔作品的影响。马克思尝试为黑格尔的理论涂上一层激进的色彩，把黑格尔的理论倒转过来，或者如马克思所言，先把他倒置过来，然后再把他放到应该去的位置，这就是马克思早期生涯的任务。大家也不需要非常了解黑格尔，只需要知道其中一两点有趣的东西就够了。其中重要的是黑格尔把历史看成是对立事物不断矛盾冲突的过程。在他看来，历史并非来源于知识的叠加或者知识的积累，历史孕育于冲突之中。具体到黑格尔那里，历史是理念之间的冲突。马克思则把它看作阶级的冲突。但是，对立事物之间冲突的想法，对立面的冲突能孕育出新事物的想法，是黑格尔的重要思想，马克思则把它内化成自己的想法。从专业的角度而言，这就是我们所说的辩证或者说辩证法。辩证的思想起源于事物对立面的斗争，并且在斗争中造就了新事物。它最初起源于希腊的辩论，辩证法意味着辩论（argument）。你获得某一方论据，同时也就获得了相反的论据，两者的作用形成了某种不同于最初论据的综合。在黑格尔看来——马克思也同意这一点——历史的发展也是这样。除此之外，马克思把自己看作唯物主义者，而把黑格尔看作唯心主义哲学家。

第二，当马克思在巴黎时，他与法国社会主义、法国共产主义建立了接触。共产主义和社会主义都起源于法国，这并非偶然之事。它们来源于法国大革命。革命之后，许多人认为，大革命并不彻底。保守主义者的想法是大革命造成了巨大的破坏，社会主义者和共产主义者则认为它是一次不彻底的革命——它没能彻底地改变他们的生活。因此，社会主义和共产主义信念在马克思来到法国之前就已经得到了广泛的讨论。这两个词都不是马克思的发明。事实上，马克思著作中的许多词汇都不是由他发明的，包括刚刚提到的那两个，即社会主义和共产主义，还包括辩证法。许多人都曾对马克思产生过影响，尤其是法国思想家蒲鲁东，但马克思后来转而批评这位思想家的观点。

第三，马克思在英国的停留对于其思想的发展起到了奠基性的作用。正是在英国，马克思认为自己在哲学上已经臻于成熟，这种成熟的世界观建立在对政治经济学的理解上。政治经济学只是经济学的曾用名，以后被称为经济学。古典政治经济学的代表人物包括亚当·斯密、大卫·李嘉图等。这些作者在某种意义上似乎"禁锢"了马克思的思想。因为在他来到英国之后，他还不到 30 岁，他就把自己的研究方向定格为政治经济学批判。社会主义的整体驱动力正如马克思所设想的那样就是进行政治经济学批判。因此，作为马克思代表作的《资本论》的副标题被冠名为"政治经济学批判"。这就是他认为自己一生所应当从事的工作，它表明市场社会的经济理论与自身的原则相抵触，并最终将为一种建立在不同原则基础上的社会所取代。

因此，马克思从这些作者那里学到了不止一个主要概念，我会提到两个。一个是资本的重要性。资本在我们的语汇中早已是一个司空见惯的词语，但在过去的岁月里却是一个新生的词语和理念。资本意味着金钱，也意味着种种类型的投资。其中应该特别留意商品加上资本主义本身这一理念。商品意味着一切可以在市场上购买和出售的东西。马克思指出，两次大革命，尤其是工业革命，标志着以商品为基础的社会的到来，这在历史上尚属首次。所有以往类型的社会，我上次也提到过，都是乡村农业经济主导下的社会。那时候，人们不需要出卖劳力，不需要把自身出卖给雇主当作商品使用。人们也不需要购买太多的东西，基本上处于自给自足的状态。但在市场社会，一切都发生了改变。市场社会以商品的买卖为基础，人本身也成了市场上的商品。在座各位可能都要把自己的劳动力出售给雇主来获取一份工作。这就是市场社会的情形，但是以往任何类型的社会都没有如此，它们都是一些农业社会才有的。马克思认为，生活在一个一切东西都能被买卖、任何东西都是商品的世界里并不是什么太好的事情。这种社会肯定能迈向繁荣，但是——我们今天仍然可以问这样一个问题——我们是否愿意生活在一个一切都能被买卖，市场是最主要的衡量标准，市场决定一件事物是否可以存在的社会里？马克思不那么认为。他想改变这一切，我们今天仍然应该对这种批判进行思考。

资本主义理念在那时候还是一种新生事物。事实上我们所熟悉的大多数词语都如此，要经历一段相当长的时间才能得到广泛的使用。"资本主义"一词直到20世纪才在大众媒体上得到普遍使用。许多保守主义思想家和自由主义思想家都不喜欢这一词语，并且从来不使用它。他们通常把它与社会主义相提并论，认为当人们把一种经济看作资本主义的时候，实际上他们是希望推翻它。因此，资本主义是一个经历了相当长时间才为我们所熟知的词语，马克思在率先推广使用这一词语的时候起到了主要的作用。

正如我在其他地方提到的那样，马克思是一个永远也不能写完其作品的人。但他的确是一位真正的学者，他毕生致力于阐发政治经济学批判。如果你要了解马克思或马克思主义，有三本书你是一定要读的。一是《1844年经济学哲学手稿》，这本书的历史非同寻常，有时候它被称作《巴黎手稿》，由于各种原因，它还有其他的名字，接下来我还会详细讲到。如果各位对社会主义和马克思主义有兴趣，我首先推荐你阅读这本书。书的篇幅并不长，但却是一部非常好的作品，是政治思想史上的伟大著作之一。二是《共产党宣言》，我想大家已经阅读过这本书了，该书写于1848年，正值欧洲革命风起云涌之际。三是《资本论》，全书分三卷出版。

《手稿》本身有着非常精彩的历史。该书本质上是当马克思作为学生在阅读黑格尔、蒲鲁东以及其他作者的作品时写就的读书体会。他从来没有打算把这些体会出版成书，因为其中的内容只是一些读书笔记。因此，他把这些心得束之高阁，在他有生之年从未想过要出版它们。恩格斯也拒绝出版，他说这只是青年时代的不成熟作品，因此对它们兴味索然，没有将它们整理出版。直到1929—1932年，这些阅读心得才得以面世，并且只有到"二战"以后，当它在西欧被广泛翻译和传播的时候，才得以声名大振。一旦流行起来，《手稿》就从某种程度上融入政治实践当中，许多反对东欧共产主义政权的起义都受它的激发。由此可见，《手稿》是在其诞生一百多年后才重新面世的，并且对西欧和东欧的政治产生过巨大的影响。西欧马克思主义者求助于它，东欧马克思主义者则利用它来反对正统的共产主义。

《手稿》因此不存在真正的名字，这几个名字都是后来才出现的，它们被用来形容青年马克思所写下的一系列作品。它们表现了青年马克思的核心思想。在20世纪五六十年代，青年马克思在某种意义上演变成了自由主义的马克思。60年代的许多学生运动都受青年马克思作品的激励，而不是其成年时期所写下的作品。青年马克思同时受到了宗教的青睐，天主教与马克思主义之间存在着千丝万缕的联系，而且这种联系现在在南美的某些地域继续发挥着影响。许多宗教思想家都喜爱阅读青年马克思的作品，其中的原因我马上会讲到，他们把这一时期的作品作为批评马克思后期作品的工具。部分原因在于，《手稿》包含了马克思对于宗教本质的思考，正是在这些手稿中马克思引入了"异化"的思想。"异化"概念来源于黑格尔，但马克思把它置于《手稿》的核心位置。他在《手稿》中表示，我们生活在一个由人类创造但却没有人性的社会。人类创造历史，但他们却没有意识到这一点，人类生活在传统、迷信以及神灵的护佑之下。因此，人类生命的目标在于让历史回归人类的价值和人类的目的。20世纪五六十年代出现了"人道主义的马克思主义"，然而，正统马克思主义者对此却毫无好感。但是，对于许多西欧马克思主义者和东欧马克思主义者来说，马克思主义的人道主义仍然有着重要的启示作用。

人们经常认为，马克思是敌视宗教的，毫无疑问，马克思主义者——至少其中大多数人——的确仇视宗教。但是我认为，马克思对于宗教怀有某种很有趣的但也可能是自相矛盾的态度。这点你可以在《手稿》中找到更加有趣的例证。马克思认为宗教是人类的鸦片。"宗教是人民的鸦片"，这是历史上最著名的论断之一。里面暗含了宗教能够令你上瘾的隐喻，因为它让你满怀对天堂的渴望，忘记生活在尘世中的疾苦。毫无疑问，这句话表达了对于宗教的敌意。但是，请继续读下去，因为马克思马上笔锋一转，在说完"宗教是人民的鸦片"之后，他马上又列举了几个精彩的排比句，说宗教是被压迫生灵的叹息，是无情世界的感情等。[1] 对于许多人来说，青年马克思作品所表达的含义就是应该如何去看待宗教的内在价值并对它进行人性化的改造。如果我们在尘世就能实现这些东西，何必要去听从天堂的虚无的指示呢？我们通过血浓于水，通过关爱他人，通过实行集体精神，就可以尝试达成愿望，而不需要把它们托付给上帝——一个外在的事物，上帝看起来总是让我们谨遵"十诫"。马克思认为，我们既然发明了这些价值，人类历史既然创造了这些价值，就应该让这些价值重新体现在我们人类身上。我想，如果你把社会主义看成是聆听被压迫生灵的叹息，即如果社会主义是关于被救赎，关于应对贫穷和排斥，关于对抗人们所遭受的各种疾苦，社会主义的理想就已经体现在这一作品中了。至于马克思自己在多大程度上坚持了这些观念，则是一个存在争议的问题。青年马克思和老年马克思之间又是一种什么样的关

---

[1] 参见《马克思恩格斯选集》（第二卷），人民出版社，1995年，第2页。

系，人们对此的争论长久不衰。但如果你留意今天的商品社会，当你看到资本主义处于世界危机中时，我想从无情的世界找到感情的想法与150年前所体现出来的意义是一样的，任何求助于这些事物的人都能从中得到一些有价值的启发。

《共产党宣言》则是一本更加直白的政治宣传本。马克思在其中说道：资本主义社会将被推翻，社会主义社会将诞生。《资本论》本身是马克思的著作，这本书不容易入门。其中只有一部分，即《资本论》第一卷，是在马克思有生之年出版的，其他两卷在马克思逝世后由恩格斯整理出版。我们根本无法知道马克思究竟是否打算出版后两卷，或者是否会同意以这种形式出版。恩格斯把马克思留下的众多手稿整理后出版了后两卷。现在，当你研究马克思或者马克思思想时，我先前也强调过，要注意马克思是一个改变了世界的人，他曾经努力改变世界，也的确做到了这一点。至于马克思为什么如此成功地影响了世界，为什么马克思的观点如此成功，可以通过以下两点原因来加以说明。一是"某种类别"的青年马克思的影响，也就是说，正如某些人所认为的那样，马克思主义是基督教的继承者。在一些人看来，无论如何，马克思主义都对基督教的某些基本理念提供了世俗化的解释，马克思主义是起到了某种替代性作用的宗教。许多理论阐释者，包括一些渊博的专家，都认为马克思主义在历史上的影响就像宗教所带来的影响一样。因为两者都带来希望，都对未来得到改造的世界做出了展望，都传递了对某种乌托邦的希冀。但是，尽管他们存在各自的理由，我并不认为这就是马克思思想的体现。马克思思想的影响在于其思想体系所传递出来的知识力量。现在我对这些力量进行大致的勾勒，以便使诸位有所体会。

因为马克思所做的就是再次探究历史的本质，他尝试把对于现代性或资本主义的理解内嵌进历史当中。他尝试证明，如果你理解了历史，就可以看清楚历史在什么地方可以引导我们。记住马克思与黑格尔的关系非常重要。黑格尔曾有一句名言，你可能听过这句来自于古典神话的箴言："密涅瓦的猫头鹰只有在黄昏降临的时候才悄然起飞。"① 如果你们想学学搭讪的时候应该用什么台词，这句就再合适不过了。黑格尔使用这句隐晦的语言是指我们不能预测历史。黑格尔认为，我们只能通过反思来理解历史。他说道：我们只有亲历历史，才能理解我们处于历史的哪一个阶段。对于黑格尔来说，这就像阅读一个侦探故事——这是一个宽泛的比喻——只有到了故事末尾你才能恍然大悟，然后你会重新回味和体会故事的细节。马克思则反对这一点。这就是马克思和黑格尔之间最大的不同点。马克思说我们可以预测未来，我们要努力掌控未来。我们要尝试理解历史，才能掌握历史。马克思的核心原则是他所谓的唯物主义历史观。唯物主义历史观旨在探寻推动历史发展的真正力量，尝试表明为什么资本主义社会肯定要被超越。历史是不同类型的社会的历史，没有哪一种社会类型是永恒的，资本主义终究会像其他社会类型一样消失。因此，要理解马克思思想的知识力量，首先要懂得马克思基本的历史观。我很快列举一下。这些观点具有很强的逻辑性和说服力，它们影响了一代又一代的人。

第一，马克思认为，人类要进行物质生产才能生存。换言之，任何社会都依赖于物质基础，物质基础是社会存在的前提。生产体系是我们生存的基础。以下一点是马克思思想的基本原则，而且这点也非常有趣。人类在与生产和自然的关系上与动物不一样。例如，动物可以生产，蜜蜂和蚂蚁在某种意义上与自然实现了互动。但马克思认为，人类是以创造性的方式与自然发生关系。人类与动物的差异在于人类的本能不如动物强大，例如小鸟筑巢，它们也为了生存而生产，但是它们这样做是出于本能。若非物种进化的驱使，它们也不会建巢筑穴。马克思的观点是，人类是生而自由的，因为人类没有这种固定

---

① "密涅瓦"指古希腊罗马神话中的智慧女神雅典娜，栖落在她身边的猫头鹰则是思想和理性的象征。哲学就像密涅瓦的猫头鹰一样，它不是在旭日东升的时候在蓝天里翱翔，而是在薄暮降临的时候悄然起飞。意指哲学是一种反思，是对认识的认识，关于思想的思想，它需要深沉的思考和深切的体验，因此如同密涅瓦的猫头鹰一样，总是在薄暮降临的时候悄然起飞。

的本能。这是马克思思想的核心观点。因此，人类像动物一样通过生产来求得生存，但他们所进行的是创造性生产。他们被迫用创造性来适应和掌握其周遭的环境。这就是人类历史的起源，马克思如是说。动物没有历史，动物只能进化。当然，人类是大进化系统之中的一部分，但人类拥有历史。人类的历史存在其起源，也有发展的方向和规律。这是因为，人类掌握自然的尝试体现在人类与自然的关系当中。人类必须掌握自然才能生存，在马克思看来，正是这一点才让人类成为统治万物的种群。

第二，生产对于人类来说总是一种社会性活动，动物却可以作为个体存活。例如，一些进化水平很低的小型动物能够一出生就单独生存，但人类却做不到。人类依赖于家庭生活，家庭依赖于集体而发展，而集体则需要以社会大环境作为依托。人类具有高度的社会性，是广泛社会的组成部分。因此，我们与自然的所有互动都是作为社会的一分子而非单独的个体来实现的，这些互动是集体活动。马克思认为，生产体系也是社会性的，他还为此冠上了一个技术名词，把它称作"社会生产关系"。在封建社会，社会生产关系体现为人们在土地和村庄里的劳作，这是一种赤裸裸的封建义务，整个社会都建立在它的基础之上。在工业社会，资本主义的生产关系出现了根本性变化，这是一种以工厂生产、商品交换等为基础的集体制度（collective system）。

第三，生产关系很大程度上决定了其他社会关系，生产关系是意识形态和政治制度等上层建筑的基础。在马克思看来，这正是我们可以把社会称作社会的原因。封建社会之所以为封建，原因在于它建立在一套特定的生产关系的基础上，工业社会之所以为工业社会也是因为其特定的生产体系。每一类型的社会都存在其特定的思想、政治制度和宗教制度。封建社会存在天主教，资本主义社会则存在新教。马克思没有把它们看作一种偶然现象。经济基础或是生产关系，虽然不是完全，但至少在很大程度上决定了政治、文化等上层建筑。

第四，（我可能没有足够时间来详细解释这一点）生产关系的关键方面在于是否拥有生产资料。生产资料是指在人与自然的关系方面用来从事生产的东西。因此，封建社会的生产资料是农业，资本主义社会则变成了工业。在马克思看来，人类社会结构的核心动力来源于谁拥有生产工具和谁不拥有生产工具，他把这些看作不同社会的根本结构特征。他还指出，在有些社会，谁都不拥有生产资料，小型而原始的农业共同体就是这样，他把它称作原始共产主义。在原始共产主义社会里，生产手段归集体所有。但是，随着罗马、中国等古老文明的发展，随着现代工业文明的不断崛起，社会出现了分化。其中重要的是所有权，即谁拥有生产资料，谁又不拥有生产资料，它们成为划分阶级体系的核心线索。在原始共产主义之后的各种社会类型中，所有权决定了许多其他方面。在封建社会，与贵族和绅士阶层并存的是通过耕作生产产品的广大农民阶层。在资本主义社会，一方面是拥有资本、工厂、机器的富人，另一方面则是一无所有、依靠出卖劳动力谋生的穷人。历史上的大多数社会都是阶级社会。在马克思看来，未来社会将会是一种不存在阶级的社会。其原因我可能会在下一次讲座中提到。

第五，（下面这一点有助于我们理解意识形态和权力）只要我们认识到，例如，在封建社会的阶级体系中，贵族阶层的利益与他们所统治的农奴或农民的利益存在着天壤之别。大家可能会问："那为什么农奴会忍受这一切呢？在存在阶级分化的社会里，为什么被统治的、没有多少权力的大多数总是心甘情愿地忍受统治？"根据马克思的观点，原因在于意识形态。意识形态并不一定是有意识地建立的，它只是一个使阶级统治合法化的思想体系，任何阶级社会都具有一种居于统治地位的合法的意识形态。因此，封建社会信仰以血缘为基础的权力，信仰贵族统治的权力，只有少数人能够进行统治。例如，封建农奴制的思想与早期天主教会所形塑的理念息息相关。在某种意义上，正是这些理念把社会胶着在一起。当社会发生转变的时候，例如当法国大革命把封建社会转变成资本主义市场社会的时候，理念上的变化也会随之发生。我们把民主、个人主义、清教运动的崛起等看作自身的思想，马克思则把它们看作市场社会的表达，它们代表了一种完全不同于封建时代意识形态的意识形态。因此，按照马克思的观点，意识形态随着经济秩序的改变而改变。这一观点有力地影响了许多历史学家，尽管他们当中许多人未必是马克思主义者。

那么，如何把这种动力引入社会体系当中呢？马克思认为可以通过以下方式做到。假设你要分析某种社会——例如封建社会，封建主义社会特定的生产关系表现了封建社会独有的特征。封建主义是一种非中央集权化的农业体系，以农奴制和农奴对领主的忠诚为基础。然而，马克思指出，由于社会内部出现的一系列变化催生了一套新的生产关系，本质上说，是因为在封建社会的城市中形成了以制造为主的部门。封建主义催生了贸易，贸易进而又催生了城镇，城镇带动了商业的发展。当这些新生事物出现的时候，一种新的社会秩序在封建主义内部慢慢成形，并带来了某种内部矛盾和紧张。最后革命发生新型社会诞生。因此，城镇是制造业的核心腹地，居住在城镇里的人被称作公民、居民或者资产阶级。他们具有共同的起源，都居住在城市，并且依靠贸易、商业和资本主义求得生存。因此，资本主义社会产生于封建社会，并最终改变了封建社会。1789 年革命正是这一过程的结果。首先是经济变化，随之而来的是政治和文化变化。因此，法国大革命是孕育于封建主义经济转型中的一次政治革命，该政治革命又带动了意识形态革命，创造了我们今天所知的工业资本主义社会。

　　马克思仍然有着许多正确的东西，我们仍然挣扎于马克思所揭示的某些问题之中，即资本主义所带来的各种问题。

——安东尼·吉登斯

"人类创造历史"与现代性
——对安东尼·吉登斯的访谈

　　背景介绍：现代性的兴起和发展以人类对自身历史的认识方式的改变作为开端。在前现代时期，人类只是依偎在历史的怀抱中，按照历史的脉搏来形塑自身的生活。但随着现代性思维方式的兴起，人类开始以"反思"的方式看待历史，历史成为一种创造确定性和美好生活的资源。或者说，在前现代时代，人类的主导思维主要建立在"过去"的基础上，而在现代性时代，人类根据对未来的设想来安排当下和过去。"历史"是现代性发展过程中的核心线索。在这一方面，马克思的名言"人们自己创造自己的历史，但他们并不是随心所欲地创造，并不是在他们自己选定的条件下创造，而是在直接碰到的、既定的、从过去承继下来的条件下创造"，表明了人类与自身历史之间的复杂关系。在 20 世纪 80 年代，著名思想家安东尼·吉登斯曾对马克思的这一命题进行深切反思，并出版了《历史唯物主义的当代批判》等一系列著作。本次访谈主要围绕"人类创造历史"命题展开，表明了吉登斯对于"人类创造历史与现代性"命题的认识。

郭忠华与吉登斯

（2007 年 12 月 1 日于广州）

郭忠华： 很高兴您接受我的专访。我们今天的访谈可能与您近来接受的许多访谈不同，因为我们是要回到以前，回到您学术生涯的早期。之所以如此，一方面是因为您早期的理论在中国学术界有着持久的影响力，比如您对三大思想家著作的诠释、结构化理论，以及您所建构的历史社会学理论和现代性理论等。另一方面则是因为我前不久刚翻译完您"社会理论三部曲"①中的第一部——《历史唯物主义的当代批判》。"三部曲"的完整出版到现在已经过去了近二十年，第一部著作的出版到现在则已过去了近三十年，请问您当初设计这"三部曲"的初衷是什么？

吉登斯： 说实话，有些东西现在连我自己都记得不是太清楚了，真是对不起。但我想总体来说是旨在做三件事情。首先是社会转型理论（transformation theory）的问题。我们必须从现代社会的历史背景出发来阐述这一理论。在那一时期，卡尔·马克思的历史观有着重要的影响，他在从事理论研究的时候有一种强烈的历史取向（orientation）。我试图把他对于历史的解释置于现代社会兴起的背景下加以考察，这种背景同时也是工业社会理论的源泉。这是我的第一个关注点。同时，我也试图从方法论的角度将社会学研究与古典社会理论结合在一起，这一关注点后来促使我写成了《社会的构成》一书。第三个关注点则是现代性的影响，是现代性给全球社会所造成的各种后果。

　　对于这些研究主题，你可以设计一个完整的研究方案，但你也可以把它们分成三卷来写作。第一卷以回溯的方式思考社会历史理论，

---

①　指《历史唯物主义的当代批判》《民族-国家与暴力》和《超越左与右：激进政治的未来》三部著作，其内容集中在对以往社会历史观的反思、历史社会学体系的建构和社会发展的未来展望三个方面。后两部著作先后于 1998 年（生活·读书·新知三联书店）和 2000 年（社会科学文献出版社）在我国出版，第一部著作的中文版由郭忠华翻译，由上海译文出版社 2010 年出版。

尤其是马克思的历史唯物主义，同时探讨过去形成的各种文明，以此了解人类究竟经历了一种什么样的历史。第二卷则是对民族国家和工业社会进行社会学思考。民族国家的权力是现代性发展的关键方面。在这一点上，民族国家与工业社会以前的传统国家形成了鲜明的对比。至于第三卷的主题要写什么，我曾经历较长一段时间的思考。第三卷原来计划探讨有关国家政治方面的问题。因为当历史发展到现代工业社会的时候，传统政治的基础已经发生了改变。比如，与传统国家相比，现代国家的合法性发生了改变，现代国家建立在自然权利的基础之上，传统的合法性资源已经枯竭，国家认同的方式发生了改变。但是，我后面改变了原来的写作计划，没有针对这一具体问题，而是从不同的视角构思了第三卷的写作主题，它与前面两卷之间存在着某种程度的断裂。

郭忠华： 1998 年，在您接受克里斯托弗·皮尔森的采访时，他问起您贯穿一生的学术研究主题，我记得您是这样说的："我想要考察以往经典社会理论的发展，为社会科学建立一个新的方法论框架，以分析现代性的突出特征。"如果这样说的话，这意味着现代性从一开始就成为您学术研究的主题，您前面的工作都在为研究现代性进行铺垫。但如果按照您刚才所说，里面尽管也提到了现代性，但只是把它置于您学术研究的第二阶段，似乎并没有如接受该次采访时所说的那样把现代性作为您学术研究的核心主题。

吉登斯： 皮尔森的那次访谈是我第一次接受如此系统的采访，我的意思是它的可信度比我现在在这里所讲的要更高。

郭忠华： 在马克思、涂尔干、韦伯三大经典思想家当中，您似乎对马克思投入了最多的研究精力。请问在这三大经典思想家当中，何者对您影响最大，尤其是您如何看待自己与马克思之间的知识联系。

吉登斯： 我从来没有把自己贴上马克思主义的标签，我仅仅把它看作是一种思想传统，尽管在 20 世纪七八十年代，的确有很多人把自己看作马克思主义者。或许正因为这种原因，我始终对马克斯·

韦伯的学说感到某种亲和力（affinity），尽可能以某种不同于马克思的笔法进行写作。在我看来，与那个时期相比，即使在当今，马克思学说的真知灼见既不会更多，也不会更少，那就是他对资本主义的性质、问题和后果所进行的卓越分析。当今的全球金融危机与马克思所揭示的资本主义问题之间不无关联。资本主义不能有效地维持自身的运作，马克思已经非常正确地指出了这一点。马克思所揭示的资本主义的扩张性、资本主义所带来的技术进步、资本主义的危机趋势等，所有这些东西都具有持久的重要性。在我看来，马克思仍然有着许多正确的东西，我们仍然挣扎于马克思所揭示的某些问题之中，即资本主义所带来的各种问题，尽管他在资本主义等局部方面可能也存在错误。

郭忠华： 我也相信 2008 年开始的震荡全球的金融危机与资本主义之间存在着某些不可分割的联系，您是否可以就这一问题提供某些更详细的解释？

吉登斯： 当然，马克思本身对金融资本主义就有着深刻的洞察力，他的分析对于分析当今金融资本主义所导致的各种问题来说仍然有效。但是，超越于马克思当时的视野，具体到发生于 2008 年全球金融危机上来，我想马克思能够提供给我们的启示是，面对肆无忌惮的全球金融市场，如何才能够控制它所带来的各种破坏性影响。因此，我们仍然没有超出马克思生活的时代给他提出的问题。我们今天生活于其中的社会是一个全球市场经济的社会，市场对每一个人的生活都发挥着无所不在的影响。就拿全球气候变暖的问题来说，市场在其中仍然发挥着相当重要的影响。面对这一问题，你可以选择以马克思主义的方式来加以应对，因此它不是一个尚没有得到回答的问题，马克思的理论可以为应对这一问题提供大量的见解。

郭忠华： 马克思试图解决资本主义所带来的各种问题。气候变化当然与资本主义存在某种关联，但我不认为这是为资本主义所专有的问题，社会主义在其历史上不是没有环境污染、气候变化。一个有关自然的问题如果与特定的阶级或者政治联系在一起，会使我们得出某些不可思议的结论。实际上，在我看来，马克思在其有生之年的核心关注主题恰恰是资本主义的异化及其超越问题，他从政治社会学的角度探讨资本主义的问题性。

吉登斯： 但无论如何，我都认为（在气候变化问题上）进行某种形式的政府干预是必要的，政府必须具有某种前瞻性思维。应对气候变化的时候，必须把各种由社会机构所推进的议程转而由政府来接管，使之能够以一种系统而连贯的方式加以协调，这些做法与马克思的思想不会没有关联。

郭忠华： 我在翻译和阅读您的著作时，发现其中大部分都提到了马克思所提出的两个著名论断：第一个是"人类创造历史，但却不是在自己选定的条件下创造"；另一个是"人类始终只提出自己能够解决的任务"。即使是您最近出版的《气候变化的政治》，您都还是提到了后一个论断。

吉登斯： 对的，没有错，我的确大量引用过这两句话。这些说法无疑是正确的。气候变化可以证明这一哲学所隐含的潜在局限，然后把这一格言的理想变成现实，我们是可以做到的，哈哈……

郭忠华： 那么，在您看来，对于理解马克思本身的思想和理解我们当今问题重重的现代性来说，马克思的这两句格言是否具有特别重要的意义？

吉登斯： "人类创造历史，但却不是在自己选定的条件下创造"以一种非常精练的方式揭示了人类行动的方式。在我看来，马克思的这句格言非常正确地强调了行动的意外后果（unintended consequences）。行动的意外后果对于历史变化来说有着非常重要的意义，它表明了人类历史的难以控制性。也就是说，人类的确在创造着自己的历史，但历史却并不是按照人类设计好的方案发展前行。以当代社会为例，我们面临着各种各样的根本性问题。这一句格言是解读人类与历史关系的非常好的视角，其中包含了各种根本性的议题。人类历史上充斥着各种革命，从短期的角度来看，它们可能存在非常明确的目标，但从长期的角度来看，其结果却非常难以预测。历史也一样，要想对它加以控制（manage）是非常困难的。以因特网为例，没有谁预料过它会带来如此巨大的影响。同样，谁也没有预料到当前的金融危机的到来，谁也没有预料到 1989—1991 年的世界大变革。人类行动总是不可避免地与两种因素相形随：意料之外的后果和没有预料到的后果（unforeseen consequences）。它们是两种不同的因素，前者表明了人类行动的特征，后者则表明了人类认知能力的有限性。

郭忠华： 我多次阅读过您的《社会的构成》，我对您在序言中的一段话尤其印象深刻。您在该书中写道："本书其实是对马克思那里时常被引用的一段名言的深切反思。他说道：'人类创造历史，但却不是在自己选定的条件下创造。'这话说得没错，他们就是这样创造的。但当我们把这表面上没有什么毛病的见解应用到社会理论中去时，引发的问题却是多么的多啊！"长期以来，吉登斯研究者们只是把结构化理论看作一种针对结构主义、功能主义和解释社会学所建构起来的理论，很少把它与马克思关联在一起。但如果联系我们前面所谈到的主题以及您在您的主要著作中对这一格言的广泛引用，那么，这的确使我认为，您同时还在向读者表明，结构化理论还存在着另外一个潜在的目标，那就是要从方法论的角度对人类创造历史的"方式"做出解释，即表明人类到底是如何创造自己的历史的。

吉登斯： 对的，历史唯物主义所表明的人类与历史的关系，其中其实存在着许多模糊不清的问题。在没有文字、没有其他记号的文明中，他们的历史是以一些完全不同的方式进行记录的。人类创造历史，但这种创造只有在书写发明之后才变得可能。当人类发明了日历系统、书写体系以及其他记录方式的时候，历史的运动方式发生了非常有趣和复杂的变化。同时，"创造"也是一个模糊不清的概念。创造历史同时也就意味着"发明"历史，因为历史被当作建构未来的资源和手段。在我看来，这是现代性的关键特征之所在。文明意味着必须具有某种媒介，使之能够在未来和过去之间建立起某种联系。书写的出现延展了人类对时间和空间的控制范围，这是权力的扩展，是能力的表现。不论对于自然还是对于社会来说，所有这些都是非常复杂的事情。文明在现代性阶段发生更加明显的变化，其中有些事情即使现在我仍然持有强烈的兴趣。以保险业的发展为例，我对保险有着持久的兴趣。保险是要把时间纳入控制的表现。没有保险，许多商业根本无法运作。这是对未来进行控制的表现。在空间方面也同样经历过类似的变化过程。但是，当人们在思考何谓"历史"的时候，同时也就是在思考他们的"身份"（identity）是什么。因此，它是一种与身份存在着某种关联的事物。

郭忠华：　的确，我非常同意您的见解。"人类创造历史"看起来是一个简洁明了的论断，但实际上是一个非常复杂的问题，要理解它的含义实际上并非那么容易……

吉登斯：　非常复杂，比我们想象的要复杂得多。可以说我学术生涯中有相当人一部分时间是要解释这一论断所包含的意思。"人类创造历史"看似简单，实际上非常复杂。

郭忠华：　在我看来，这一简单论断后面至少隐含了如下四个问题。一是什么是"历史"，即对历史涵义的理解。二是"人类"是谁，即对创造历史主体的理解。三是如何"创造"，即对创造历史方式的理解。四是更为隐匿一点的问题，但我认为它依然重要，即创造历史的背景，人类是在什么样的条件下创造历史的。让我们以对"历史"含义的探讨作为出发点吧。众所周知，马克思把黑格尔"倒转"过来，把生产力看作贯穿历史的主线。马克思的这种观点您显然是不同意的，并且在《历史唯物主义的当代批判》《社会的构成》等许多著作中进行了批判，认为这是生产力"化约化"和"进化论"的表现。那么，请问您对"历史"是作何理解的呢？

吉登斯：　我非常同意你对这一论断的解读，它的复杂性的确超乎我们想象的范围。这是一个非常复杂和不好回答的问题，我只好从我现在所研究的某些主题的角度来回答你的问题。但我想，我们必须把"历史"、"历史性"（historicity）和"反思性"（reflexivity）联系起来思考。历史表现为人类在时间中度过的过程，但历史性却具有完全不同的表现形式。我在《社会的构成》《现代性的后果》等著作中提出过这一概念，但后来在论述现代性的时候，我更倾向于使用反思性，反思性与历史性实际上有着类似的意思。历史性实际上是对历史的理解和形塑，即"应用历史来创造历史"的情形，这是现代性发展的突出特征。历史性说到底是要对历史的发展进程加以控制。但实际上，当我们研究现代性的时候，必须同时看到两个方面的问题，即既必须看到对历史的理解，也必须看到这种理解存在的局限，这就是现代性的复杂性之所在。从个人的角度来看，你可能会认为，我已经有了充分的认识，我对历史的认识已经足够多。但是，你还必须认识到这种认识的不充分性。

现代英国的发展是一个充满反思性的过程，其他地方当然也一样。后来，现代性变得更加具有反思性。工业化的发展促进了现代性的反思性。因此，每一个发展过程实际上都是对以前发展阶段的反思。以中国为例，从长远的角度来看，我不认为中国的发展可以以环境为代价，将来的发展必然要形成某种反思性过程，必须制造出某种高科技型的汽车，使经济发展不至于损害中国以及世界的其他地方。所有这些方面都是既创造历史，又反思历史的表现，贯穿其中的是知识的不完善性。

郭忠华：　可以看得出来，您是站在一个与马克思完全不同的角度来理解历史的。我的意思是，马克思把生产力看作历史发展的主线，但您不注重对历史内涵本身的揭示，而更偏重于站在现代性的角度把对历史的反思看作现代历史的内容。难道真的就不能从某种本质的角度认识历史吗？历史难道就真的只是这样一种流动性？在我看来，您的历史观只是表明了现代性发展的基本特征，但却没有从根本上解释历史的含义。您是否认为整个人类的发展史就是一部反思性发展的历史？

吉登斯：　这难道不是理解历史的一种方式吗？它涉及的是对时间和空间的控制，即你如何利用时间和空间。我的理论建立在交往（communication）的重要性的基础之上，人类历史上连续数次出现了交往方式革新的浪潮，它们对不同类型社会的转换能力有着不同的影响。以当今出现的全球化为例，它表明了特定类型的时间区域（time zone）。这种时间区域与19世纪晚期所发生的社会变化存在着某些关联，但近来却形成了跨越整个世界的时间区域。因此，对于时间和空间的控制是人类文明演进的核心主题，它们使人类生活表现出各种特殊的形式。它们实际上是一些非常简单的事物，体现在各种变化（transformation）上。在时空的控制方面，通信卫星的出现使全球的时间或者空间紧紧地结合在了一起。例如，通过电视，你即使在这里也可以了解到中国所发生的事情，它使时空关系发生了革命性的变革，因为你可以即时地知道中国所发生的事情。如果你使用卫星电话，你还可以直接与当地人进行交谈，这是一种在真实时间中的互动。（全球化就是）对于时间和空间的控制，使之变成一个更小的区域，它对于历史本身的含义自不待言。联系到我们前面谈到的个人认同，在这种时代，个体面对的是一个更加开放的未来，你必须更加主动地建构自己的自我认同。它在人类历史上首次成为必须被建构的对象，对于历史上的特定时期来说是一件令人吃惊的事情。20世纪末期，出现了全球时空融合（time-space convergence）的趋势。你在特定时空中所做的某一件事情，可能对远在千里之外的个体形成根本无法预料的影响。

郭忠华： 如果结构化理论真如您所言也针对了马克思的命题，那么，它在说明创造历史的方式方面也存在着难以逾越的问题。因为正如许多学者所指出的那样，它表明的是一种渐进或者循环往复的意思。但历史过程显然并非如此，其中充斥着革命和不连续性。因此，您能否从结构化理论基本原则的角度对人类"创造"历史的方式做出说明，包括对历史一般演进方式和断裂性历史发展过程的解释。

吉登斯： 但我认为它们之间相对来说还是存在着某些普遍的性质。历史、社会以及其他各种各样的社会背景都具有某种结构和后结构的性质，比如，不可能形成某种世界性语言来分析人类的性质、社会制度，它们都是历史性的，同时也具有结构性特征。但是，从本质上说，我们并不能把人类的性质看作一种有关历史的叙事（account）。

非常有趣的是，结构先是在建筑学、人类学领域得到广泛使用，然后才进入对有关现代性的分析上来。我们可以以语言为例，你做过不少翻译工作，这说明不存在某种普遍的语言，必须从一种语言转换成另一种语言。同时，汉语也是一种与英语完全不同的语言。一种语言实际上就是一套完整的语音和词汇体系。通过语言，你可以与讲相同语言的其他人进行交流，两个持不同语言的人根本无法进行交流。这是所有语言的普遍性特征。因此，语言赋予了进行意义表达的条件，但同时也形成了限制。同时还必须注意，词汇的含义镶嵌在更加广泛的制度环境中，一旦你使用某一种语言进行交流，你就必须遵守隐含在社会中的制度性规则，避免与它们形成冲突。语言的这种使动和制约性特征正是在我们对语言的反复使用中得到再生产的。语言的这种特性是我建构结构化理论的出发点之一。

再举另外一个例子。你去参加投票，那是因为你非常想要表达你的愿望，这无疑是对的。但如果你以全球或者普遍的眼光来看，制度无疑对个体有着更加巨大的影响。你前面摆着几本书，但我们都不知道书到底是怎么出版的，通过什么配送方式到达你手里的。它们是以某种根本无需征询你意见的方式组织起来的。所有其他类型的组织都具有相同的特征。但另一方面，没有人类行动者的参与，所有这些组织根本就不可能得到运转。我试图将两个方面联系在一起，但无意对特定类型的历史或者社会做出说明，而只是想表明人类行动与社会结构之间的相互性。

郭忠华： 您这样说当然有合理之处，但其中还是隐含着许多有待解释的问题。比如，难道所有人类行动者都具有相同的能力，或者您所说的权力？社会整合（social integration）在多大程度上促进了系统整合（system integration）？在多大程度上又没有与系统整合联系在一起？难道所有的行动者、所有的行为互动都会如此同质吗？举一个最简单的例子来说，我们在这里的交谈，在多大程度上促进了社会系统的整合？是不是与您在议会辩论中的社会整合一样具有相同的系统整合效果？

吉登斯： 你所说的相同权力，不知是否指特定程度（measure）的权力。其实，无论如何，一切社会解释都依赖于对权力的把握（assurance）。但要成为行动者，就必然要具有权力。如果没有权力，也就不再是行动者了。这也正是我把权力定义为行动者"制造差异"（make differences）的原因。比如说，处于行为互动当中的行动者，都能够把握你所谈论的话题。当你说"是的"，意味着你对话语情境的把握和意义的沟通。但是，我没有把结构化理论引向经验实证的意思，即具体衡量行动者的权力或者说能力。至于你所说的系统、社会等，那完全是另一回事。我的意思是说，考察语言是如何结构化的（structured），社会是如何结构化的，它们无法跟权力的差异关联在一起。

郭忠华： 在我看来，您对于权力的表述代表了一种特定类型的权力观。与马克斯·韦伯、罗伯特·达尔等人的权力定义有着较大的不同。请问能否请您就权力的内涵，做更详细一点的解释呢？

吉登斯： 按照帕森斯对权力的界定，权力具有两重含义：一是表示实现特定目标的能力；二是与组织关系有关，表示所有权力是如何交织在一起的（intersect）。后一种含义更属于社会学角度的界定。帕森斯在这一方面是正确的。权力更是一种网络关系，而不是一种给定的东西。你不能把它看作是一种固定的东西，认为谁拥有那种权力。马克斯·韦伯、罗伯特·达尔等人对于权力的定义在我看来是有问题的，不能把权力看作"零和"（zero-sum）的。权力是一种能力，它不是"零和"的。它包括两个方面：一方面是转换能力（transformative capability），另一方面则是支配（domination）。韦伯关注的主要是支配这一面，但同时还必须注意到前一个方面，尤其是对于当今的组织权力，它们拥有比以前更大的保持（keep）时间和空间的能力。与以前相比，寡头制拥有比以前更高的保持时间和空间的能力。以文件为例，现代组织都拥有某种类似官僚制的特征，它们都保留有大量的文件记录，把各种各样的信息保存下来，比如，经济发展方面的记录，并流转于官僚制的常规运作中，形成了巨大的时空控制能力。另一方面，它也是一种支配系统，它拥有巨大的权力，这种权力与以个人为基础的或者专制社会的权力有着很大的不同。这就是我所说的权力的两个方面，必须把它们结合起来思考，而不能从任何特定个人的角度出发来理解权力，在理论上必须把这两个方面结合在一起。至于权力与资源之间的关系，必须从具体的情境出发加以理解，不能试图以一种普遍的方式对它们加以概括。比如，我们刚刚讲到的官僚制，必须把它放到特定历史背景下加以考察。同样，妇女地位的变化也改变了男女性别当中的权力关系，改变了支配的性质以及女性在家庭中所扮演的角色。她们的能力发生了变化，当思考这些关系的时候，我们必须把她们置于一种动态的情境中去。

郭忠华： 我们已经围绕马克思尤其是他的名言谈论了很久，我最后想问的一个问题是，"三部曲"都已在中国出版。我心里一直感到好奇的是，在这部著作出版近三十年之后，您将如何重新评价这些著作，尤其是第一部。

吉登斯： 三十年后是一种完全不同的背景。三十年前，马克思主义传统在各种思想流派中处于支配性地位；三十年后却今非昔比，历史唯物主义在欧洲已不再风光依旧，尽管还有人从各种不同的角度重新阐释这一思想。如果今天要我再写一部类似的著作，我将不会如此专注于历史唯物主义，而是从文明发展和现代性兴起的角度加以阐释。同时，我也不会再使用这一标题，不会再集中在历史唯物主义所表述的几个特定议题上。当然，我仍然坚持该书中所提出的理论原则，即有关时间和空间的控制、权力关系，不要犯经济进化论的错误，把社会类型关系看作一种偶然性（contingency）关系，强调交往的作用，重视现代通信手段所具有的意义，考察它们如何改变了社会、经济组织，同时还要把它们与国家之间的战争联系在一起，因为战争对于科技进步发挥了至关重要的意义。其中的许多东西我仍将坚持，但我不会再以如此学术化的方式进行写作。那个时候，我的写作只是针对特定的学术群体，现在我会试图影响更大的群体。也就是说，我将以一种不同的方式写作其中某些相同的东西，同时也具有相同的取向。我的写作方式的转变以《社会学》教科书的写作作为转折点，那本书改变了我对写作的理解，使我关注范围更加广泛的群体。

第二章
巨变时代的政治解读

　　民族国家是现代性的核心部分，是现代性的权力集装器，与之相伴的是工业生产，它们共处在一个不安宁的世界中。民族国家的兴起同时也意味着代议民主制度在西方世界的兴起……民族国家构成了现代世界的（政治）马赛克。

——安东尼·吉登斯

民族国家的历史根源与当代状况
——对安东尼·吉登斯的访谈

　　背景介绍：民族国家是现代社会出现的政治标志。以清晰的领土边界、独立的国家主权、统一的政府体系和普遍的公民身份作为基础，民族国家建立起了迥异于前现代社会的政治模式。民族国家在塑造出独特的政治景观的同时，也隐含着明显的政治矛盾。比如民族国家的主权维护与军事暴力的累进性升级、公民身份权利与民族国家监控的同步性发展，以及民族主义的启蒙性和侵略性等问题。在《民族-国家与暴力》一书中，吉登斯从政治社会学的角度对民族国家的历史起源、民族国家的悖论性发展以及高度现代性条件下民族国家的发展趋势等问题进行了系统分析。本次访谈主要围绕《民族-国家与暴力》一书的核心内容而展开，对于我们理解当今民族国家的状况具有较大启示意义。

郭忠华、安东尼·吉登斯、阿丽娜·莱德尼娃

（2007 年于上海新天地）

郭忠华：　国家理论在您的思想中是一个独特而重要的板块。《民族-国家与暴力》是您集中阐述国家理论的著作，也是您最具有政治社会学色彩的著作。在这以前，您的研究主题似乎存在很大的差异。比如，1984 年您出版了著作《社会的构成》，更早以前，则出版了《社会理论的核心问题》。它们都专注于社会学研究方法和社会学一般理论的建构。您能否谈一谈您转向国家理论研究的背景？当时您为什么会从对社会学研究方法的建构转向对国家理论，尤其是民族国家的研究？

吉登斯：　因为那个时候的社会科学潮流受经典思想家影响巨大，同时也有帕森斯的巨大影响。在他们的影响下，人们讨论得最多的是社会、工业、社会制度等，对于国家的讨论却不多，当然，马克斯·韦伯除外，韦伯把注意力集中在国家与暴力之间的关系上。我那时候必须考虑这一主题，因为在我看来，它与我思考的其他现代性主题联系在一起，民族国家是现代性的核心部分。与这一主题相联系，必须对民族认同、权力产生、民族主义兴起等问题加以探讨。它们是 19 和 20 世纪历史的核心线索。这需要一些什么样的思考方式？这又是一些什么样的认同方式？我试图从一种不同于传统国家理论的角度来提出现代国家理论。由于现代文明的发展，人们的交往方式发生了前所未有的变化，它们表明了现代国家的兴起。其中印刷业的兴起最为重要，因为没有印刷，也就不可能对信息进行有效的协调（co-ordination），印刷使行政管理机关对特定区域的控制成为可能。传统国家不可能做到这一点。

民族国家在我看来是现代性的权力集装器（power container），与之相伴的是工业生产，它们共处在一个不安宁的世界中。民族国家的兴起同时也意味着代议民主制度在西方世界的兴起。这是一种与以前迥然相异的政治制度，因为它以大众民主作为主导形式。其中最主要的是必须对公民负责，尤其是必须对战争时期的公民负责。公民身份权利（citizenship rights）在战争期间尤其得到了发展。综观当今世界，许多学者把那一时期的背景称作民族国家终结的时代，但那是不正确的，毋宁说这是全球化体系下民族国家的重构。在我看来，大部分人都会同意，民族国家在当今时代实际上变得更加重要。因为没有其他什么体系能够像民族国家那样具有赋权（empower）的权威。例如，气候变化的讨论必须达成国际性协议，但这些协议的大部分却必须在民族国家的层面上才能得到执行。因为民族国家在当今世界仍然掌握着大部分合法性权力。即使是欧盟，它是当代民族国家所表现出来的最新变化趋势，但民族国家和国家认同在那里仍然至关重要。在发展中国家也如此，中国、印度等都是民族国家。民族国家构成了现代世界的（政治）马赛克。

郭忠华： 对于国家概念的界定从来都非常复杂。例如，马克思主义者从经济基础的角度分析国家，把国家看作统治阶级实现其阶级利益的工具。您从"反思性监控"（reflexive monitoring）的角度出发界定国家，认为凡是国家都会涉及对社会的反思性监控。您能否更加具体地谈谈您对于国家概念的界定？

吉登斯： 考察现代国家机构，其中突出的现象是如汗牛充栋般的簿记资料的储存，以及通过各种渠道收集和储存公民的信息。从这一角度而言，现代国家与经济统计资料的定期印制携手同行，与不断增进的对人们生活信息的统计携手同行。比如，涂尔干有关自杀的研究就是建立在信息统计的基础之上，这种统计只有在 18 世纪以后才真正开始。这些信息促进了反思性的发展，因为民族国家的权力依赖于对信息的持续性和例行性占有。它不仅促进了国家的整合，同时也成功地促进了科技的发展。电报、收音机、电视和网络等都是进一步促进反思性的因素。作为一个社会，我一直认为，自现代性在西方社会破土而出之后，反思性一直持续性地在不同层面得到强化。因为考察以前现代性发展的轨迹，可以看出，它体现为完全不同的形式。以日本为例，它具有一种发展的自我意识，其发展轨道不同于西方，但同时又使用了大量产生于西方的技术。中国现在的情况也一样，只是规模更加庞大而已。因此，即使是现在，我仍然认为反思性是现代性的重要组成部分。人类越是试图掌控未来，就越是有意识地使用过去，使用过去积存下来的各种信息，通过它们来反思性地理解人类到底应当如何生存。

郭忠华： 但在我看来，《现代性的后果》所提出的"现代性的反思性"与《社会的构成》所提出的"行动者的反思性"是存在差别的。请问是否如此？如果是，两者又是什么关系？

吉登斯： 要搞清这两个概念的确需要费很大的功夫。关于"行动者的反思性"，我指的是行动者以半意识性（semiconsciously）的方式监控自身的所作所为。从戈夫曼意义上的"日常生活中的自我呈现"来看，每一个人都对自身的动作（motion）保持着某种程度的意识，比如，你所表现出来的手势、身体姿势、讲话语气等。当然，这是一种连续不断的反思性监控流，一直持续到个体生命的终结。现代性的反思性监控则更是一种制度化的监控。或许，我应当使用不同的概念把它们区分开来。它们之间的确存在明显的差别，行动者的反思性监控具有普遍的性质，现代性的反思性监控则更具有历史的色彩。

郭忠华： 在《民族-国家与暴力》一书中，您从暴力的角度对国家进行了界定。这使我想起了马克斯·韦伯的国家定义，他也侧重从暴力和国家领土的角度界定国家。因此，在国家定义方面，能否谈一谈您与他的知识关联？您觉得你们的定义之间存在何种差别？

吉登斯： 《民族-国家与暴力》的确从韦伯那里受益良多，因为韦伯是三大经典思想家中唯一对国家投以充分注意力，并从暴力角度加以界定的思想家。他试图从军事暴力的角度解释国家的权力，把军事暴力看作所有国家的构成性要素。比如，以官僚制的方式组织现代民族国家的军事暴力。在我看来，他这样做是对的。其他经典社会学家实际上没有把军事暴力纳入其分析的视野，比如涂尔干有关工业演进的解释。军事暴力在现代民族国家发生了极为重要的变化，出现了大规模工业化战争。在我看来，这是现代性的核心组成部分。许多人认为，美国内战是现代工业战争的首个典型，双方都涉及大量的参战人员，并且使用机械化的武器。机枪大致发明于那一时期，这是真正工业化武器的体现，此后还出现了坦克等其他工业化武器。所有这些都是将工业化力量应用于战争的表现。如果忽视了这些现象，那的确有失偏颇。从这一角度而言，现代社会的历史实际上可以勾画为战争的数个发展阶段。当然，不能把它看作完全朝这个方向迈进。首先是众多地方性战争，再就是世界性大战，民族国家之间直接交战。

郭忠华： 的确，军事暴力是一个非常重要的国家分析视角。诺贝特·伊利亚斯、查尔斯·梯利、布鲁斯·波特（Bruce D. Porter）等人对于战争在分析国家过程中的重要性也进行过着力强调，为研究国家理论带来了重要的启发。您的观点在许多特定方面与他们存在差异，但不可否认，也存在众多相似之处。比如，对于军事暴力的强调，对于战争与公民身份之间关系的强调，并且也从总体上表明了一个从"战争"到"福利"的发展过程。尤其对于最后一点，能否谈谈您的看法？

吉登斯： 我有时使用 C. 赖特·米尔斯提出的"战争国家"（warfare state）和"福利国家"（welfare state）概念来进行分析，这两个概念通过我前面提到的公民身份概念联系在一起。公民身份是联系战争与福利、战争与民主的基本纽带。如果是男性公民，在自第二次世界大战以来的大部分现代国家，他们都有服兵役的义务。这是公民身份所隐含的基本义务。因此，我有时想，当人们在写作有关福利国家的作品时，不能忽视福利与战争之间的联系。但实际上，福利国家概念最初是作为战争国家的对立面提出的，这显然不正确。在大多数国家，两次世界大战时期同时也是民主发展得最快的时期，例如妇女解放，因为那一时期需要有大量的妇女参与到战争中去。既然如此，那么，国家就必须承认她们的民主权利。战争与福利、战争与权利，实际上是相携出场的两个方面。

郭忠华： 大多数学者都从国家与市民社会的角度来分析国家的产生和国家与社会的关系。但是，这种分析方式在您那里似乎不再可行。您认为，市民社会实际上从来就没有存在过：阶级分化的社会不属于市民社会，因为那时的国家缺乏形构社会的能力，乡村等实际上是独立的，与市民社会不可同日而语。但到了阶级社会，由于民族国家无所不在的政治监控，市民社会实际上已经消逝了。如果从这样的前提出发，我很想知道您有关国家与市民社会关系的看法。另外，难道今天的社会就真的完全处于国家的行政监控之下，完全没有自身的独立性了吗？

吉登斯：实际上，有关市民社会的讨论只有随着民族国家的来临才有效。民族国家存在着三大领域。第一个领域是国家权力，即国家的管理机构，它从中央一直延伸到地方层次。第二个领域是市场，它与前一领域交织在一起。第三个领域是市民社会，它存在于国家权力和市场领域之外。一个真正民主化社会的建立要求市民社会领域具有相应的政治空间，使之能够与市场和国家权力形成制衡。一个好的社会必须做到三个领域之间的平衡。以气候变化问题为例，既需要有政治家的领导，需要利用市场机制来促进变革，但同时也需要积极的市民社会（第三领域）的力量。市民社会能够对第一领域持续构成压力，它们不是一些为了谋取利润的群体，而是各种类型的NGO。

郭忠华：您对这一问题的解答使我想起了您提出的"控制辩证法"（dialectic of control）。您在阐明权力问题的时候提出：权力包括"转换和支配"两个方面，它们之间存在着一种"控制辩证法"……

吉登斯：的确，权力包括两个方面，而且两个方面的关系是"辩证的"。帕森斯提出，权力既存在其集体性（collective）一面，也存在其个体分配性（individual distributive）一面。在我看来，他的观点非常正确。两个方面之间是种推-拉（push and pull）关系。没有哪一种体系的控制会是密不透风的，即使监狱的情况也如此。囚犯有时对看守有着很大的影响，甚至有时看起来比后者的权力还大。这就是我所说的"控制辩证法"的含义。所有权力都是双向的，即使对最弱势的人来说也是如此，他都有机会对强势一方产生某些影响。

郭忠华：　国家类型是国家理论的基本内容。《民族-国家与暴力》一书尽管没有专门论述国家分类问题，但仍然可以看出，您把"传统国家""绝对主义国家"和"民族-国家"作为三种最基本的类型。请问划分这三种国家类型的标准是什么？

吉登斯：　这三种国家类型的划分标准是"对暴力手段的控制"。民族国家假定了很高水平的内部和平。以传统中国或者封建时期的欧洲为例，它们实际上都是高度地方化的，存在着各种各样的军阀。传统中国的统治阶级从来不能对军阀加以有效的控制，而且两者之间还经常形成一种推拉性的关系。现代国家如果不能实现对暴力手段的成功控制，也就不可能成为一个成功的民族国家，相反，成为的是失败国家。就如阿富汗和许多非洲国家所表明的那样。因为这些国家没有成功地实现对暴力手段的控制，没有有效地实现内部和平，而是持续处于内部冲突的状态，表现为军阀主义（warlordism）。传统国家的政府能力无法渗透到地方层面，因为那个时候的通信速度太过缓慢。

郭忠华：　现在我想转向讨论一下三种国家类型当中的各种具体形式，首先是传统国家。您在探讨传统国家特征的时候，赋予书写（writing）以极为重要的意义。请问在您看来，书写对于传统国家的行政管理存在何种根本意义？

吉登斯：　这的确是我的基本观点之一。书写、印刷、电子媒体甚至包括互联网在内，所有这些都对管理体系的权力产生了非常不同的作用。从书写的角度来看，为什么传统国家的渗透能力会如此低？主要因为传统国家中有文化的人只占很少一部分，他们主要是教士阶层、武士阶层和文职人员，因此无法通过书写与普通臣民进行交流。

郭忠华：　绝对主义国家是您划分的第二种国家类型，在《民族-国家与暴力》一书中，您专辟一章讨论这种类型。请问在您看来，绝对主义国家为后来民族国家的兴起提供了哪些有利条件？

吉登斯：　对于这种国家类型，我想强调的一点是以贸易为基础的城市发展。这些城市首先发展于意大利和德国，随后在欧洲的其他地方也得到了发展。与城市联系在一起的是公民，第一批公民产生于这些城邦国家（city-state），他们拥有许多民主权利。以威尼斯为例，该城市尽管存在单一的统治者，但公民也握有大量的权力。城市网络的建立很大程度上是通过战争的方式实现的，它们对于民族国家的兴起有着重要的意义。但是，它们还必须与其他一些重大变化联系起来考察，尤其是工业生产、通信工具、道路体系以及机械化的交通工具，同时也必须与印刷所带来的影响联系起来考察。所有这些结合在一起产生的结果是：通信得到了极大的改善，并催生了一个高度整合的、可以跨越较远时空距离的管理模式。在一些国家，现代国家的早期某种程度上依赖于城邦国家的延展，但战争征服通常也卷入其中。因此，今天的民族国家把不同的文化群体和少数民族融合在一起成为统一的国家。当然，有些时候也存在例外，有些民族和语言完全消失了，但大部分民族国家最终都成为多民族国家。有些国家的地区与其他国家存在着千丝万缕的联系。以比利时为例，在使社会成为一个持续的统一体方面总是存在着困难，因为在它的内部存在着两大语言、两大文化，就像北爱尔兰所表现出来的情况那样。无论如何，城市都是某种类型的文明，对后来民族国家的形成有着重要的影响。

郭忠华：　我同意中世纪的城市对于现代民族国家兴起所具有的意义，但您在《民族-国家与暴力》一书中强调的似乎更是其他一些因素，如绝对主义时期孕育的主权观念、议会制度的出现、税收体系的建立等，所有这些都预示了民族国家阶段的权力集中。我不知您对我刚刚说到的这些因素在民族国家形成过程中的作用持何种看法？

吉登斯：　我想从民族国家的历史发展轨迹来看，民族国家是你提到的这些因素的混合体。早期民族国家具有明显威权主义（authoritarian）的性质，即使到 19 世纪，民主也只是局部的，因为那时很少有哪个社会妇女可以拥有投票权。实际上，只有到第一次世界大战之后，代议民主制度才在大部分国家得到较充分的发展。但少数国家却出现了倒退，变成了法西斯主义国家，民主在这些国家没有得到继续发展。这里，我还要谈一谈福利制度的问题。我对马歇尔（T. H. Marshall）的观点提出了批判。他在《公民身份与社会阶级》一文中提出公民身份权利由三大部分组成（即民事权利、政治权利和社会权利），这些部分之间是一种依次建立的关系。这在我看来是有问题的，因为每一种权利的发展同时也是冲突的结果。他所说的经济权利、社会权利、福利权利、民主权利等，都必须从冲突的角度加以考察。民主是一种必须持续重新合法化（re-legitimatize）的东西。

郭忠华： 好的，那就让我们转向对民族国家的讨论。首先是民族国家的生存环境问题，您在界定民族国家的时候反复强调，民族国家存在于一个由其他民族国家所组成的体系中。与传统国家相比较，这种强调蕴含了民族国家之间清晰的边界划分和频繁接触的意思。在您看来，这种生存环境对民族国家存在何种特殊的影响？

吉登斯： 民族国家具有清晰的边界，通过这种边界引起的是非常敏感的冲突。在传统国家，这完全是不相关的东西，传统国家有的只是边陲。边界是一种非常敏感的东西，隐含在这种敏感性后面的实际上是国家主权。由于民族国家体系并不是一个完全稳定的体系，而是充满弹性的。随着全球化的强化，情况并不像人们所通常认为的那样是民族国家的削弱，相反，而是民族国家的重构。从不平衡的全球化角度来看，其中存在着大量消极的相互依赖问题，就像气候变化问题那样。但是，伴随着这种相互依赖的增强，全球治理却没有同样得到增强。因此，以气候变化为例，全球治理的最重要工具——联合国——在宣传和强调气候变化的危险方面，在促进国家间的气候讨论（panel）方面发挥了重要的作用。但是，联合国却不具有保证成员国执行气候变化决议所要达到的目标的合法权利。在某种程度上，它还被安理会成员国所劫持。因此，在治理绩效方面，联合国与我们这个相互依赖世界的要求并不匹配。的确，国际层面存在着某种程度的无政府状态。因此，我一直认为，在气候变化方面，国际层面的问题实际上更不是"什么"（what），而更是"如何"（how）的问题。2009年哥本哈根会议所交涉的主要是前者，但后一个方面还有非常非常多的工作要做。因为所有的决议都依赖于单个民族国家。民族国家拥有合法性，拥有行之有效的以税收为基础的财政权力，国际层面上却不存在以税收为基础的权力。

郭忠华： 关于民族主义与民族国家的关系问题，您把民族主义看作一个自变量，把国家主权和多元政治看作两个因变量。认为如果民族主义与主权联系在一起，将使民族主义变得具有勃勃侵略性；如果与多元政治联系在一起，则将使民族主义变得更加开化和启蒙。但综观当今民族主义的走势，民族主义似乎并不止这两种走向。比如，有许多民族寻求从其所从属的民族国家中分离出去，建立自己的民族国家，或者与其他民族联盟。民族主义与民族国家之间并不是一种相安无事的关系，除侵略性和启蒙性两种特性之外，分离性或者联合性也是民族主义的基本特性之一。最后那种情况显然不是"侵略性"和"启蒙性"可以概括得了。因此，能否请您从当代民族国家的现实情况出发，谈一谈民族国家与民族主义的关系？

吉登斯： 我在民族国家、民族和民族主义这三个概念之间进行了区分，但它们之间的关系实际上非常复杂。显然，存在没有国家的民族，比如，西班牙的卡斯蒂利亚人、英国的苏格兰人，他们都拥有某种程度的民族认同，形成了某种程度的民族主义，并且有时还试图争取建立自己的国家。我想在这三者之间做出区分非常重要。在我看来，有些人试图把民族和民族主义融合在一起，似乎它们是一回事。但我认为，民族主义本质上是一系列情感、一种归属感，即归属于具有某种共同文化特征的共同体的感觉。为了做到这一点，许多民族甚至扭曲历史，以便形成某种意义的共同体。这种共同体在以前并不存在，但可以使用国家的力量创造出某种虚拟的历史。例如，关于民族起源的传说可以促进人们之间的团结。举一个例子来说，关于苏格兰人遭到屠杀的传说被转换成一种象征，它是一种在19世纪工业化进程中与英格兰人、威尔士人联系在一起的现象。我在书中谈到的"传统的发明"属于这种情况。民族主义的建立过程是一种发明传统的过程，它们并不是建立在19世纪以来现代发展的基础上，而是建立在传统的基础上。

郭忠华： 您在《民族-国家与暴力》一书中多次强调，民族国家本质上是一种多元政治（polyarchic）。我对这一观点一直不是很理解。在您看来，民族国家与多元政治之间为何会存在内在的关联？另外，从当今民族国家体系的现实情况来看，存在着近 200 个民族国家，但我们并不能说所有这些国家都内在地是多元政治的国家，如果以自由民主的标准衡量，毋宁说大部分是专制国家。从这一现实情况来看，民族国家怎么会是内在多元政治的呢？

吉登斯： 说句真心话，我真的不记得我在该书中使用过这种观点。但我的确记得我是从罗伯特·达尔的《民主理论的前言》一书中吸取该论点的。我不太记得具体是什么含义，指的似乎是民族国家主权之下形成的多中心治理模式。如果你想要对这一论点有更清楚的了解，可以查阅一下《民主理论的前言》。我曾数次用到过该论点，但现在却说不上来指的是什么意思。

郭忠华： 您一方面非常强调民族国家与多元政治的关系，认为民族国家内在地与政治民主联系在一起；另一方面您又非常强调民族国家的行政监控能力，认为当今社会的人们处于无所不在的民族国家监控之下。把这两个方面联系在一起，"多元政治"与"行政监控"之间是一种什么样的关系？当今民族国家为何会导致这两个方面的悖论性发展？

吉登斯： 在这一方面，我试图使自己与米歇尔·福柯的观点区分开来。福柯对监控进行了重点强调，指出人们的生活没有哪一方面不处于监控之下。我想他的观点是有道理的。现代国家依赖于对信息的储存，并且大量使用规训（discipline）。但是，现代国家也给人们提供了各种各样的出路（openings），使他们产生自由的感觉。信息在使民主变得可能的同时，又越来越集中在了国家手里，这里的确存在着一种张力关系。关于这一点，也可以从"控制辩证法"的角度加以分析。例如，摄像头之类的监控工具既可以用来帮助促进民主的运作，但也可以用于监控的目的。它不仅可以是权力工具，同时也可以是保护性工具，甚至可以成为使人们获得解放的工具。网络对于人们的生活来说也是双面性的。在我看来，绝大部分的监控模式都可以从相反的角度加以考察，没有哪一种监控会完全是密不透风的，只是在某种程度上如此而已。在我看来，这是一种非常正常的现象。

郭忠华：　在您的思想体系中，现代性板块是一个既与民族国家密切相关，又存在差别的领域。您把资本主义、工业主义、监控、军事暴力看作现代性的制度性维度，民族国家的监控和军事暴力占据了其中的两个重要方面。同时，在《民族-国家与暴力》一书的结尾，您已着手建构现代性理论，请问能否谈谈有关现代性制度性维度的理论来源问题？

吉登斯：　这些维度首先与经典思想家存在着密切的联系。马克思对资本主义进行了卓有成效的分析，涂尔干将注意力集中在工业主义上，韦伯则强调了国家和军事暴力。但我与他们不同的是，他们仅仅从某种单一的维度出发建构现代性理论，我把现代性看作多种因素推动的结果。资本主义与工业主义不是一回事。工业主义指的是一种生产体系，资本主义则是一种市场体系。后者尽管与前者结合在一起，但不能把两者等同起来。我仍然认为，它们是现代社会的四根支柱。我的现代性理论框架中没有包括文化的维度，尽管我非常强调书写对于历史发展所起的作用。这实际上是非常重要的一个方面，当然，在阐述这一方面的时候，依赖于如何对文化加以定义。因为国家认同、民族认同等都可以被看作文化认同的表现。我的确应当对这一方面多加重视，但主要指书写和媒体等具体的方面。它们在现代性的发展过程中发挥了很大的作用，但我却从来没有对它们多加解释。的确，一个人不可能什么事都做到。

附：民族国家的未来

——吉登斯讲演录*

戴维·赫尔德：

大家早上/下午好！很高兴看到今天这么多观众。我很荣幸有机会介绍"院长讲座"的第二场——《民族国家的未来》，毫无疑问这是一个非常重要的主题。

我是 1974 年在波士顿认识安东尼·吉登斯的，也是参加类似今天这样的讲座，当时是在午餐时间，对于那场讲座，我记忆犹新：吉登斯先生正在吃着一块我所见过的最大的潜艇形三文治，但同时却能娴熟地谈论社会和政治理论的最新动态。我不确定是他的三文治还是他的讲话内容令我印象深刻，但是他的边吃边谈的确令我难以忘怀，我们很少看见美国哪位总统可以同时如此"双管齐下"。

刚才说过，非常荣幸能够介绍第二场系列讲座。过去 30 年里，安东尼一直在社会和政治理论的讨论中处于风口浪尖的位置，这相当令人钦佩，也证明了两件事情，确切说是三件事情：一是他精力过人，二是他的睿智博学在这 30 年里得到了充分的体现，三是他一直密切关注当前政治和公共讨论所发生的变化。好的，今天的主题如此重要，我们洗耳恭听。我把时间交给安东尼。

安东尼·吉登斯：

很高兴今天由戴维来主持这场讲座。这几场系列讲座的形式大致一样，伦敦政治经济学院的高级学者担任讲座的主持，然后他向我连珠炮似的（如果可以这样形容的话）问两个问题，接着由观众提出两

---

* 本次讲演于 2001 年 11 月 14 日于伦敦政治经济学院进行。

到三个问题。

戴维·赫尔德是伦敦政治经济学院的政治学教授，也是世界著名的全球化研究专家。关于全球化的讨论贯穿于我的五场讲座，我想这也是他众多著作的主线，因为这实际上是当下讨论得最为热烈的问题。如果大家希望对全球化有更好的了解，就一定要阅读戴维的书，其中有一本叫《全球大变革》（*Global Transformations*），这本书已被列为这几场讲座的推荐阅读书目，也可能是迄今有关全球化讨论的最为深入的作品，读者的溢美之辞不绝于耳，并且非常精到。

很高兴见到这么多听众。正如刚才戴维介绍过的，我今天的演讲题目是《民族国家的未来》。要谈论民族国家的未来，就必须先回顾其过去。因为，如果不了解民族国家在过去 200 多年里的演进，就很难理解民族国家这一全球性制度（global institution）在未来会发生什么样的变化。

我在讲座前刚和一些人提过，我发现伦敦政治经济学院是一个全球性机构。因此我可以很容易问人这样的问题："你是从哪儿来的?"我想别人都会回答是具体来自哪个地方，而不是说"我来自拉美""我来自亚洲""我来自非洲"或"我来自欧洲"等等。大多数人都会说自己是来自某个特定的国家，而且是指一个主权国家或是民族国家，这些回答表明了民族认同，即个人对于民族共同体的归属感在我们的一生中是一种非常强有力的因素，它就是本次讲座所要讨论的重点，我将结合一些反对者的观点来进行对比性阐述。

我在前一次演讲中提到过，关于民族国家是否依然重要的讨论是进入全球时代以来有关全球化讨论的重点之一。在那次演讲中，我简要地提到，一些学者（figures）曾经对民族的角色（the role of the nation）进行了不留情面的批判，他们对民族的角色进行了诘难并做出分析性总结。所以讨论这一点非常重要，因为在这些作者看来，民族国家正趋于终结。

我的书架上至少有三本讨论民族国家终结的著作。这一主题正是关于我们生活于其中的社会正变得日趋全球化这一更广泛讨论的重要组成部分。其中一个很好的例子就是我曾提到过的日本著名作家大前研一（Kenichi Ohmae），他就这一主题撰写过好几本著作，因此他是这一领域最负盛名的作家之一，大概 20 多年前，他就提出过这种观点，所以这并非其最新的理论发现。他提出了"无国界经济"的理念，同时著有《民族国家的终结》。

该书的论点是什么？那就是在这个经济一体化不断加深的世界里，民族已经不再是世界舞台的主角，民族在各个地区，甚至在我们个人的生活领域都不再发挥主要的作用。大前研一认为，随着我们上次谈到过的市场的发展、经济互相依赖程度的不断提高、经济区域化的深入，民族国家的传统权力将被倒置，在未来几年里，我们将见证民族国家的角色被新的重大组合所替代，至少在他看来是这样的。像其他持类似观点的作者一样，他认为在未来二三十年里，民族国家很大程度上将被城市国家（city states）所取代。他曾经描述了一种特定的场景：数以百计的城市国家与它们原来所从属的民族国家联系松散，它们主要通过对全球经济的参与来找到自身的认同，在参与过程中，它们所表现出来的特殊性质将通过我们上次所谈论过的力量得到彰显。以香港为例，或者我上次提到的巴塞罗那，甚至是如纽约或者伦敦这样的大城市，它们作为国际大都市，都是从更广泛的世界舞台和世界经济而非从它们所隶属的国家中寻求自身的经济、政治及文化认同。因此对他来说，无国界经济已经成为不争的事实，与此同时，与民族国家联系在一起的国界的影响正在大规模消失。

这是一个具有挑战性的论点，我并不认为现在它还是标新立异的那种。因为在座各位可能都知道，它反映了我们对于政府和政治权力的看法的变化。许多人都说国家和政府已经失去了往日的作用，政治对民众的影响在不断降低，这就是为什么民众纷纷加入一些例如反全球化运动的原因，因为决策不再来源于传统政治理论中以国家为界限的传统公共领域，以国家为基础的民主遭到破坏。戴维自己对这一话题也持有更加复杂的立场，并在他的著作中非常有趣地解释了这些现象，尤其是在当今许多问题都并非来源于民族国家的政府的条件下，要维系国家公共领域（national public sphere）将面临各种各样的问题。

所以这是一种非常流行的观点，我想街上许多示威者也都同意，因为他们会说："你看看，今天的世界已经被集团权力所掌控，整个世界都被市场利益所驱动，民主合法性（democratic legitimacy）框架已经被转移，尽管这一框架是我们赖以生存的、民族国家赖以维系的基础。"极左和极右两派在这一问题上似乎达成共识。世界各地的右派运动希望复归民族国家的权力，因为在他们看来，民族国家以往的权力基础现在面临着各种力量的冲洗和侵蚀。因此这场争论的确非常重要，我在讲座开始就说过，这不仅仅是一场有关于结构的争论，而是一场有关认同的争论：我们是谁，我们感觉如何，我们归属何方，我们跻身于什么样的共同体，我们该如何界定自己的主要认同，等等。

现在，为了理清我们自身的观点，首先要做两样事情，一样很简单，另外一样较为复杂。首先，我们要区分几个概念，以便在争论中得到更好的方向指引。更具体地说，我们要辨别民族国家、民族和民族主义之间的区别。这三者经常都被人们想当然地混为一谈，我理解这种情况为什么会发生。但是，我们要对这三个概念做出区分，因为它们通常带来不同的影响，而且三者之间并非必然会发生直接的联系。民族国家首先是一个政治结构（political formation），是一种具有特定特征的政治秩序，我稍后将进一步解释这些特征，从最本质的角度来说，民族国家是在特定国界范围内对既定的领土进行统治的政治体系。民族国家传统上控制着一整套法律和军事力量，因此是一种政治结构。民族是与民族国家联系在一起的象征性共同体（symbolic community），但由于我后面将谈到的原因，它并不必然与民族国家发生联系。民族为你提供认同感，当你回答你是谁或者你来自何方的时候，你会说"我是墨西哥人""我是印度人""我是中国人"或者"我是英国人"。著名的民族主义理论家本尼迪克特·安德森（Benedict Anderson）把民族称作"想象的共同体"。想象的共同体是你所隶属的象征性共同体，如果你是一个民族国家的公民，至少在原则上，它可以为你提供一种认同的感觉，并建立一种历史的延续性。正如安德森所表明的那样，为民族建立一个象征性共同体是相当困难的，原因待会再加以分析，必须花费相当长的历史时期才能创造出一个人们共享归属感的共同体，而且这个共同体还将面临持久的威胁。许多民族国家内部呈现出分裂的趋势，这些趋势可以对民族的象征性共同体构成威胁。

你必须把前面两者与接下来的民族主义区分开来。就我理解，民族主义本质上是一种心理现象，民族主义是你对于民族的归属感，民族主义是维系民族生存的情感动力。民族主义是一种感情，是对民族的融入及对它的情感寄托。

之所以要区分三者是因为这三者并非总是同时存在、互为一体。例如，民族可以没有民族国家的依托而存在，这一点我稍后会再详细阐述，民族主义的情绪可以推动一个自视为象征性共同体但还没有形成国家结构的民族成为民族国家。世界上的相关例子不胜枚举，从英国的苏格兰、威尔士再到库尔德人分布的地区，还有许多其他群体把他们自身视为民族，但是却没有建立起国家。

了解民族国家演变的历史背景对于我们了解民族的实际情况和未来动态绝对必要。最好的了解方式就是首先要知道，民族国家的历史实际上比许多人（包括许多学者）所想象的要短暂得多。民族国家是一种相对晚近的历史架构，18世纪后期才逐渐兴起，民族国家起源于欧洲，后来遍及欧洲以往的殖民地，如美国、澳大利亚、新西兰。民族国家首先在欧洲建立，然后逐渐发展到世界的其他地方，因此民族国家不是一种国家形式，也不具备民族和民族主义内在的种种特征。伦敦政治经济学院著名的民族主义研究专家安东尼·史密斯（Anthony Smith）已经以一种强有力的方式向我们表明，许多民族国家的确存在其种族（ethnic）的延续性，尽管种族认同往往可以追溯至久远的历史，而我们所要讨论的民族国家却是一种相对晚近的现象：这种国家可能具有悠久的历史根源，但是它们本身历史并不长。这一点很重要，因为虽然许多人在谈论现代性和现代文明的时候，都会从经济变化、工业革命、18 世纪晚期兴起的工业技术出发，并没有多少社会思想家赞同民族国家像现代经济和工业生产一样只是现代性的一部分。但是，这的确是过去两百年来世界的主要特征。因此，民族国家与一些一直持续到 18 世纪晚期甚至是 20 世纪的国家形式存在着系统性差异。你可以在传统国家与民族国家之间进行系统的对比。如果你懂得了这一差异的本质，也就懂得了民族国家作为一种结构性政治形式的方方面面。这里，我谨对五个方面的特征进行简单的勾勒。

第一，传统国家本质上是分裂的。传统国家可以指一直延续到 20 世纪初的传统中国，可以指存在于更久远历史年代的传统罗马帝国，以及欧洲封建时代的传统文明，还有前现代的国家形式（pre-modern state forms）。传统国家首先尤一例外地是分裂的。卡尔·马克思曾把传统国家描述成"袋装马铃薯"结构，这很大程度上不无道理。它指传统国家不存在中央集权。这些国家的政治权力中心，即使是在一些如中国等一度成为世界大国的国家，政治中心也缺乏现在民族国家所行使的政治权力，因为当时缺乏通信手段，缺乏政治经济一体化，国家权力中心很难监控人们的日常生活。生活在那些国家的居民算不上是公民，因为他们不能像现代民族国家里的公民那样积极地参与国家事务。民族国家的兴起以中央集权的巩固作为前提。我们对此都习以为常，所以很少意识到它的历史独特性，但是，现在的民族国家又持续经受着压力和张力。

第二，传统国家不——或者极少——拥有作为整体的文化和语言认同。当然，并非所有的民族都有文化和语言认同，只有一部分民族才真正拥有。但是文化认同和民族理念是相互依存的。在传统的文明古国，生活在地方村庄的人们通常都说着与统治阶级不同的语言，统治阶级与其所管辖的大多数人几乎没有多少文化或语言的接触。有人认为，传统国家本质上是一种勒索体系（apparatus of extortion），权力中心所要做的两件大事就是向人们征税，并不时把人们送上战场，但是，传统国家不是语言和文化上整合的共同体。与其相反，民族国家却总是如此，几乎所有的民族国家都把这种共同体视为理想的状态。当然也存在例外，例如瑞士。但对于希望建立国家的民族来说，民族具有共享的文化和共同的语言，它们把这些看作自身的基本特征。因此，民族国家在 18 世纪的兴起总是受教育系统的影响，受到本尼迪克特·安德森笔下的想象的共同体的创立的影响，同时随之而来的还有一整套国家体制，统一的教育体系等。曾经任教于伦敦政治经济学院的厄尔斯特·盖尔纳（Ernest Gellner）也强调过这些方面。传统国家不具有上述特征。

第三，传统国家没有垄断暴力工具，因此像中国等传统国家在历史上总是充满了中央政府和地方军阀之间控制战争资源的竞争。今天，阿富汗的地方军阀仍然拥有强大的地方军队，因为该传统国家没有经历垄断暴力工具的过程。军事暴力的垄断过程对于民族国家的演化非常重要。实现对所有民族的暴力垄断是一桩极其困难的事情，因为垄断本身也会受到威胁，但是，它成为西欧民族的一个主要特征，尤其当警察部队兴起之后，你更能够清楚地标示这种垄断。警察部队主要是为了满足维护国内安全的需要，军队只是在相对紧急的情况下才被动员以帮助维持国内安全。这种差异通常标志着国家对暴力工具的成功垄断。但是，这种情况在历史上的传统国家是非常罕见的：在传统国家，我们的旅行安全甚至都得不到保障。在过去，如果你要从伦敦去爱丁堡，沿途可能碰上强盗、土匪、山贼等，这些人在旅行者路程的不同路段埋伏等待。那时候国家还没有垄断暴力工具。有人可能会说现在这种不安全因素又再次降临了，因为世界各地的恐怖主义网络也通过高科技手段四处犯罪，令我们的旅程变得不安全。人们会问：去纽约真的安全吗？但是多年以来，大多数人，尤其是西方国家的人们，都习惯于享受安全和有保障的旅途，这是一种相对晚近的发展，在过去很长的历史时期并不存在。

第四，传统国家拥有地理学者称为的边陲，而非国界。这个区分也很重要。在边陲的情况下，地图没有对彼此间的划分加以标识。边陲也存在着某些特定的区域，政治权力中心的权威越往边陲便越趋于削弱。传统中国建立了长城，你们当中的许多人可能会认为这就是这个国家的边界。但事情并不如此：长城两边的战争连绵不断，地方军阀控制长城周围的时间甚至要多于政治权力中心对它的控制。国界的发明是历史独特的一页，国界是我们在地图上可以标识的线条，它标志着一个国家的统治结束于某个地方而另外一国的统治开始于此。国界的建立是相当艰难而漫长的历史过程，尤其是由西方国家为其他国家例如非洲国家订立的国界，会有各种后果，待会我会抽时间谈谈这一点。但是一旦国界订立，该民族国家就拥有了自治权，因为民族此时的政治管辖范围恰好契合于国界的范围。

第五，在过去 6000 多年的人类历史中，直到 20 世纪，传统国家并不存在于由国家所组成的体系当中。传统国家通常占据着某一特定的区域，周围为许多番国所环绕，如果该国是帝国，周围的部落群体就必须向帝国中央交纳贡赋；如果是封建王朝，它们就必须向地方割据势力进贡。但是，民族国家从一开始就存在于一个国家体系当中。在这种国家体系中，国界的订立需要与其他国家签订协议。因此，至少从 18 世纪开始，欧洲在某种程度上首先建立了这种国家体系，随后逐步扩展到世界的其他地方。民族国家的历史渐进式发展，就是统治已久的传统国家的历史逐步衰颓并转化为现代民族国家的历史过程，而这一过程在世界不同地区导致了许多混乱的后果，在我评价和总结民族国家是否正消失之前，我们先要了解上述问题。

从本质上说，我们现在有三种不同形式的民族-国家-民族主义的组合。首先是古典民族国家（classical nation state）。古典民族国家最符合我上面所提到的标准。这类民族国家首先在欧洲、美国以及我刚才提到的欧洲以往的殖民地建立。古典民族国家也拓展到世界的其他地方，并得到稳定的发展，例如位于拉丁美洲的墨西哥等。古典民族国家具备清晰的国界划分。但并不是每个地方都如此，因此我们就有了第二种政治架构，即国家民族（state nation）。

国家民族是国家的建立先于民族，或者民族象征性共同体从来没有得到建立的国家。国家民族通常存在于西方殖民主义者入侵过的地区，西方国家所确定的国界没有契合该地区民族的普遍历史真实性（generic historical reality），因此这些国家经常面临着创造统一的象征性共同体的问题。这种国家民族大多数分布在非洲，因为在 19 世纪晚期和 20 世纪早期，非洲被西方殖民列强肆意瓜分和蚕食。国家民族的稳定性比民族国家低，因为它们缺乏有效的领土权力和公民的象征性参与，同时还与不同的种族分裂交织在一起。有时，种族分裂的范围完全没有契合殖民国家所订立的领土边界。

第三种，也是最后一种，是没有国家的民族。有民族而无国家在世界各地正成为一种越来越普遍的现象，虽然在某种程度上，它们也至少存在了一百余年。在这些没有建立起国家的民族里，人们相信它们属于一个既定的象征性共同体，通常拥有本尼迪克特·安德森所描述的各种特征，换言之，即共同的语言、共同的文化历史和某种象征性的、部分想象出来的历史，但是就是没有建立起一个国家。没有建立起国家的民族因此拥有民族主义，因为人们具有民族认同，因为人们有某种象征性的共同体，但是还没有建立起国家，人们渴望建立起国家。我之前举过一些例子。比如，中东地区的几个国家都分布了库尔德民族。有观点认为，库尔德人应该建立一个独立的国家，但当然它还不是一个国家，还面临着来自内外的冲突。这些民族并非必然会滋生可怕的冲突，但是它们当中有相当一部分人渴望建立起自己民族的国家。例如在欧洲就存在诸如此类的问题：苏格兰接下来会怎么样？加泰罗尼亚会怎么样？巴斯克民族会有什么进展？瑞士能否保持统一？捷克斯洛伐克为什么一分为二？比利时会分裂吗？

因此，关于民族国家的未来，我们可以得出什么样的结论？背景非常复杂：如果认为民族国家受到了全球压力的削弱，这种观点未免过于简单。世界各地正在发生一系列不同的进展，一些是历史遗留下来的长期问题，另外一些则是全球化影响所带来的结果。我们可以根据这一复杂的背景得到一些结论，我抓紧时间列举，因为我必须争取在新的演讲形式所规定的时间内完成我的演讲。

第一，民族国家终结的想法完全是错误的。我们可以写一本书名为《民族国家的来临》，而非《民族国家的终结》的著作。为什么呢？因为实际上，民族国家首次在人类历史上成为一种普遍的形式。不仅传统国家与民族国家共同存在了许多年，一些帝国也一度与民族国家共存，苏联可能是最后一个帝国。苏联算是一种联邦，许多一度是这个联邦的成员的民族共同体已经成了独立的民族国家。毫无疑问，世界一些地区的民族国家变得比以往更加强大，比如，在东欧或者在苏联以南的地区，民族国家获得了更大的自主权，这些民族国家的发展在原来民族国家不存在的地区显得更为明显。因此，说民族国家正在消失是不真实的，民族国家正在成为一种更加普遍的形式。我们应该记得国家民族和没有建立国家的民族也大都希望成为民族国家。民族国家建立的最主要途径是通过民族主义运动，因为民族主义运动的目的大都是为了建立民族国家，哪怕民族国家与那些象征性共同体毫无关联。

第二，无论民族国家的本质因为全球化的影响而发生了怎样的变化，它都会在变化中显示出我们说的古典民族国家、国家民族和没有国家的民族的差异。在全球时代，没有国家的民族显得日趋尖锐，因为它们能够更为强烈地反映当地的文化认同，但毫无疑问，民族国家必须努力去适应我上次所提到过的全球化的三重进程。首先，它要适应一种从上而下的退化，这种退化既包括地方民族主义的抬头，又包括没有国家的民族所带来的压力。其次，它要适应在整体经济区域中经济权力的流失，这意味着今天我们不得不把民族国家置于政治科学家所谓的"多层次治理"当中。民族国家正在改变它们的管理形象，因为它们正被融入各种治理形式中，这些形式既涵盖了超民族层面的形式，也包括民族层面之下的不断变化的区域自治类型。我引用过丹尼尔·贝尔（Daniel Bell）在这个问题上说过的一句有名的话："民族国家太小以至于不能解决大问题，另一方面民族国家又过于庞大以至于不能解决小问题。"这句话正好总结了上面提到的调适过程。这不代表民族国家整体上正变得越来越虚弱，而是意味着它们正在重新塑造国家主权的本质，重新塑造过去那种对政治权力进行行政控制的本质。

　　第三，这会影响到民族认同。在冷战结束后，在全球化力量的不断驱动下，世界各国都在重新思考自身的民族认同。事实上世界正在发生着一些更为良性的改变，例如在欧盟，民族认同正部分与国家领土分离。无国界经济的理念尽管并非完全有效，但现在的民族认同的确不必像过去那样依赖于某种形式的领土权，例如可以以欧盟成员国之间的共同协议为基础。欧盟已经弱化了其成员国的领土认同，但我并不认为这就会导致民族认同的削弱，尽管我们的确需要对民族认同加以再思考。

　　第四，世界各地的诸多暴力都源于民族国家建立过程中所产生的问题。处在 21 世纪的我们所面临的冲突将不再像 20 世纪那样主要来自于民族国家之间的纷争，而是更多来自弱小国家的问题，如何解决弱小国家的问题，如何解决各种国际网络势力（international networks）对国家民族或者国家政权薄弱地区的入侵的问题。阿富汗就是一个很好的例子，世界上好几个地方也出现了类似的情况。弱国的问题不完全是建立民族国家的问题，而是如何更好地融入国际社会的问题。我们在未来将要应对民族国家模式的改变，过去曾经出现的民族国家之间的战争在未来将会更为少见。

柯林·海伊

柯林·海伊（Colin Hay），剑桥大学政治学学士、硕士，兰卡斯特大学社会学博士，现为英国谢菲尔德大学政治学系教授。主要研究后马克思主义国家理论、政治学研究方法、当代英国政治等，英国新生代左派政治理论家。出版的著作主要包括《再国家化的社会与政治变迁》《新工党的政治经济学》《政治分析》《我们为什么憎恨政治》等。他也是《新政治经济学》杂志主编、《英国政治学》杂志创刊主编、《比较欧洲政治学》创刊主编等。

　　以马克思、恩格斯作为开端，马克思主义国家理论经历了列宁与葛兰西、普朗查斯与米利班德、切尼与杰索普之间的对立演化过程。"行动"与"结构"是贯穿于这些国家理论的主线。今天，国家理论开始走向融合发展的趋势。政治失望、政治不参与、去政治化等已成为当前政治的基本问题，它们与公民身份之间存在着紧密的关联。

——柯林·海伊

西方马克思主义国家理论谱系
——对柯林·海伊的访谈

　　背景介绍：对于国家理论而言，马克思主义的国家理论无疑是其中的重要组成部分。从历史唯物主义立场出发，经典马克思主义者对于国家（尤其是现代资本主义国家）的形成、国家的性质、国家的功能、国家的历史归宿等问题提出了明确的主张，大大丰富了国家理论研究的内容。马克思、恩格斯等人的国家理论出现在其各种著作中，它们内涵丰富，但重点不一。正因为如此，形形色色的西方（新、后）马克思主义者以马克思、恩格斯的部分观点或者论断为依据，对马克思主义的国家理论进行阐释和"重建"，使马克思主义国家理论表现出明显复杂化的趋势。有鉴于此，为更好地理解马克思主义国家理论的基本主张和西方马克思主义国家理论的代际延续，本次访谈以英国谢菲尔德大学政治学系柯林·海伊教授为对象，围绕"西方马克思主义国家理论谱系"展开。海伊教授被看作英国新马克思主义的杰出代表，曾在英国著名新马克思主义者鲍勃·杰索普教授的指导下获得博士学位。

郭忠华与柯林·海伊

（2010 年 1 月 21 日于英国谢菲尔德大学）

　　郭忠华：　非常感谢你接受我的专访。记得 2002—2004 年间，当我做博士论文的时候，曾经读过你编写的《理论化现代性》（*Theorizing Modernity*），其中看到了你对安东尼·吉登斯现代性思想的诠释及对他的访谈。我的博士论文做的也是吉登斯现代性思想研究，因此对你的解释对象感到非常熟悉。后来，曾经有一段时间我对新制度主义也非常感兴趣，发现你在这方面也写作了很多东西。同时，我来到谢菲尔德大学以后，还发现你在政治学研究方法领域、国家理论领域写作过大量的作品，尤其是在国家理论领域。这一切让我感到好奇：一方面，你的学术身影似乎无处不在；另一方面，又很难理解你到底在关注一个什么样的连贯主题。我们能否以谈论你的学术经历作为开始？你主要关注过一些什么样的主题？它们之间是什么关系？

　　海伊：　谢谢你对我的专访，我非常期待这一次访谈。从张亮教授那里了解到，你对吉登斯的思想有着深刻的研究，对国家理论、公民身份等主题有着浓厚的兴趣，因此我想我们的会谈将会充满启发性。谈到自己的学术经历，我先后毕业于剑桥大学和兰卡斯特大学（Lancaster University）。在剑桥大学获得学士、硕士学位，在兰卡斯特大学获得博士学位，我的博士导师是鲍勃·杰索普（Bob Jessop）教授。他是当代欧洲非常有名的一名马克思主义理论家，主要研究国家理论。他所出版的《资本主义国家的未来》《国家理论：把资本主义国家置于适当的位置》等在国家理论领域有着广泛的影响。受其影响，我的学术兴趣也主要集中在国家理论领域，在此基础上，我对政治学研究方法、英国政治、欧洲一体化、欧洲福利国家等主题也有着广泛的兴趣。当然，后面这些主题也涉及对公民身份的分析。具体地说，在我所取得的代表性成果中，国家理论主要体现在《再国家化的社会与政治变迁》《国家：理论与议题》等著作上，对英国政治的研究成果体现在《新工党的政治经济学》《战后英国政治》《当今英国政治》等著作上，对政治理论的研究成果则体现在《政治分析》《我们为什么会憎恨政治》等著作上。它们之间有着密切的联系，我或许可以把这种关系概括如下：对于英国政治的研究以对国家理论的研究作为基础，而国家理论研究又建立在政治学理论、政治学研究方法的基础之上。而对现代性、新制度主义、新政治经济学等的研究又为政治学理论研究提供了广阔的视野。在所有这些研究主题中，国家理论居于最重要的地位，我尤其偏重于梳理和总结马克思主义国家理论的谱系。

郭忠华： 既然我们双方都对吉登斯感兴趣，我想我们可以他的思想作为开始。吉登斯一生有着丰富的著述，在国家理论方面，他出版的《民族-国家与暴力》在学术界有着持久的影响，不知你是如何看待该书的？另外，在他提出的众多理论中，还有哪些对你产生了较大的影响？

海伊： 的确，吉登斯是一位对我产生了重要影响的人物。首先，当我在剑桥读书的时候，他曾经教过我，因此是我的老师。其次，他的《民族-国家与暴力》在我写作国家理论方面的著作时是一部不可或缺的参考资料，他从历史社会学的角度对国家的演化和当代民族国家的状况进行了富有启发的分析，它在某种程度上形塑了我对国家的看法。最后是他的社会学研究方法。在 20 世纪 80 年代，他所提出的"结构化理论"相对来说是一种非常新的视角。它所关注的核心问题是行动与结构之间的关系问题，它试图打破结构主义、功能主义、解释社会学在主客体问题上的对立，通过某些中间环节把两者有机地融合在一起，从而为社会学研究提供新的研究视角。这一理论最初在社会学领域所受到的讨论比在政治学领域要多，但现在这种讨论也开始溢向政治学领域，它可以为人们思考国家与社会之间的关系、国家之间的关系等提供非常多的启发。

听他的课是一种非常有趣的感受。他那时在剑桥显得非常特立独行，总是在上课铃声响起之后才进入教室，他喜欢穿牛仔裤，几乎不穿西装，显得非常随意，这在剑桥是不多见的。上课的时候总是就某一主题给你讲四到五个要点，然后对这些要点展开阐述。因此，他的课堂笔记是最好记录的，一般都不会遗漏。在下课铃就要响起时，他也开始边讲边往课室外面走。非常有趣的是，他讲完最后一个句子，铃声就响了，同时他也走出了课室，哈哈。但课后仔细想想，他所概括的那几点总是显得非常特别和独到，给我很多启发。当然，他的讲课方式不是没有受到攻击。比如，有人试图要求他从更逻辑推理的角度加以讲解，或者从其中某一点展开分析，而不是总是给你概括几个要点。

这就是吉登斯对我的影响，这种影响是巨大的，而且在许多方面都是积极的，但也不完全是积极的。

郭忠华：　我曾读过你近期发表的数篇文章，吉登斯的结构化理论似乎对你产生了很人的影响。例如，你对于普朗查斯（Poulantzas）和米利班德（Miliband）之间争论的分析，对于切尼（Cerny）和杰索普的国家理论的分析，对于列宁和葛兰西的国家理论的分析等。后面这些作者的国家理论我想稍微等一下再探讨，这里我想将吉登斯的结构化理论与前两者的争论联系起来。我们知道，20世纪70年代，围绕"资本主义"与"国家"的问题，普朗查斯与米利班德之间发生了一场激烈的理论交锋。普朗查斯提出"资本主义国家"（a capitalist state）概念，米利班德则提出"资本主义社会中的国家"（a state in capitalist society）概念。请问从行动与结构的角度来看，这两个概念后面存在什么本质性区别？

海伊：　20世纪70年代普朗查斯与米利班德之间发生的那一场争论非常重要。两者在争论的初期还表现得彬彬有礼，后来则越来越失去了耐心。当然，这不是最重要的，最重要的东西体现在它所带来的理论启示上。到目前为止，有关这场争论，人们谈论得更多的是谁是谁非的问题，很少有人从方法论的角度加以分析。在这方面，吉登斯的结构化理论的确可以提供有益的启示。因为普朗查斯和米利班德分别代表了结构化理论的两个支点，即结构与行动。一方从社会结构的角度出发，认为资本主义国家不外是资本主义社会的结构性体现，国家受社会结构的制约，受统治阶级成员、政治行动者的影响则非常有限。普朗查斯的"资本主义国家"代表了这一立场，这种立场反映了"结构本位"的国家理论。米利班德则从相反的立场出发，认为资本主义国家本质上是资本主义社会中的国家。这种说法与普朗查斯的说法存在何种差异？差异在于，他把国家看作统治阶级根据自身利益和需要而加以灵活应用的工具。因此，如果说普朗查斯代表的是结构主义立场的话，米利班德代表的则是工具主义的立场。工具主义的基本观点表现在：国家是一种中立的工具，它可以为特定统治阶级所掌握并服务于自己的目的。反映在资本主义国家上，在工具主义者看来，现代资本主义国家本质上是资产阶级用来统治社会和实现自身利益的工具。

应当如何看待两者的观点？从某种程度上说，他们的观点都有道理，都包含了某些中肯的因素。在资本主义社会，国家毫无疑问受资本主义社会结构的制约，受统治阶级的影响。两者的问题在于，他们彼此忽视了对方的长处。从结构化理论的角度衡量，普朗查斯放大了结构的制约性作用，米利班德则放大了统治阶级的能动性。但问题在于，资本主义国家既不完全是社会结构制约的结果，也不完全是统治阶级意志的产物，而是两者相互作用的产物。因此，在分析资本主义国家的时候，必须把社会结构与资产阶级两者更紧密地联系起来，否则这种争论永远不会有结果。实际上，列宁与葛兰西的国家理论也反映出结构主义与工具主义之间的对立，只不过当时两者没有发生正面的交锋而已。

另外，我认为，把两者争论的焦点放在方法论的分歧上尽管富有启发，但并不足够，方法论分歧仅仅是这一争论所带来的诸多启示中的一种，它同时还反映了马克思主义国家理论的分流和国家理论的当代转向。从分流的角度来看，结构主义与工具主义的分流往上可以追溯到列宁与葛兰西的国家理论，甚至到马克思、恩格斯那里，往下则可以追溯到布洛克、切尼和杰索普的国家理论。从国家理论转向的角度来看，在普朗查斯-米利班德争论之后，马克思主义国家理论开始走向一种融合发展的道路，它使此后的国家理论研究者看到，必须在结构主义和工具主义的孪生危险之间制定一条新的中间路线。从这两个方面来看，这一争论的意义不可谓不大。

郭忠华： 你的回答把我们带到了一个非常庞大的国家理论视野。我想以普朗查斯-米利班德争论作为起点，对国家理论进行前后追溯，希望能够清理出马克思主义国家理论的完整谱系。让我们首先往前追溯吧。正如你刚刚谈到的，实际上，普朗查斯-米利班德争论只是欧洲新左派国家理论的一个重要发展环节，在这之前，列宁-葛兰西的国家理论也是马克思主义国家理论的重要环节之一。请问这两者的国家理论又主要是围绕什么展开争论的？

海伊： 说两者之间的争论或许不太准确，一是因为列宁和葛兰西从来没有像米利班德和普朗查斯那样进行过密集的理论交锋；二是葛兰西的国家理论本身深受列宁的影响。但是，另一方面，如果不从是否发生了争论，而是各自理论的核心来看，你又是对的，因为他们的确把马克思主义的国家理论引向了两个完全不同的发展方向。

首先，在列宁的国家理论中，国家主要被看作统治阶级进行阶级统治和阶级压迫的工具，这种观点集中体现在其《国家与革命》中。在这一方面，列宁选择性地继承了马克思在《法兰西内战》一书中所提出的观点。我们知道，巴黎公社对马克思的国家观产生了深远的影响，他不仅把资产阶级国家看作是资产阶级进行阶级统治的暴力工具，而且还把巴黎公社看作资产阶级国家的替代品，把暴力革命看作实现这种转变的手段。《国家与革命》的主线是以革命暴力破坏和打碎旧的国家机器，替之以新的无产阶级的国家机器。因此，如果对列宁的国家观稍加综合，其特征或许可以概括为如下三个方面：一是作为暴力机器的国家，二是作为暴力行动的革命，三是作为社会管理手段的无产阶级国家。从这一角度而言，列宁的国家理论也反映出工具主义的特征。

其次，葛兰西的国家理论则走向了另一个完全不同的方向。他不是从作为马克思主义国家理论显著特征的经济决定论和经济化约主义出发，而是集中思考另一个问题：尽管资本主义社会的内部矛盾重重，但是，为什么资产阶级还是能够不断再生产出其支配整个社会的力量？对于这一问题的思考使他提出了一个新的概念，即霸权（hegemony），并把它贯穿于对整个国家制度和实践的解释。围绕着"霸权"这一核心概念，葛兰西表明，统治阶级为了维持其支配地位，必须确保自身的道德、政治和文化价值成为整个社会的准则。也就是说，必须使统治阶级的价值变成整个社会的意识形态共识。如何看待两者间的分歧？在我看来，这种分歧至少可以概括成三个方面。

第一，两者所设想的国家性质不同。列宁的国家理论具有明显的经济化约论色彩，把国家直接看成是统治阶级进行赤裸裸统治的工具。在这方面，葛兰西的工具主义色彩要淡得多。实际上，如果再联系吉登斯的结构化理论，葛兰西的国家理论更注重社会结构的制约作用，即在他看来，统治阶级形成支配的前提在于它能改变整个社会的文化结构，使之与统治阶级的意识形态高度一体化。

第二，对于公民社会的认识不同。列宁把注意力完全集中在国家一端，因此对公民社会的力量没有多少论述，即使有论述，也只是从阶级和暴力的角度论述无产阶级。或许在葛兰西眼里，列宁所代表的只是对东方社会的论述。因为他曾经说过："在东方，国家就是一切，公民社会的发展严重不足、停滞不前。"在葛兰西那里，公民社会及其意识形态被放到了核心位置。他对于国家理论的贡献不在于他把国家看作进行压制的机器或者工具，而是把阶级统治建立在它能在多大程度上影响和塑造从属阶级意识形态上，使后者认为当前的体系是合法的、正当的，或者即使想抵抗，也是徒劳的。

第三，与第二点相关，对于通往社会主义的设想不同。在列宁那里，社会主义是无产阶级成功进行暴力革命之后，通过经济改造和经济发展而出现的结果。但在葛兰西那里，无产阶级进行社会主义革命的重点不是暴力革命，而是意识形态。无产阶级倘若要成功地挑战国家权力，它就必须首先在公民社会内部发起一场"心灵和思想的战斗"。意识形态本身成为无产阶级的力量源泉，成为其取得国家政权和生产资料的前提，无产阶级意识形态的缺乏正是资产阶级能够成功保持其支配地位的条件。

从总体来看，列宁和葛兰西的国家理论代表了马克思主义国家理论的两个发展方向，他们影响了此后西方马克思主义国家理论的发展脉络。尽管在当代西方，葛兰西的影响似乎比列宁要大一些，但我们不能忽视列宁对葛兰西曾经产生的影响。相对于各自所面临的国家，列宁或许更接近以俄罗斯为代表的东方社会的背景，而葛兰西所遭遇的国家则更接近于西欧的社会背景。

郭忠华：　接下来我们似乎可以再往前追溯，考察马克思、恩格斯的国家理论了，这或许也是最艰难和最大的一个问题。我想首先问的是，在你看来，马克思、恩格斯的国家理论主要包括哪些内容？

海伊：　首先，我要提出一个可能令你感到非常沮丧的判断，那就是在西方学术界，现在再认为存在着一种完全的、体系化的马克思国家理论，那无非是"在一匹死马上再加上一鞭子"。这种判断已成为一种共识，即马克思、恩格斯从来没有发展出系统的国家理论。1977年，杰索普在系统全面地考察马克思主义国家理论之后提出，马克思、恩格斯并没有提出过统一的连贯的国家理论，当时对于那些一直沉浸在马克思思想之海的人来说不啻是一种打击。但到1982年，当他写作《资本主义国家》一书时，这种打击已成为一种共识。甚至人们认为，根本不存在单一的马克思主义，更不用说马克思主义国家理论了。

至于马克思为什么没有提出一种连贯的国家理论的问题，学术界已经存在各种各样的解释。但在我看来，这里面有两个关键问题需要我们去认识。一是从马克思的思想发展历程来看，国家理论是在其完成对资本主义的经济研究之后的事情。《资本论》是马克思致力于资本主义经济研究的力作，在完成对资本主义地租的分析之后，第三卷最后转入对资本主义收入分配的分析，并由此转入对阶级的分析。按照马克思的写作计划，《资本论》第四卷将主要为马克思主义国家理论奠定理论基点，然后再以这些理论基点作为基础，着手提出完整的国家理论。从这一角度而言，马克思没有提出连贯的国家理论，其实是因为他没有足够的时间去做这件事。二是马克思尽管没有提出完整的国家理论，但如果认为马克思、恩格斯根本没有发展出任何国家理论，那也是不准确的。他们的著作已经为他们将要提出的国家理论提供了诸多强烈的暗示。通过这些暗示，我们可以捕捉到马克思、恩格斯国家理论的基本轮廓。当然，也正因为如此，它为西方马克思主义者留下了巨大的解释空间。那么，马克思、恩格斯的国家理论有哪些主要支点呢？在我看来，它们或许可以概括为如下四个方面。

第一，国家是统治阶级进行镇压的武器，这里强调国家的暴力机器。这是马克思在《法兰西内战》、恩格斯在《家庭、私有制和国家的起源》等著作中重点论述的内容，同时，它也是与列宁的《国家与革命》联系得最紧的观点。在这一方面，国家的本质体现在军队、警察、监狱、法庭等暴力机器上。例如，恩格斯曾经说过："文明国家的一个最微不足道的警察，都拥有比氏族社会的全部机关加在一起还要大的'权威'。"

第二，国家是进行阶级统治的工具。工具主义者最接近这种观点。如前所述，它把国家看作工具。统治阶级通过这一工具，可以通过国家政策的方式直接控制社会，或者通过国家工具所形成的压制来间接控制社会。斯威齐、米利班德等人重点发展了马克思国家理论的这一维度。

第三，国家是理想的总资本家。马克思在《共产党宣言》中指出，现代的国家政权是"管理整个资产阶级的共同事务的委员会"，恩格斯则在《反杜林论》中指出，资本主义国家不论采取什么样的形式，本质上是"资本主义的机器、资本家的国家，理想的总资本家"。它们表明，资本无法确保自身的再生产条件，而必须借助国家。资本主义社会的再生产依赖于国家力量的介入，这种介入不是为了特定资本的利益，而是为了整个资产阶级的利益。实际上，再仔细分析，国家作为总资本家的观点既反映了后来理性选择理论中的集体行动逻辑，也反映了此后得到讨论的国家相对性理论。

第四，国家是维持社会一体化的力量。这种观点在恩格斯的《家庭、私有制和国家的起源》中具有集中体现。在他看来，国家是社会陷入不可调和的对立面的产物。当社会分裂为不同的阶级，而且阶级之间的矛盾不再可以调和时，国家便被创立出来。国家的作用主要是缓和冲突，把冲突保持在"秩序"的范围内。从国家履行的这一功能来说，国家是一种从社会中产生，但又高居于社会之上的力量。这种国家观后来为普朗查斯等结构主义者所放大。

从马克思、恩格斯的上述有关国家的论点可以看出，他们从来就没有发展出一种内在连贯的国家理论。当把国家看作资产阶级进行阶级统治的工具时，他们放大了统治阶级的能动性。但另一方面，当把国家看作维持社会一体化的力量时，他们又陷入了结构主义的陷阱，使国家体现出强烈的功能主义弦外之音。我们一开始讲到的普朗查斯-米利班德争论，实际上只是各自把马克思、恩格斯曾经强调过的某一维度进行了放大和深化而已。

郭忠华：通过上面的梳理，我感觉里面存在着一种反讽，即马克思、恩格斯本人没有做的事情，后来的马克思主义者一直试图去做到。我的意思是，马克思、恩格斯本人没有发展出连贯的国家理论，后来的马克思主义者却试图做到这一点，从而使马克思主义国家理论走上分化发展的道路。如果超越对马克思、恩格斯思想的论述而回到你本人的看法上来，你是否感觉这种努力有必要？

海伊：这是一个非常好的问题。坦白地说，我认为有必要。这种必要不是出于维持欧洲马克思主义理论家工作岗位或者生存条件的需要，而是再回到马克思、恩格斯的观点那里，维持资本主义世界的需要——尽管这种回答也带有某种功能主义的弦外之音。

不论马克思的理论迄今为止遭到了多少批判，在我看来，他对于资本主义生产方式的分析还是充满真知灼见的，他所强调的国家对于资本主义再生产的重要性有着极其重要的意义。我的意思不是要回到功能主义的视角中去，说资本主义生产方式"需要"资本主义国家，或者说国家满足了资本主义生产方式的功能性需要，而是国家在资本主义的生产方式中发挥了至关重要的作用，资本主义社会关系的再生产脱离不了国家的存在。由此提出的问题是，倘若资本主义社会关系要得到再生产，国家至少必须履行哪些功能？这一问题已经存在各式各样的答案，把所有这些答案放在一起，它们说明了作为总体的马克思主义国家理论存在的必要性。但在我看来，以下几点是最基本的。

第一，资本从来就不是一个统一的总体，而是一个个竞争主体，这些竞争主体都依赖于一种总体性的制度条件，只有在这一条件下，剩余价值的剥削才有可能。但是，单个资本无法提供这种总体性条件，只有国家才能做到。古典经济学和政治学理论表明，即使是最自由竞争的市场，国家仍然有其存在的必要。

第二，资本主义经济内在地存在危机的倾向，如垄断、经济危机等，这些危机倾向的积累将危及整个资本主义的存在。但是，所有资本都是自利的，资本的这种性质使得没有哪个资本会为维持整个资本主义的生存条件而牺牲其自身的利益，调节和解决资本主义危机倾向的责任从而落在了国家身上。在这一方面，国家就像马克思、恩格斯所说的那样，履行了"总资本家"的功能。

第三，如果我们要考察当代资本主义的危机，如 2008 年全球金融危机，那么，国家管理危机构成了其中的重要组成部分。在谈到福利国家的危机时，克劳斯·奥菲（Claus Offe）曾打过一个形象的比方，那就是"用来治疗疾病的药方变得比疾病本身更加有害"。哈贝马斯也指出过，如果要理解资本主义的危机，那么，必须首先把目光转向国家，因为当代资本主义的经济危机最终将反映在国家身上，变成国家的管理或者调节危机。

从所有这些方面来看，可以看出，如果要理解资本主义的生产方式、资本主义的危机以及危机对资本主义所造成的改变，那么，我们就不能置资本主义国家于不顾而单独考察资本主义经济。从这一角度而言，我们的确需要有一种动态的资本主义国家理论。

郭忠华： 既然如此，在你看来，在维持资本主义社会的再生产方面，资本主义国家主要履行了哪些功能？

海伊： 对于这一问题的回答，我相信已经存在非常多的答案。例如，杰索普就曾经对这些功能进行过概括。我想，这些答案之间尽管存在差异，但综合起来，无非是说履行了以下几种功能。一是为资本主义生产方式提供了总体性的基础条件，这些条件单个资本不会提供，只能由国家提供。如统一的货币、统一的关税、统一的市场管理制度等。通过这些条件，资本可以正常地从事其经济活动。二是从外在的角度来看，通过国家的军事力量，保证了国内和平，从而为资本的运作提供了安全的国内环境。当然，在重商资本主义阶段，国家的军事力量还是进行对外扩张、获得国外原料和市场的重要工具。三是国家提供了统一的司法体系，通过这一体系，国家提供了一种公正的国内环境，它使私有财产权得到保障，并惩罚那些潜在地破坏资本积累或者整个资本主义市场经济的行为。四是调节或者缓和阶级冲突，一方面保证资本进行经济剥削的权利，另一方面又使这种权利不至过度扩张以至威胁到劳动者的生存，从而在一定程度上又加强工人阶级的权利，例如赋予劳动者罢工和组织工会的权利。

郭忠华： 刚才我说过，我希望沿着普朗查斯与米利班德争论进行前后追溯。如果说对列宁与葛兰西、马克思与恩格斯的探讨代表了往前追溯的话，那么，在普朗查斯-米利班德之后，国家理论又体现出何种重大转向？此后西方马克思主义国家理论的代表人物主要有哪些？

海伊： 这是一个非常大而重要的问题，我不知道能否在这么短的时间内概括清楚。让我们再回到普朗查斯-米利班德争论上来吧。实际上，在他们后期的著作中，两者都开始吸收对方的长处，从一种更加辩证的立场来看待行动与结构之间的关系。例如，米利班德从"国家是阶级统治的工具"的论调变成强调"国家相对于统治阶级和公民社会所具有自主性"（即"国家自主性"）概念，开始同时强调国家领导人员的特征、经济上占支配地位的阶级所形成的压制以及"生产方式所强加的结构性限制"。从中可以看出，他开始把结构主义的长处纳入考虑的范围。普朗查斯随后对自己的立场也进行了某些修正，如果他没有自杀，或许这种倾向会表现得更加明显。

实际上，这种融合式发展的趋势是通过布洛克（Block）和杰索普来完成的。1987 年，布洛克发表《统治阶级并不统治》和《超越相对自主性》等重要论文，系统阐述了他对于国家的看法。首先，他把"国家管理者"与"资产阶级"分开来考察。在他看来，资产阶级出于追求自身利益的目的，对整个资产阶级的长远利益常常表现得并不积极，甚至相反，常常成为长期利益的阻碍者。在这一方面，"国家管理者"的行动倒是更接近于作为总体的资产阶级的利益。为什么会如此呢？这是因为，国家管理者必须从资产阶级那里获得其运转所必需的资源，因此，资本主义的经济绩效对于国家的财政收入有着极为重要的意义。单个资本家的极端理性行为或许能给个别资本带来好处，但却可能使整个资本主义的经济绩效受到损害。为了维护整个资本主义的经济稳定，国家管理者从而有动力去管制单个资本的破坏行为，从而形成国家在表面上维护整个资本利益的外观。

对于国家机器与统治阶级之间的关系，布洛克从一种辩证的立场加以分析，即努力将国家管理者的利益和策略与形成它们的社会结构结合在一起。通过这种方式，它一方面强调国家管理者的理性化追求；另一方面，又将他们的理性化打算与整体社会结构联系在一起。通过这种方式，他既避免了工具主义者的唯意志论立场，又避免了结构主义的功能论立场。国家管理者是效用最大化的理性个体，但这种理性个体以相应的社会结构作为前提。但是，从总体来看，正如斯考切波（Skocpol）等人所指出的那样，布洛克在某些关键问题上仍然模糊不清。比如，资本主义改革是由国家管理者所发起的，还是出于工人阶级或者资本的政治压力？不论他做哪一种回答，最终都可能落入功能主义的陷阱，国家扮演了"理想的总资本家"的角色。但是，在我看来，布洛克的重要性并不能因此被低估，因为他明显有意识地避免普朗查斯-米利班德争论所体现出来的功能主义陷阱或者唯意志论陷阱。

在普朗查斯-米利班德争论之后，我的导师杰索普把这种融合式的国家理论再往前推进了一步。杰索普在某种意义上是普朗查斯遗产的继承人，他不仅通过著作《资本主义国家》介入过普朗查斯-米利班德争论，而且还出版过著作《尼库斯·普朗查斯：马克思主义理论和政治战略》，它们即使在今天仍然有着重要的价值。在普朗查斯遗产的基础上，杰索普提出了"战略相关路径"（strategic-relational approach）。这一路径的核心思想是：所有社会、政治变迁都旨在实现特定目标的国家战略，是与这一战略所形成的结构背景之间互动的结果。国家则是随着这种互动而形成的动态的不断展开自身的体系，它在某一时期所表现出来的形态是特定时期和条件下双方互动的结果。通过这种方式，国家不再是保障资本利益的理想总资本家，而是成为一种不平衡的竞技场，这种竞技场中的场景有时对某些行动者的战略有利，但随着时间的改变，也可能变得对其他行动者的战略有利。在我看来，杰索普的方法比此前的任何马克思主义理论家都更成功地超越了行动与结构之间的对立，从而真正形成了两者间的辩证关系。

郭忠华：　不知怎么回事，我有一种感觉，那就是我们到目前为止似乎还没有超越吉登斯的结构化理论所设定的圈套，总是围绕着这一理论在梳理马克思主义国家理论的谱系。难道这一理论的统摄力真的就如此强吗？请问在晚近的国家理论中，是否存在其他比较著名的国家理论，它们一方面对欧洲国家学说产生了较大的影响，另一方面又不再是围绕行动与结构这一轴心在彼此争论？

海伊：　前面我们梳理了西方马克思主义国家理论的源流，它们似乎都围绕着行动与结构问题而展开，因此才会使你得出这种印象。但实际上，行动与结构、个体与社会、物质与意识之间关系的问题是社会科学研究的基本问题。社会科学研究要么从行动或者个体出发，要么从结构或者社会出发，很难存在例外的情况。在我看来，吉登斯的结构化理论尽管对这一问题提出了深刻的见解，但未必非得跟它联系在一起。实际上，纵观20世纪70年代以来西方国家理论的发展脉络，似乎也存在例外的情况，至少行动与结构的关系在其中体现得不太明显，那就是切尼的"竞争国家"与杰索普的"熊彼特式的后民族国家的工作福利政体"（Schumpeterian Post-national Workfare Regime，简称 SPWR）。

在切尼看来，如果说福利国家在战后资本主义经济体系中占据优势地位的话，那么，自 20 世纪 70 年代以来，这种政体已不再行得通了，福利国家被竞争国家所取代，或者至少是在被竞争国家所取代的过程中。与福利国家相比，竞争国家是一种完全不同的理念。前者更多思考的是将经济系统中的部分资源从经济系统中抽离，使之变成由国家所控制的因素，然后，再通过国家这只手分配给有需要的人，以提高国家的福利水平。但是，竞争国家奉行的首要战略则是使国民经济在国际和跨国条件下更具有竞争力。因此，在竞争国家的背景下，福利分配的考虑让位于经济发展的考虑，因为在全球化时代，资本流动性增强所导致的激烈竞争已经表明，福利国家是过去那个时代多多少少有点放纵的奢侈品。在今天，在资本高度流动的背景下，包括福利政策在内的所有国家政策都必须接受市场竞争力的审查。由此导致的结果是"竞争政体"的出现，其特征大致包括：以"盈余"作为本质，从对经济的宏观干预模式向微观干预模式转变，努力营造有弹性的、灵活的市场竞争条件，新自由主义的货币政策，通过鼓励参加工作、参加培训等方式来间接提高福利等。

杰索普的国家理论看上去与切尼的相似，但两者强调的重心实际上有着很大的差别。在《资本主义国家的未来》一书中，杰索普一方面对既往国家理论进行反驳，另一方面又非常小心地提出"熊彼特式的后民族国家的工作福利政体"理论。通过这一冗长而有点累赘的名字，杰索普像切尼一样将批判的眼光对准以凯恩斯主义作为主导形式的传统福利国家，认为在当今条件下，工作福利政体正在取代传统福利国家而成为主流形式。具体地说，杰索普的国家理论包括以下几个方面：第一，在生产模式上，传统福特制正在向后福特制转变；第二，正在取代传统"凯恩斯式的福利民族国家"（Keynesian Welfare National State，简称 KWNS）；第三，从偶然性政治过程（新自由主义）和导致 SPWR 出现的、具有必然性的经济逻辑出发，对 SPWR 取代 KWNS 的过程进行细致的分析；第四，认为在后福特制的社会背景下，SPWR 这一替代国家形式与资本扩大的再生产是相容的。

在对当代国家形式进行积极说明和描述的各种文献中，这两种国家理论显得与众不同，在我看来，它们代表了西方马克思主义国家理论的最新走向。当然，它们之间也存在着大量的相似性。例如，它们都认为战后民族国家的发展轨迹存在中断，这种中断以 20 世纪 70 年代暴发的各种危机作为标志；都认为凯恩斯主义的福利国家已经消亡，新的竞争式的国家或者熊彼特式的工作福利国家正在兴起；都认为全球化等外在经济力量正在给民族国家带来巨大的压力，又认为这种外在压力仅仅是引发政治和思想变化的有限力量；都对当代政治、经济的关键变化进行了洞幽烛微式的观察；等等。

郭忠华： 到目前为止，我们似乎对西方马克思主义国家理论的发展谱系进行了一番完整梳理。我接下来想做一些聚焦，即从对国家理论谱系的梳理集中到你个人身上，提问你个人对于国家理论的看法。首先，在你看来，如果以西欧作为分析背景的话，当前国家理论面临的挑战主要有哪些？

海伊： 对于这一问题，我主要想说两点：一是当代社会背景的变化，二是国家理论的状况。从前一方面而言，20 世纪中后期开始的一系列过程对民族国家产生了巨大冲击，它们是影响当代民族国家转型的各种变量。这些过程包括全球化、区域化、后工业化、新社会运动。这些过程彼此存在重叠之处，但又有不同的侧重。例如，全球化侧重于经济，区域化侧重于政治，后工业化侧重于生产模式，新社会运动则聚焦在环境、和平、性别歧视等某个社会问题上。考虑到这些变化短时期内的突发性，国家面临着各种各样的危机。从后一方面而言，面对这些变化，国家理论研究显得步履蹒跚、停滞不前，学术界对自由民主国家的当代特征缺乏持续的反思已变得引人注目。在过去 20 多年里，国家理论的走势或者可以概括为两种：一是面对全球化、区域化、两极格局瓦解等冲击而形成的国家将不可阻挡地消亡的权威说明，这种说明集中体现在 20 世纪最后 20 年左右兴起的各种"终结

理论"上；二是面对绵延不息的国家生命力及其当代转型而形成的
"竞争国家""工作福利国家""积极福利国家"等理论，切尼、杰索
普、吉登斯等人的国家理论属于这一范畴。我要说的是，第一种说明
已被证明完全是一种无稽之谈，但是，第二种走势也不是没有问题。
在它们之间发生的看似激烈而频繁的争论后面，实际上都无一例外地
集中在某种独立的变量上，好像对独立变量的解释可以取代对国家本
身的解释，国家则逍遥在分析者的视野之外。这的确是一种令人沮丧
的状态、一种令人揪心的危机。这种危机不仅体现在国家所面临的挑
战上，而且体现在我们思考国家的方式上。

郭忠华：　在《再国家化的社会政治变迁》《我们为什么憎恨政
治》等著作中，你提出"政治的再国家化"和"国家的再政治化"
观点，请问你赋予这些概念的核心思想是什么？"再国家化了的政治"
"再政治化了的国家"是一种什么样的情况？

海伊：　我提出这两个概念，也是针对我们前面所说的挑战而言
的。我前面刚刚谈到当代社会变化和国家理论的研究状况。在我看
来，如果全球化、区域化、后工业化等所有具有重大意义的事件在国
家领域得到了准确反映的话，那么，当今绝大部分社会科学研究者都
应当是国家理论的分析者，国家理论也就不至于遇到麻烦。但是，事
情却不是这样。对全球化等现象的解释代替了对国家本身的解释，现
实存在的国家自身却从各种理论和争论中消失了。"政治的再国家化"
提出必须把国家重新置于政治分析的核心，我们像 20 世纪 70 年代中
后期那样，仍然需要"把国家带回来"，让国家在真实世界中的重大
意义在持续的系统的学术分析中得到准确地反映。而我所说的"国家
的再政治化"则指把国家问题重新放到政治框架中来考察，不要使国
家游离于政治之外。关于这一点，我可以举一个例子。全球金融危机
使我们认识到，金融产品的供给不能完全依赖于私人和市场机制，但
在过去几年里，金融产品的过度市场化造成了国家监控的缺位，必须
认识到这是一种不明智的短视的行为。健全金融市场的形成离不开国
家，私人或者市场没有这方面的义务，必须把目光转到作为公共物品

最后保证手段的国家上来，重视国家在经济、社会生活中的作用。

郭忠华： 在制度主义方面，我记得你曾在历史制度主义、社会学制度主义和理性选择制度主义三种范式中走一条中间道路，即提出建构主义的制度主义（constructivist institutionalism），试图以此来打通三种制度主义之间的分歧，打通行动与结构之间的对立。今天，由于时间的关系，我不想就建构主义的制度主义进行细致的探讨，而想把它与我们今天探讨的国家理论联系在一起。我想问的是，从建构主义的制度主义视角来看，国家的演化表现出什么样的发展轨迹？

海伊： 这想这是一个非常非常有趣的问题，同时也是我当前正在着手研究的一个问题。我的博士论文写的是"当前国家所面临的危机"，尽管当时没有明确提出建构主义的制度主义，但从一种更加广义的角度提出了其基本观点，并用这些观点来分析国家所面临的危机。我以综述现存国家危机理论的文献入手，通过文献综述使我认识到，几乎所有国家理论都是以对国家矛盾的分析作为起点，当矛盾积累到一定程度或者达到某一个点之后，便暴发了国家危机。通过危机，国家得以重构并表现出新的形式。从经验的角度来看，要识别危机的时刻并不难，这种时刻可能导致国家面临困难、迫使国家采取新的形式来加以应对和解决。但是，随着我对危机时刻的探讨越来越多，我发现某些更为复杂的东西，而不仅仅是矛盾的积累。在我看来，还有其他某些东西可以被看作导致危机的节点，那个节点是政治过程难以再继续维系下去的时刻。它是迫使政治当局采取决定性干预的关键时刻，因此，它同时也是政治领导者通过史无前例的举动重构整个国家政治的过程。因此，对于政治领导者来说，这也是一种建构的过程。

我们可以20世纪70年代英国出现的危机作为例子。那是一次深刻的危机，它给人们的生活带来许多痛苦的感受，使之感觉到必须采取断然的措施彻底与过去决裂。当然，我们可以采取传统的矛盾积累方式来解释当时的危机。但是，在我看来，它同时也是一次建构主义的危机。政治领导者能否采取全新的政策来应对新的形势。对于今天出现的金融危机，或许我们可以采用同样的分析方法，说它是以前内在于新自由主义经济政策中的矛盾的积累，是市场原教旨主义所导致的结果。但在我看来，我们需要另一套解释工具，我们需要考察的问题是："我们应当指责谁""他们所做的什么事情应当受到指责""对于这一危机我们应当做什么"等，即从新自由主义政策的视角转向国家的视角。在当前的背景下，如果没有对整个金融体系和经济政策进行重组的话，那么，所有的危机解释都将无济于事。

我说这些的含义是，我更感兴趣于危机建构的方式，对于经济危机、政治危机的发生和展开来说，它是一种完全不同的分析视角。把这种观点用到更宏大的背景中去，我认为可以通过它来解释恢宏的国家变迁。

郭忠华： 这的确是一个非常有趣的视角，如果我们把它用于分析当前出现的金融危机，或许我们可以找到一种与惯常解释方式不同的解释。尽管你刚才已提到了这一点，但我还是想听一听你更细致、更彻底的解释。

海伊： 这也是这些天一直在拷问我的问题。它使我认识到，尽管我们已经存在着某些显而易见的矛盾，但是，我们并没有找到危机发生的真正原因，没有找到解决危机的真正着力点。例如，在 20 世纪 70 年代的危机中，政治领导者实际上一直坚持着固有的经济范式，没有找到替代性的经济发展范式。今天，政治领导者仍然尽力应用其既有的知识来解决其所面临的危机，而没有试图去提出新的、替代性的经济发展范式。在这一方面，经济学家倒是提出了新的解决范式。但是，政治领导者仍然沉浸在以前的凯恩斯主义和新自由主义的范式中不能自拔，应用过去积累下来的经济发展范式来处理现在面临的问题，希望应用凯恩斯主义来重新回到以前的状态。因此，我曾在一篇论文中提出了一个"没有危机的权威"（authority without crisis）概念。我的意思是，我们之所以面临各种各样的危机，主要在于我们的权威没有相应的危机应对理念。正是因为不存在这种理念，我们才会形成各种各样的管理困境。

在吉登斯的理论中，他曾经提出一个著名的概念，叫作"控制辩证法"（dialectic of control），意思是在你努力试图去控制某一事物的时候，这一事物反过来也对你形成控制。例如，一名囚犯，看似完全处于监狱管理者的控制之下，但是，他们实际上也会反过来，通过各种各样的形式，如绝食、自杀等方式对你形成控制，除非你完全置其死活于不顾。也就是说，我们所试图控制的对象形塑了我们进行控制的方式。我这里之所以重提吉登斯的概念，主要是想说，我们已经存在各种各样的张力、矛盾、困境或者危机，它们对我们形成了控制，但是，如果完全没有新的应对和解决理念对它们形成反控制，那么，我们将永远无法解决当前所面临的问题。我们将仍然在凯恩斯主义和新自由主义的模式中摇摆，危机也就将永远伴随在我们的周围。我们现在面临的问题在于，政治领导者不知道这种新的理念将来自何方，即使眼前已经存在着种种新理念的迹象。

郭忠华： 我们已经谈了很久国家理论方面的内容，但你也知道，目前我对公民身份同样有着浓厚兴趣。因此，接下来我想转入这一话题。你把政治失望（political disenchantment）、政治不参与（political disengagement）、去政治化（depoliticization）作为当代政治问题的根源，请问从公民身份的角度来看，这些问题主要表现在哪些方面？

海伊： 这是一个非常棒的问题。数年前，我出版了《我们为什么憎恨政治》一书，该书可以被看作探讨公民、公民身份和公民社会的著作。像所有其他人一样，我写作这一本书的想法来自一种公共关注，即公民的政治冷淡现象和政治失望现象。但是，我同时也注意到，学术界对于这些现象的解释大部分把原因归结为公民和公民社会，而不是从政治的角度寻找原因。在前一种观点看来，我们需要追问的不是政治公共产品的质量，而是公民对政治提出了什么样的产品要求。在我看来，这是一种非常有问题的观点。我在书中提出，我们所要追问的实际上更不是公民为什么没有去投票，而是我们的政治为什么变得越来越令人失望，使公民感觉不值得去为它投票。这是一个非常紧迫的问题。这些问题当然与公民身份问题联系在一起。我的意思是政治使公民变得越来越失败，使公民越来越没有去履行公民身份的权利和义务。作为公民，他当然有去投票、去履行公民义务的责任，但是，这必须以相应的政治公共产品的质量作为前提。实际上，在我看来，对于那些决定不去投票的公民来说，他们的这种决定是高度政治化的和极为准确的，这是某一时期政治气候的晴雨表。他们在决定去投票还是不去投票时，实际上是深思熟虑的。

对于目前的低投票率和政治不参与现象，还存在着一个代际转换的问题。年老一辈的公民之所以参加投票，之所以积极参与政治，或许是出于他们的习惯、出于其古老的公民信念，即作为一名公民，他就必须去做这些事情。但是，这种理念在年轻一代的公民那里却不再行得通了。这里面当然存在一些非常有趣的、有待解释的问题，但确实是公民社会领域中出现的现象，至少在英国、美国是如此。当然，在我看来，与政治本身的原因比较，后者才是更加重要的原因。

郭忠华：　从第二次世界大战以来，民族国家出现了两种非常引人注目的现象。一方面是公民身份权利的发展，例如，按照马歇尔主义的范式，第二次世界大战之后，社会权利得到了迅猛发展。但是，另一方面是民族国家监控的发展，历史上从来没有哪一个时期的监控达到今天民族国家的高度，例如直接监控系统、档案信息积累。从现实可能性上说，政府想要获得任何私人的信息，都可以非常方便地获得。无所不在的政治监控，对公民身份权利至少是一种潜在的威胁。我不知你是如何看待这一点的？

海伊：　我想这的确是一种非常有趣的现象，内在地具有深刻的含义。至少在欧洲国家，战后公民身份权利得到了前所未有的发展，公民享受到了前所未有的权利。到 20 世纪 80 年代，公民身份的权利和责任得以重构，尤其是在盎格鲁-萨克逊国家，当然也适应于更广泛的国家。这部分是因为此后国家并没有提供什么新的公民身份权利。在国家看来，公民已经获得了他们所应该获得的东西。而且那时的国家理念是，如果公民可以证明他们应该享有某种权利的话，那么，他们才能享有这种权利。公民身份从而演化成了一种契约之类的东西。这在以前并不是这样。在"二战"刚结束的时候，国家毫无疑问地授予公民社会权利，因为公民在战争期间付出了巨大的牺牲，他们向国家证明了公民的美德，授予公民权利从而成为国家下一步必须做到的事情。但是，随着老一代公民逐步退出历史舞台，新一代公民逐步成为现实的主角，他们没有像其父辈那样做出巨大的贡献，曾经看似无可置疑的公民身份权利现在却变得有疑问了。实际上，在整个80年代，公民身份权利被大大缩减和挤压。即使在社会民主党重新执政之后，曾经直接授予的公民身份权利也被改换了形式。比如积极福利、工作福利等政策的出台。它们表明，公民获得某种权利必须以他们履行了相应的义务作为代价。现在所发生的一种转换是，不再如此强调公民的权利，而是强调公民对国家所必须履行的义务和责任。从监控的角度来看，国家更密切注意公民对其所做的贡献。从公民身份话语的角度来看，国家更加强调公民和公民身份的批判性一面。反过来，公民则对国家的能力越来越持怀疑的态度。这的确是一种悖论性发展态势：政治制度上声称公民具有各种各样的权利，如人权、政治权利、社会权利等；但实际政治运作上，却是公民身份权利的取消以及不断强化的对于公民的监控。

约翰·基恩

　　约翰·基恩（John Keane），澳大利亚悉尼大学政治学教授，曾长期任教于英国西敏斯特大学（University of Westminster），欧洲民主研究中心的创立者之一，主要从事政治学理论研究，尤其是民主理论研究，近年来大力倡导监督式民主理论。出版学术著作数十部，主要著作包括《公共生活与晚期资本主义》《暴力与民主》《全球公民社会？》《公民社会：老面孔、新视角》《民主与公民社会》《民主的生与死》等。

民主的精髓在于：它是一个永不终结的、试图使权力变得谦卑的、使权力分配变得平稳的过程。民主在其历史上经历过公民大会民主、代议制民主两大阶段，但到目前为止，我们已没有了很好的民主理论，对民主也缺乏很好地理解，而且民主与现实相隔万里。监督式民主的兴起预示着民主第三阶段的到来。

——约翰·基恩

民主理论的新生：监督式民主
——对约翰·基恩的访谈

背景介绍：民主理论是政治学研究的恒久主题，从古希腊时期的广场民主向现代代议制民主的转变，被看作现代社会兴起的标志。代议制民主以民族国家的政治架构、公民身份的权利供给、自由主义的利益导向等作为基础，被看作民族国家的基本政治制度。但是，自 20 世纪中后期以来，随着网络技术和现代通信工具的普及，代议民主制似乎越来越表现得高高在上和形式化，公民越来越不满足于数年一次的选举和旧的政治参与方式，而日益关注于对掌权者日常行为的监督。在这种时代背景下，著名思想家约翰·基恩提出了"监督式民主"概念，认为民主政治正在从传统的代议制民主阶段转向监督式民主阶段。监督式民主不是对传统代议制民主的简单取代，但它使民主变得更加充分。从公民大会民主到代议制民主再到监督式民主，代表了民主理论所经历的三个历史阶段。

郭忠华与约翰·基恩

（2010 年 12 月 12 日于中山大学）

一、监督式民主的历史视野

郭忠华： 从我投身于学术生涯伊始，我就接触到了您的一系列
著作，如《公共生活与晚期资本主义》《媒体与民主》《全球公民社
会》以及《民主的生与死》等。您在学术生涯中涉及过一系列不同的
研究主题，如民主、公民社会、暴力、媒体等，甚至还包括对托马
斯·潘恩（Thomas Paine）等人的思想史研究。您能否首先介绍一下
您的学术背景，在您数十年的学术生涯中主要关注过哪些主题？它们
之间是否存在某种连贯线索？

基恩： 我出生于澳大利亚南部，分别在澳大利亚的阿德莱德大
学、加拿大的多伦多大学和英国的剑桥大学获得学士、硕士和博士学
位。现在担任澳大利亚悉尼大学的政治学教授。我博士论文做的是有
关公共生活复兴的理论研究，包括从马克斯·韦伯到尤根·哈贝马斯
期间德国政治思想脉络中公共生活的基本理论和基本准则，集中在非

公民（non-citizen）和战争所带来的消极影响上，也包括对战后德国民主化的研究。以韦伯作为起点，经雅斯贝尔斯、阿伦特、滕尼斯到哈贝马斯，我对德国知识分子如何探讨"公共性"（publicity）这一重要话题一直怀有浓厚的兴趣。你知道，它是社会科学领域的一个重要概念。我的博士论文后来以《公共生活与晚期资本主义》为题出版，我想该书已经有中译版了。该书涵盖了一系列主题，如公共生活、民主、公民身份、法律、权力、暴力、国家、官僚制等，这些主题在我此后的学术生涯中得到了进一步发展。例如，你所提到的《媒体与民主》，我在写作《公共生活与晚期资本主义》时就对这一主题进行过思考。我对媒体与权力、民主、政治等主题之间的关系有着持久的观察和长期的理解，著作《媒体与民主》只是这一理解的部分成果。

郭忠华： 尽管您曾关注过如此多的主题，但按我的理解，"民主"应是您关注最多的研究主题……

基恩： 民主是我一生的主题，到现在为止，我关注最多的就是民主。我试图以一种新的方式反思民主发展的历史及其在当代的发展趋势，思考既有民主存在的问题，思考那些尚未民主化的地方如何发展民主。这是我一直在做的工作。当然，马克思曾经说过："哲学家们只是用不同的方式解释世界，问题在于改变世界。"对于民主理论而言，问题的关键也在于如何重新解释民主，必须尽可能找到新的研究工具、新的研究方法、新的表达语言来思考那一为人熟知的主题。

郭忠华： 接下来的一个问题可能会显得不太礼貌。既然您一直集中在民主这一研究主题上，而且近几年来您一直在倡导监督式民主（monitory democracy）。但是，您也知道，20世纪我们见证了太多新的民主理论，如精英民主、多元民主、情感民主、家庭民主等，其中许多已经为人们所认可，其他一些则很可能被淘汰。我不知道监督式民主相对于这些民主理论有何优越性？它在多大程度上能够为人们所接受？

基恩： 这是一个非常难的问题，但也是一个非常好的问题。要回答这一问题，我或许要花很多时间来梳理我理解民主的知识来源。因此，或许我可以首先以我从其他民主理论那里继承了一些什么东西作为开始，因为对其他民主理论的继承正是监督式民主理论的优点所在。

在我的著作中，我对既存的民主理论、既有的民主解释一直怀有强烈的兴趣。那么，谁是民主理论的关键人物呢？首先，我试图理解古希腊思想家对于民主的讨论。其次，我试图理解从 18 世纪最后 25 年到 20 世纪中期这一段时间里民主的重生以及思想家对于民主的重新定义，这一时期出现了一些民主史上的全新因素，例如，代议制。我们不知道是谁首先使用的这一词汇，但我们的确知道在这一时期（大致从法国大革命开始前到 1850 年左右），兴起了一种竞争性民主，民主的模式发生了变化。我对于这一段时期的民主的研究主要集中在对托马斯·潘恩以及麦迪逊、汉密尔顿等联邦主义者的研究上，集中在对基佐、托克维尔等法国传统的研究上——托克维尔有关民主的论述对我的著作产生了尤其大的影响。这是我思考民主的第二大知识来源。

当然，对于托克维尔以来有关民主的经典论述，我也有相当的兴趣。例如，罗伯特·米歇尔斯（Robert Michels）有关政党的论述、莫里斯·迪韦尔热（Maurice Duverger）有关政党的论述等。在 19 世纪，他们对于政党与民主之间问题的分析显得非常重要。在我的博士论文中，有非常长的一章写的是马克斯·韦伯对于议会制民主的批判。20 世纪 20 年代思想家对于议会民主制的批判，我也比较熟悉。非常有趣的是，在 1920—1930 年间，民主在知识界不再受到热棒，出现了非常多有关民主批判的理论，其中米歇尔斯、韦伯等人的理论表现得最为明显。在这些思想家看来，人民、民主的来临将给国家带来混乱。对于晚近的民主理论来说，我则对 1940 年以来民主理论的复兴感兴趣。但是，从 1940 年到 1950 年间，民主处于一种濒危状态，几乎要在这个星球上消失。在 1945 年，全球只剩下 12 个民主国家。我打算就这一阶段写一些什么东西，在前几天的会议上我也谈到了这一点。

值得一提的是，那一时期存在着一位重要的研究民主思想的人物，那就是美国政治理论家雷因霍尔德·尼布尔（Reinhold Niebuhr）。

他曾经是马丁·路德·金的老师之一，写过一本非常精彩的著作，名为《光明之子与黑暗之子》（*The Children of Light and the Children of Darkness*）。它以某种方式对那一段时期的政治光谱进行概括，包括从天主教保守党到社会民主党的光谱。他指出，民主在这一政治光谱中已基本被扼杀殆尽。他把这称作是民主的"自杀"（suicide），我则把它取名为戕杀民主（democide），它意味着民主的坍塌和被扼杀。尼布尔指出，民主不仅几近消失，而且民主的防御机制也显得非常幼稚。在尼布尔看来，我们现在需要的是另一种不同的民主概念。其著作中有一个非常著名的段落，他在该段落中指出：就 20 世纪上半期而言，按我的理解，人与人之间可以做出许多极为可怕的事情，例如残杀、种族屠杀等，这一时期是人类历史上亘古未有的时期。他指出，我们现在要做的事情是必须承认人性中存在善的一面，并且通过这一面来重新激活民主机制，以防止人性恶的一面，使之无法再做出可怕的事情。可以说，尼布尔是那一时期所有知识分子当中极力支持民主的一位。他对那一时期怀有批判的精神、怀有一种重新定义民主的动机，并且把它看作防止残忍、屠杀、恣意、暴政、傲慢等现象的工具。从我个人而言，我深受那一时期思想的影响，尤其是尼布尔的影响。

　　第四种也是最后一种知识来源，我对大西洋两岸垄断民主解释的做法感到非常不满。如果你看一看罗伯特·达尔以及许多美国政治理论家的著作，如果你看一看英国学派的著作，例如约翰·邓恩和我的朋友戴维·赫尔德等人的著作，如果你再看一看德国知识分子对于民主的解释，例如围绕哈贝马斯所展开的讨论，你会发现他们对于民主的处理是非常轻率的。自 1945 年以来，民主的精神、民主的语言已经发生了转换，民主变成了世界主义，表现出各种各样的形式和特征。民主的精神、民主的精髓发生了变异。在这如此繁多的民主理论中，没有哪一种值得在民主的历史上抹上一笔。因此，我当前做的事情就是要重新理解民主，从根本上去理解民主，从更世界化的角度理解民主，把民主与现实更加紧密地联系在一起。就最后一点而言，把民主与南非、印度、拉丁美洲等地的民主联系在一起，与中国、穆斯林世界的民主化进程联系在一起。因为到目前为止，我们已没有很好的民主理论，对民主也缺乏很好地理解，而且使民主与现实相隔万里。当然，这对我来说是一个非常宏大的研究项目，我对于这些主题的思考使我提出了"监督式民主"概念。

郭忠华：谢谢您非常详尽的解释。您的梳理使我对民主发展的脉络有了更加清醒的认识，也使我知道了您提出监督式民主的理论背景和社会背景。但是，我还是觉得监督式民主概念来得太突然。也就是说，您对于大西洋两岸民主理论的不满，怎么就会导致您提出监督式民主概念呢？并且您还没有回答我的另一个问题，即监督式民主相对于其他民主理论来说有何优越性？

基恩：我对于监督式民主概念的发明后面隐含着一个非常有趣的故事。当我在写作有关民主历史的著作（即《民主的生与死》）时，我自然必须对权力及其控制制度的发明投以注意力。我必须自我设问一系列问题，例如，第一次公民大会（assembly）是在什么地方举行的，是在什么地方发明了此类大会？第一次秘密投票是在什么地方举行的？第一次制宪会议是在什么地方举行的，是什么人首先投票通过了言论自由的议案？第一次代表会议是在什么地方举行的，请愿起源于何处，是在什么地方的妇女首先获得了投票权，是在什么地方首先创设了社会民主概念？等等。在回答这些问题的时候，我发现自己进入了一个宏大的有关于民主的历史场景，而且这使我认识到，民主是一种基于平等原则基础的权力控制机制。民主作为一种政治形式，它集中关注的是应当如何控制权力、如何防止出现寡头的问题。

但同时我也注意到一些奇怪的东西，因为当我考察1945年以后的这一段时间时，我发现期间至少出现了一百多种设计用以控制权力的制度，这些制度在民主的历史上从来没有存在过。例如参与式预算（participatory budgeting）、公民陪审团、最高峰会（summits）、生物区规制大会（bioregional assemblies）、咨询委员会、焦点团体、脱口秀（talkaoke）①、政府监察人员、发给红牌或者绿牌、网上聊天室、民意测验、专家咨询委员会、听证会、论坛、独立调查委员会、全球监督

---

① 在因特网或者电视上进行直播的对话表演。

委员会、人权网络组织等。我开始反问自己，这些在民主的历史上从来没有存在过的东西意味着什么，它们给我们传达了有关民主的何种含意？因此，我开始反复思考，发现罗伯特·达尔、塞缪尔·亨廷顿、弗朗西斯·福山等人有关自由民主的论述变得极有问题，因为他们完全没有看到这些新出现的权力审查制度。因此，根据这些新出现的制度，我开始重新定义民主，我倾向于把这些制度看作思想库，是共识形成大会，是辩论会，是公众备忘录（public memorials），是地方共同体的决策机制等。它们提供了各种各样的信息、建议、方案、设备、机会等。它们结合在一起织成了一张庞大的民意网络。这一网络集中了所有的公共事务，集中了各种各样的信息，集中了各种各样的意见，集中了各种各样的方案等，公共权力只能通过这一网络而运作。我把这一网络称作"监督式民主"。因此，从本质上说，监督式民主是一种权力审查（power scrutiny）机制。这就是我提出这一概念的基础和过程。把监督式民主嵌入当代自由民主的背景中，可以描绘出当代民主的地形图，那就是自由选举民主加上不断发生的、永恒存在的、日常性的、审查性的、无所不在的监督式民主。

但是，我想给予一个统一的名字——尽管这不是一个很令人满意的过程。综观民主历史上对于民主的定义，存在着三种不同的面相，它们分别是古希腊世界的公民大会民主（assembly democracy），起源于欧洲，基于国家领土基础上的，在 1945 年几乎消失殆尽的代议制民主（representative democracy）和监督式民主。对于第三种民主的命名，我尝试了各种各样的名字，如复合式民主（complex democracy）、后西敏斯特民主（post-Westminster democracy）、后代议制民主（post-representative democracy）等。但我不太喜欢"后"这一词汇，因为它几乎不能提供什么准确的含义。当时，我遇到了我的美国同事迈克尔·夏克逊（Michael Shuckson）。他曾经提出"监督式公民身份"（monitory citizenship）概念。我不是太喜欢这个概念，但这却使我开始追溯 monitory 的来源。通过纵览各种各样的欧洲语言背景，最后发现它来源于拉丁语 Mona，意思是"警告"。例如，在中世纪的教会中，monitor 指的是主教给其他教士写信，警告他们不要去做某件愚蠢的事情或者写信请求他们去做某件善的事情。在我看来，monitory 所表达的这种涵义正是我所要寻求的涵义，可以用它来表达民主的最新进展。因此，在我看来，我们已经进入一个以监督式民主作为主导形式的时代。我不知道这一概念能否长久存在下去，它会逝去吗，它会自我毁灭吗？时间会证明一切。20 世纪 50 年代以来的历史学家会告诉我们这些。但在我看来，民主的这一转型已经是再清楚不过的了。这就是我对监督式民主概念来源的简要概括。

郭忠华： 那么，监督式民主相对于其他民主有何优越性呢？

基恩： 监督式民主理论具有其他民主理论所不具备的优点。第一，监督式民主制度发挥着各种各样的作用。对于政府机关的运作和绩效，它们可以给公众提供更好的信息、更多样化的观点。除此之外，它们还可以给公众提供其他非政府机构的相关信息，使它们也置于公众的审查之下。第二，与其他民主形式不同，监督式民主通过普通大众得到运作，因此它不是一种自上而下的监督机制，后一种机制表现出秘密性，可能仅仅出于政府或者公民社会的私人目标而进行监督。第三，监督式民主与民主的本意更相符。如果民主指的是大众的权力、大众的监督，防止腐败、防止不正当决策的话，监督式民主不论从定义、审查机制和执行过程哪个方面来看都更与民主的本意相符。这种民主不仅体现在政府领域，而且体现在更广泛的场景中。第四，与其他民主不同，其他民主的运作导致中间人投票定律、导致政治冷淡现象，使本来多元化的政治趋于暗淡无光。监督式民主则进一步强化了多元化、强化了公众的声音、强化了公众参与决策的动机。第五，与其他民主不同，它是一种最为动态的民主，一种对权力最为敏感的民主。

这就是我所认为的监督式民主的好处，在我看来，它代表了民主在当代的发展趋势。当然，要使这一民主得到承认还非常困难，它使人们感到困惑。尤其对那些支持代议制民主的人来说更加如此，他们感到难以理解，感到非常奇怪，因为在他们看来，选举、政党、议会才是民主的核心。

郭忠华： 但是，您为什么说代议制民主已经死亡，现在是监督式民主已经兴起呢？因为在我看来，监督式民主仅仅是众多民主理论当中的一种，尚没有为人们所广泛接受，而且它仅仅代表了民主发展的趋势之一，未来还有很多不确定性。从现状来看，无论您怎么说，代议制民主现在都还处于主导地位，选举、政党、代表、竞争等仍然是民主的核心，脱离这些因素，也就不再有民主可言。

基恩： 这是一种误解，我没有说代议制民主已经死亡，我仅仅说代议制民主已经发生转换、发生变异。在历史上，民主的每一次转换，总是有一些既定的东西要留存下来，例如，代表大会的观念，在我们这次的研讨会上，一个代表所谈到的浙江平湖的例子说明，公民大会的观念即使到今天仍然存在，哪怕是在一个没有发明它的遥远的国度。当公民举行集会时，他们保留了许多古老的传统。在监督式民主时代，选举仍然重要，代表、候选人、议会、政党等东西也仍然重要。但我们不能否认，已经发生了某些新的东西。

郭忠华： 那么，一方面，既然代议制民主仍然非常重要，公民仍然要参加选举，要选举他们的议员、监督他们的代表等。另一方面，您又说监督式民主也很重要，它现在几乎无所不在、无处不有。那么，在您看来，这两种民主之间是什么样的关系？

基恩： 至于选举式民主与监督式民主的关系问题，我想尽管这不是一个非常重要的问题，但却是一个非常复杂的问题。因为正是两者之间的复杂关系，使人对监督式民主产生误解。

让我们首先来看一下例如美国、法国、德国旧民主制度当中产生的一些新的趋势吧。你可以发现，所有这些民主制度中都存在着一种共同的趋势，那就是旧民主制度的衰败（decay）。议会已经丧失了其许多固定的权力；政党的党员数量锐减，减至和 20 世纪 20 年代的战争时期差不多；对于政治领导人的不信任显著提高，例如，候选人在竞选时说的是一套，上台时做的又是另外一套；对于许多公民来说，政治越来越承载着一种肮脏的名声，政治与腐败联系在一起。所有这些都表明，选举式民主的大厦已经真正出现了问题。按照我的理解，使代议制民主走向衰败的原因之一在于监督式民主的发展。两者间的关系在监督这方面有点类似"零和游戏"。如果你问一个公民是否信任绿色和平组织，他们的反应会非常积极，我的意思是他们持明显肯定的态度。有点反讽的是，那些不是被选举上去的领导者、那些不是被选举上去的监督者（monitors），反而具有更高的合法性。因为他们指出了许多议会、政党、政治家所没有或者不能指出的东西。

我曾经说过，如果你考察 1945 年以来所有具有全球重要性的议题，这些议题已经延伸到了全球几乎每一个角落，例如人权、核武器、战争、妇女权利、残疾人权利等，所有这些议题都诞生在监督式民主的制度领域，而不是诞生在选举、议会、政党、政治家那里。它们的能量来自外面，这种议题和力量来源表明了监督式民主的潜力。因此，留给我们的问题是：我们是否会生活在一个选举、议会、政党、政治家都成为过去，替之以一种更加复杂、对权力更具有监督性、更加系统化、更加大众性的监督式民主时代？我不这样认为。因为尽管选举、政党等的衰败对于民主来说是致命的，但对于聚合公民的利益、意见等来说，选举、政党、议会等仍然是非常重要的机制，而且对于控制政府的权力、控制政府所掌握的资源来说，它们仍然是非常重要的机制。要维持政府的存在，它就必须继续获得许多重要的资源，例如税收。对公共行政和立法者所握有的权力进行某种程度的控制仍然是必须的，例如其发动战争的权力、开征税收的权力、制定法律的权力等。出于这些原因，我认为，表现为对政党、议会、政府首脑等进行选举的代议制仍会非常重要。因此，对我来说，代议制民主与监督式民主之间在许多方面并不是一种此消彼长的关系。留给我们的问题是，它们之间是否能形成某种相互促进的关系呢？

郭忠华： 这的确会是一种非常复杂的关系，两者之间既可能引起冲突，但也可能相互促进。不知您能否举出类似的例子，说明监督式民主与代议制民主之间是可以形成一种相互促进的关系的？

基恩： 在监督式民主的短暂历史中，这种相互促进的例子是广泛存在的。这种例子表明，政治家、议会、政党可以从监督者那里吸取大量的信息、意见用以改善自己的行动策略。我以奥巴马竞选总统的例子加以说明吧，这是两种民主之间可以相互促进的一个很好的例子。他所受的教育是法律，后来成为一名律师，年轻时作为一个社团（community）的组织者在芝加哥工作。在监督式民主中，社团的组织者同时也就是监督者，其主要工作就是调查芝加哥市的黑人所面临的最大困难。他之所以能够当选，也是因为大量监督者网络的支持。例如，此类社团为他捐献了大量的竞选资金。至少在他刚执政的那段时间里，你可以看到他动员社会监督网络的能力。这对于选举民主来说是有好处的。

按照我的理解，中国当前也存在着大量监督式民主的例子。它们经常表现为以因特网作为基础的网民或者各种组织，并且吸引了越来越多公众的关注目光。中国发生的许多重大事情似乎都是首先曝光在网络上，然后再引起政府部门的注意。在这一方面而言，它们就像是政府部门的监督者，是社会生活的监督者和引导者。但是，由于中国不存在竞争性的政党制度，代议机关也具有明显的中国特色，留给我们的问题是，如此发达的监督式民主制度能否与这些政治制度和平共处？因此，在我看来，在中国，监督式民主与既存政治制度的关系会比在西方国家更加复杂。

二、监督式民主的实现机制

郭忠华： 监督式民主概念当中隐含了许多值得探讨的问题。我想首先提出的一个问题是有关"监督者"的问题。在您刚才的解释中，隐含了一种假设，那就是绝大部分人都有非常高的政治意识和参与意识，具有非常高的政治化水平。实际上，这是一种非常同质性的假设。现实是否果真如此，我想在欧洲、美国、澳大利亚等高度发达国家或许如此，因为那些地方的人们有着较高的教育水平，非常容易进入网络世界，同时，他们的政治化水平的确也相对较高。但对于许多发展中国家来说，情况却可能很不一样。例如，中国的国土面积实际上大部分是农村，对于中西部地区的广大农民来说，他们不论在教育、政治参与水平和技巧、网络技术、政治化水平等方面，都要比您想象得低很多。他们所关注的或许更是其日常生活中的琐事，而不是您想象的那样是各种公共事务的监督者。因此，我想请您就监督者的问题谈谈，果真有如此同质和高度政治化的监督者吗？

基恩： 你的话听起来有点像 20 世纪二三十年代温斯顿·丘吉尔的语气，他是英国前首相。在谈到印度能否实行民主制度时，他表达了与你类似的观点。即使是在政治生涯的尽头，他都始终相信，在印度是不可能实行民主制度的。因为不但那里的人们大部分是文盲，地区语言多样化，而且绝大部分人还是印度教徒，以前从来没有过民主经历。但是，如我在《民主的生与死》一书中所提出的那样，印度却是一个实行了稳定民主制度的国家。不仅如此，它还发展出了监督式民主。那里的民主不仅公平和自由，而且那里的民主还催生了发达的监督式民主机构和组织，这些机构和组织一直延伸到最为草根的层面，延伸到教育水平最低、最为贫困、妇女权利最没有保障的农村当中，事情的确如此。

让我给你举一些例子吧。那里存在着一种"村务委员会体系"（panchayat system）。这是一个古老的印度单词，表示在印度的村庄中存在一种由选举产生的管理村庄事务的委员会。委员会通过公共讨论审议的方式来管理地方公共事务。在晚近的印度，还发展出一种"社会审计"（social audits）机制，这是一种在基层审核腐败问题的机制。印度的经验表明，即使是在教育水平很低、经济贫穷、社会落后的地方，也可以对腐败等问题进行监督。社会审计员不是议会的议员，但他们可以对村庄的官员和村庄的腐败问题进行公开讨论、公共监督。例如，村庄管理者有没有腐败，是不是履行了他们的诺言等。我还可以给你举另外一个例子，那就是各种各样的人民法院（lok adalats）①，设计用以形成快速的公正（quick justice）。一个印度的小村庄里出现了一桩离婚案。其中的一个家庭感到非常沮丧，聚在一起讨论应当如何来解决这一事情。人民法院此时介入进来。它首先听取双方的倾诉，比如，丈夫是否殴打了妻子，不给她钱，虐待过她，不把她当人看等。在这一基础上，法院当场做出孩子应当归谁、财产应当如何分

———————
① lok adalats 指印度村庄中存在的一种纠纷解决系统。该词与"人民法院"（people's court）的意思大致相同，只不过它不具有国家权力机关的性质。印度农村中长期存在着由村庄长老来调停纠纷的历史。

割等决定。这种法院在印度农村非常流行。我还可以举出很多相关的例子来说明，即使在那些教育程度最低、经济发展水平最低、最容易为人忘却的地方，当地人也可以自己创设监督式民主机制。因此，作为结论，我不认为中国农村会因为教育水平低、经济不发达、城市化水平低等原因而无法形成监督式民主制度。当然，这是一个非常经验性的、实践性的问题，需要进行实地考察才能得出结论。由此引出的一个问题是，中国农村是否存在某些具有中国特色的、为西方所没有的监督式民主制度？

郭忠华：　从这一角度而言，监督式民主的确会是一种在每一个地方都存在的制度。但是，如果这样来看的话，也很容易走向另外一个极端。例如，家庭当中存在监督式民主，学校班级当中存在监督式民主，医院病房当中存在监督式民主等。换句话说，只要有人群聚集的地方，就存在监督式民主。因此，在您看来，判断某一制度是不是监督式民主制度的标准是什么？另外，在您看来，监督式民主的精神是什么？当然，后一个问题也可以换成另一种表达形式，即人们为什么会持续参与到监督式民主当中？

基恩：　这是一个非常好的问题，我想我可以顺着我刚才自己提出的问题来回答。我刚才说过，中国农村是不是存在某种特殊的监督式民主制度？一种为我们大家所没有注意的制度？应当如何去衡量它呢，我这里只想做一个非常简短的评论，那就是我们必须从公共责任（public accountability）的角度来考察他们在日常生活中做了一些什么事情？从公共责任的角度来看，哪些事情显得特别重要？他们所做的这些事情对公共权力的行使产生了什么样的影响？因为或许正是他们所做的这些事情，使公共权力在做出决定时免于傲慢、愚蠢、无知和盲目。因此，他们在某种程度上创造了公正，给权力蒙上了谦卑的色彩，使那些坐在办公室的官员知道必须保持谦卑的态度。

从这一角度来说，监督者创造了民主的精神。民主的精髓在于：它是一个永不终结的、试图使权力变得谦卑的、使权力分配变得平衡的过程。为什么民主的本质会变成这个样子？这是因为，在当今时代，从人类本性的角度来看，没有哪一个人可以宣称他具有上帝的品质，即永远不会犯错，没有人可以像皇帝或者皇后那样行事。所有这些都是有关民主想象所应包含的内容。人可以没有皇帝、皇后、老板、奴隶主等支配者而居住在这个星球的表面上，因为所有支配者都试图站在一种超验的立场上，认为历史站在他们那一边，他们是人类或者人群的主宰者。民主却对所有这些立场提出质疑。诚如阿兰·图安（Alain Touraine）曾经说过的那样，民主设计的精髓在于：没有人可以像君主那样永久地坐在权力的宝座上不下来。

郭忠华： 接下来的一个问题是有关监督式民主的制度化问题。我们知道，不论是古希腊的公民大会式民主，还是近代以来的代议制民主，它们都是非常制度化的实践。可以找到固定的民主参与者、具有制度化的实施途径，例如选举制度、议会制度、监督制度、问责制度等。您刚刚说到，监督式民主是民主发展的第三幅面孔，是民主的当代转型。我想问的是，您是如何看待其制度化实践的？因为按我的理解，它们通常表现为零散的、碎片化的实践。监督式民主的发生表现得非常偶然，不像其他民主实践那样是一种定期举行的实践。其他民主的实践环节之间是紧密联系的，而监督式民主的监督者之间却缺乏固定的、有机的制度化联系。我不知您是如何看待监督式民主的制度化问题的？

基恩： 这是一个很公平（fair）、很重要的问题。我将赠你一本书（指《民主的生与死》），其中有一幅图，表明了代议制民主与监督式民主之间的差别。前者是一种相对简单的负责机制，它表现为：公民选举他们所支持的政党候选人进入议会或者政府。在这一过程中，代议制民主打通了两个领域：一是社会领域，二是政权领域（法治的架构）。但对于监督式民主而言，如果我们同样以民族国家的领土边界作为分析范围的话，监督者之间是一种相互联结的网状关系。在这些监督者当中，有些来自政府，例如我所说的司法复审（judicial review），这是一种非常重要的监督机制，其功能主要是审查法院对政府的政策所做出的决定，因为法院的决策有时可能践踏政府的政策。有些来自政府的边缘地带，例如 20 世纪 70 年代澳大利亚发明的一种诚实委员会（integrity commissions），它们是一些由政府指定的独立委员会，主要履行监督由选举产生的政府官员的功能，调查他们可能出现的腐败案。有些民主制度不具有这些机制。举一个例子来说，在意大利，至少有三分之一选举出来的官员具有犯罪记录，或者面临犯罪指控。这的确是一种非常令人难以置信的现象。诚实委员会就是要排除这种可能性，使那些有犯罪记录或者面临犯罪指控的人无法成为政府官员。同时，还有一些监督机制来自非政府部门。所有这些监督者联系在一起，组成了一张监督的网络。他们或许彼此之间存在着不同的意见。例如，一个以美国为基础并且延伸到全球的人权监督网络对美国的外交政策持有不同的意见；美国政府的智库则可能认为，美国有关阿富汗政策的方向是对的，但人权政策的方向却不对，它导致了太多失败。对于监督式民主来说，这完全是一种正常的现象，监督式民主要求具有多元化的声音。但是，这不会由此就造成彼此纷争的局面，和谐并不会因此就被减少。当然，监督式民主也不就是一条通往和谐社会的路径，因为它具有各种各样的声音、要求和目标，并且仍然存在着选举。在今天，监督式民主还存在着一种非常重要的特征，即它是在跨国的层面上运作的。

可以举一个极端的、具有争议性例子，那就是维基泄密。维基泄密是一种新的监督机制，在互联网上专门泄露那些与外交官或者政府官员的行为有关的信息，尤其是有关美国政府官员的机密信息。它在跨国层次上向全球公众泄露这些机密信息，并由此引起了一场全球性的讨论，即维基泄密到底是一件好事还是一件坏事。有很多人支持维基泄密行为。

因此，对于你所提出的监督者之间的关系问题，我尝试把它概括成这样：在代议制民主时代，运作于其中的最基本原则是"一人一票"原则，而在监督式民主时代，运作于其中的基本原则是"一人多票"，而且每一票所针对的是多个代表。那么，在监督式民主制度中，到底是谁代表了我呢？这很容易，我投票给了议会代表，因此，我可以在地方议会、州议会和联邦议会的议员当中找到我的代表。但同时，有些媒体也代表了我的意见，有些环保组织所发表的报告也可能代表了我的意见，例如有关到2020年减少二氧化碳排放指标的报告。

因此，最终形成的结果是：一个代表，许多声音。对于监督式民主来说，最根本的地方在于其政治地形图——如果这是一个合理的概念的话，与代议制民主相比，这种政治地形图变得更加复合、更加复杂。

郭忠华： 您对于监督者之间关系的回答使我想起了接下来的一个问题。民主是一种共识形成的机制。但就您所说的监督者之间的关系而言，我们肯定不能说所有的监督者所怀有的价值都是非常积极的，相反，有些监督者可能出于非常负面的目标来参与监督，一个社会内部总难保有破坏分子的存在，例如恐怖主义者。那么，在这种情况下，如何保证监督式民主的结果一定会是积极的？

基恩： 至于监督式民主的结果问题，这的确是一个不好回答的问题。既然监督者是完全多元化的，他们之间存在着不同的声音、不同的意见，因此也就很难保证有利的意见、声音会始终占据上风。但从总体来看，有一点是可以肯定的，即监督式民主是一种性质更加复杂的民主，它准确地反映了我们居住于其中的世界的情形。它迫使我们思考，简单形式的民主、单一民族国家范围内的民主、社会主义民主、自由主义民主等，所有这些标语都太过简单，无法准确反映我们现在所处的、充满风险的 21 世纪的生存条件。

郭忠华： 与公民大会民主、代议制民主相比，监督式民主的结果问题，我们更应关注。我们都知道，由于前两种民主存在非常清晰的路径和问责机制。比如，我可以去找我的代表反映问题，如果我知道某一政府官员违反了法律，那么我可以把他告到法院里去，从而获得非常确定的监督结果。但是，这一点对于监督式民主来说却远非如此。由于监督式民主发生的偶然性、机制的不固定性、监督者的变动性等原因，我们无法确保监督式民主也可以取得确定的结果。我可以举一个例子加以说明。部分网民发现政府的税收政策可能存在违法的嫌疑，他们因此把相关的疑问和证据放在网络上，并引起了网络讨论，而且这一问题也传到了政府那里。但是，经过一段时间之后，事情没有任何改变，网络讨论也消失了，监督者似乎忘记了这一事情，同时，政府的税收政策也依然故我。这一例子说明，监督主体、监督机制尽管无所不在，但其中很多可能只是一时产生作用，无法保证它们进行持续的监督，直到取得确定的结果为止。不知您是如何看待这一点的？

基恩： 民主是偶然（contingency）的朋友。我说这句话的意思是，民主机制的引入涉及给予人们对于某种事物的不确定感。我这样说可能太抽象了。民主在某种程度来说是一种悖论，它一方面引入了变更事物的能力，使权力充满变化。托克维尔指出，存在于美国民主背后的事实之一在于，它提出了一个非常重大的问题，那就是有关女性依附地位的问题。他问道，许多人认为妇女天生就低人一等，这种观念在民主体制当中还能存在下去吗？他的问答是否定的，因为民主的基本原则之一是平等。当民主在一个国家生根之后，当一个国家的民主制度化之后，它会对这种信念提出质疑。它会使权力变得"解自然化"（denature），这是一个我所创造的词汇，意思是它使许多习以为常、自然而然的信念变得充满怀疑。在谈到美国的奴隶制时，他还预测道，奴隶制将引发严重的冲突。因为认为奴隶制是一种天生的、合理的、可欲的制度的想法无法与民主制的精神和"解自然化"的能力和谐相处。这是你所问到的确定性与不确定性问题的一个维度。

另外，我们还必须从哲学和实践的角度理解民主的另一种性质，那就是民主的确可以给人类事务带来不确定性。不仅选举具有这种性质，例如，我不知道再过3年将会是谁来统治澳大利亚。但是，监督者会去做这些事情。例如，在监督式民主中，一天早上，一个监督者一觉醒来，在报纸上读到另一个监督者所发表的一篇文章并感到震惊。该文揭示现已发生某些非常有害的问题，我们必须尽快加以处理。这是监督式民主带来某种确定性的表现。监督式民主如果能够正常发生作用，可以带来非常积极的结果，它可以有效处理复杂性（complexity）、不确定性、困惑和不可欲的后果。监督式民主是一种使劣等决策（bad decisions）无法开展并使之改正的机制；同时，它也是一种妥协机制，这种机制有助于降低事物的复杂性。从公共政策的角度来看，按我的理解，监督式民主是处理"劣质问题"（wicked problems）——在公共政策领域，它是一种无法解决的问题——的最佳机制。因此，在复杂的现代社会，存在着许多复杂的制度，当然，也存在着许多复杂的问题。这些问题不存在完美的解决办法——完美的解决办法只能存在于天堂之上——在凡俗的人类事务领域，监督式民主是识别劣质问题，并为处理此类问题提供动力。

郭忠华： 我想再用您刚才提到的马克思的话来提出下一个问题，即"哲学家们只是用不同的方式解释世界，问题在于改变世界"。您刚刚说了很多监督式民主可以做到这些，可以做到那些，说它具有很多好处，尤其是公共政策领域的"劣质问题"。你说它能有效处理这些问题，我完全相信，但问题在于它具体是如何处理的，即从操作层面而不是从应然层面来看，您能否具体说明一下监督式民主处理此类问题的方式，或者您可以举一个具体的例子来加以说明？

基恩： 我可以举一个例子来具体加以说明。例如，在大城市，城市交通是一个非常复杂的问题。存在着各种各样的城市交通方式，有些非常昂贵，有些则有很大的污染，有些很容易造成交通拥堵。如果你是城市管理者的话，你所面临的问题是：应该如何营造良好的城市交通系统。你是完全依赖于私人汽车呢？还是提供清洁、便宜的公共交通？比如公共汽车、地铁、电车等。在当前的时代背景下，这是谋求发展所必须重点考虑的问题。例如，必须考虑使用低二氧化碳排放的汽车，在私人汽车的使用上，也必须考虑这一点；必须考虑使交通系统变得更具有弹性、灵活性和人性化。在伦敦的希思罗机场，那是一个非常大的机场，机场管理方提供汽车租用服务，这些汽车由他们所拥有，但你可以租用它们从机场的某一部分行驶到另一部分，从而使乘客节省很多时间。因此，任何对公共交通系统有所了解的人都知道，那是一个极为复杂的体系。监督式民主不仅承认这种复杂性，而且试图处理这种复杂性。因此，在我看来，监督式民主尤其适应于充满劣质问题的复杂社会。

三、监督式民主与公民身份

郭忠华： 接下来我想从公民身份的角度来谈论监督式民主。因为我有时想，监督式民主对监督者提出了很高的要求，例如，要求他们具有较高的主体意识、参与意识、权利意识等，必须时刻关心公共事务，这些与公民身份的发展要求是相吻合的。请问从公民身份的角度来看，您认为监督式民主的监督者应当是一种什么样的形象？

基恩：　监督者不是监控组织（surveillance organizations），他们不是自上而下地收集信息和资料。不论是预算的参与者、陪审团的成员、最高峰会的参与者、生物区规制大会的成员、咨询委员会的成员、脱口秀的表演者，还是其他如听证会的参与者、论坛的发帖者、聊天室的聊天者等，监督者总是预设存在着一个时刻在观察、时刻在听取、时刻在行动的公民群体，他们所发出的信息、所提出的建议、所揭示的问题、所提供的资料能够引起其他公民的关注。从这一角度而言，监督者本身也就是公民，同时他也假设了与他类似的其他公民，作为公民，他们密切关注政治和社会领域所发生的事务。

郭忠华：　那么，在您看来，监督式民主与公民身份之间是一种什么样的关系呢？当然，如果可能，把公民身份与您面前区分过的三种民主联系起来分析，会有更大的意义，也是我更期望的答案。

基恩：　这是一个大而复杂的问题。让我们先回到刚才谈到的主题，欧洲传统——我不能把东亚地区包括进来，因为我对这一地区不太了解，尽管最近我一直在努力——是一个起源于古希腊的传统，是从古希腊的政治背景中发展起来的。那一传统认为，理想的公民、理想的城邦（polis）以法律为基础。谁是公民？公民是成年男性，通常是奴隶主，是一些蒙神所召的公民（ekklesia）①，他们之间是一种完全平等的关系。他们定期举行公共集会，讨论和决定公共事务。亚里士多德对此有过许多分析。这就是公民身份的最初含义，这就是欧洲公民身份的最初起源。公民身份表示个体在政治共同体中所拥有的平等地位和正式成员资格。公民是有资格参与政治事务、能够平等地统治和被统治的个体。就像亚里士多德所说的那样，公民能够轮流担任统治者和被统治者。

----

①　ekklesia 是希腊语单词，由 ekk 和 lesia 两个单词合成，前者相当于英语单词 church 的意思，后者则是"蒙召"的意思。汉语界经常把它翻译为"教会"，但这失去了后面部分的含义，应为"蒙神所召的会众"。这里表示古希腊公民是一个特权群体，只有他们才能进入城邦建筑物中参加公民大会。

民主的历史也就是公民身份概念含义不断发生变化的历史。如果我们再回到前面所谈到的民主的三大发展阶段上来的话，在公民大会民主阶段，为了理解那一时期的公民身份，我们可以简单地概括成：公民身份与民主之间是一种内在的、本质的联系，民主所实践和反映的就是公民身份的内容。

在代议制民主阶段，公民身份被重新界定，它的含义发生根本性转换，成为公民仅仅意味着成为某一领土国家的成员，他与其他公民之间也是一种平等的关系。但是，他们不再亲自参与统治，他们仅仅投票选举统治他们的代表。这在历史上是一种全新的现象。公民身份在这一阶段所追求的是理想的代表制、理想的政党制度、理想的法律制度、理想的议会、理想的公民社会等。相对于古希腊公民身份而言，这是一种变异、一种范式转换，人们对于公民身份的理解发生了巨大的变化。简单地说，在代议制民主时代，公民身份就像他所握有的一本护照，通过这本护照，他与其他公民处于平等的地位，他们拥有投票的权利，通过定期选举，他们可以决定谁将进入政府以行使公共权力。同时，作为公民，他们拥有居住在公民社会并且进行自由结社的权利。我刚刚谈到了古希腊的公民身份含义，在那里，公民不拥有建立自己独立社团的权利，这种社团是不合法的。因为那时的观念认为，如果某些年长公民（senior citizens）建立独立于城邦的党派、团体，那将会形成不同的派系，从而引起争斗和损害城邦的精神。但在代议制民主阶段，公民是允许成立独立于政府的社团组织的，这被看作公民社会发展的标志，是与政府进行合作治理的机制，是防止政府权力走向专制的缓冲器。在代议制民主阶段，恰如马歇尔所提出的那样，现在所面临的问题是，公民如何才能过上一种真正有意义的生活？他们不仅需要各种公民权利和政治权利，而且还需要有某种社会保障机制以保证他们能处于平等的地位，例如在住房、教育、医疗、就业、工作等方面的保障机制。

在监督式民主阶段，公民身份又变成什么样子呢？我想，代议制民主阶段流行的各种公民身份含义在监督式民主阶段仍然适用。在监督式民主阶段，公民也是一个持有护照、与其他公民处于平等地位、有权选举议会代表的法律主体。在法律的保障下，公民有获得教育、退休金以及其他社会保障的权利，而不会为了获得这些权利而求助于暴力或者其他手段。总之，公民身份的所有这些要素在监督式民主阶段仍然非常重要。但与此同时，公民身份在这一阶段又发展出了几种新的因素。第一，公民不仅被正式选举出来的议员所代表，而且有权被许多并非通过正式选举出来的代表所代表。公民有权参加各种会议、有权给监督者捐献他们的时间和金钱，年轻人有权替国际大赦组织担任兼职工作，这些都是公民在监督式民主阶段的应有之义。在监督式民主阶段，公民的代表是多元性的。第二，20 世纪 80 年代，我像你现在一样对公民身份怀有浓厚的兴趣，有一次，我在访谈拉尔夫·达仁多夫（Ralf Dahrendorf）时，他说道，"公民身份是一种享受差异的权利"（the right to be different）。把他的话用在监督式民主阶段，我要说的是，享受差异的权利、接受差异的现实也是一种重要的公民身份权利。这种权利体现在：个体具有与他人持不同意见的权利、残疾人有为保持自己尊严而享受某些特殊性的权利、妇女具有保持与男性不同的权利即不要把女性与男性同等看待，不要忽视男女之间的性别差异等。因此，在我看来，监督式民主从社会学和政治学的角度提出了保持差异的权利。这种权利与代议制民主阶段的公民身份权利形成对比，在后者那里，公民身份权利表现得非常和谐和一致。第三，监督式民主阶段是对权力进行审查的阶段，这种审查很可能是在跨国层面进行的。监督者也意识到这一点非常重要。从这个角度而言，它给监督者提出的要求是，必须具有一种开阔的视野，忽视边界的存在，把所有监督者都看作自己的公民同伴。

我可以给你举一个例子。欧洲一体化的过程同时也可以被看作监督者之间关系制度化过程的试验，这些监督者来自不同的国家。这些向公众、公民不断提供信息或者发出呼吁的监督者可能获得了法律的支持、资金的支持和制度的支持。例如，《里斯本条约》承认，所有欧洲公民有权对欧洲委员会的政策进行表决。通过这种方式，《里斯本条约》承认公民具有进行跨国联系的权利。《马斯特里赫特条约》也承认这种权利，只不过是以一种更加适度的形式承认的。例如，根据条约的规定，欧洲公民享有在另外一个国家参与选举的权利，也就是说，尽管我可能居住在伦敦，但我可以在罗马参加选举。

我的最后一点想法是，在监督式民主时代，跨国层面的公民身份通常表现出虚拟的性质。例如，它们经常是通过因特网、通过以网络为基础的活动得到落实的。人们可以在网络上发表演说、进行选举。对于这一点，我可以举一个非常有趣的例子。在 2004 年的美国总统选举中，网络上出现了一次全球规模的民意调查，它询问人们，如果你能参与投票，你将投谁的票。这次事件我记得非常清楚。因此，这实际上是一次虚拟的全球性选举，人们被要求作为全球公民进行投票，而不只是作为美国公民参与总统选举。我不知你是否知道这一次全球选举的结果。在中国，选举的结果是 50% 对 50%，即一半的人支持布什、一半的人支持克里。但是，在德国、法国和英国，大概有 70%—80% 的选民反对布什。因此，这是一种全球性的虚拟选举。我们可以对此嗤之以鼻，认为这并不是一场真实的选举。但是，在我看来，它却是一个标志性事件，它意味着对公民身份的重新定义，它试图在跨国层面把其他公民也包括进来。对于那些充满精力和活力，并且追求与所有其他公民平等的个体来说，在这种情境下，尽管他不是美国公民，他仍然被赋权了表达其看法的权利。在我看来，这种虚拟公民身份的最发达形式出现在生态领域，在这一领域，公民尽管是在特定的情境下采取行动的，但他们却似乎被赋予了对世界其他地方的生态问题发表意见和采取行动的权利。在墨西哥举行的坎昆会议就是这种现象的表征。从 20 国集团首脑会议到各种特定领域的会议，目前，各政策领域已经举行过无数峰会。许多峰会吸引了全球公民的大量注意力。这种跨国的、全球性的公民身份能否真正打下扎实的基础，它能否制度化？甚至能否宪法化？这些是 21 世纪政治中非常重大的问题。但是，我可以肯定，这种全球性的、监督式的公民身份已经播下了它的种子。

莫里斯·罗奇

　　莫里斯·罗奇（Maurice Roche），英国谢菲尔德大学社会学系教授。1970 年在著名思想家厄尔斯特·盖尔纳教授的指导下从伦敦政治经济学院获得博士学位。1970—1973 年，担任伦敦政治经济学院讲师之职，此后一直在谢菲尔德大学社会学系任教。研究兴趣主要集中在比较公民福利制度研究、大众文化（如奥运会、世博会）的社会学研究和社会理论研究，主要著作包括《现象学、语言学与社会科学》（Routledge，1973）、《重新思考公民身份》（Polity Press，1992）、《大事件与现代性》（Routledge，2000）、《欧洲的社会学探索》（Sage，2009）等。

在社会公民身份的主导范式时代，西方社会通过宏观的经济和就业政策为其福利国家提供支持，其目的旨在在国家层面上使增长与衰退这一持续而不断交替的资本主义经济循环得以稳定。此外，福利国家在经济衰退时期通过增加公共开支等政策缓解经济所带来的影响。因此，福利体系被认为是民族国家社会进行自我调整的一种关键手段，它反映了所谓"国家功能主义"的观点。

——莫里斯·罗奇

欧洲福利制度的历史及当代挑战
——对莫里斯·罗奇的访谈

背景介绍：1948 年，英国首相艾德礼宣布英国建成世界上第一个"福利国家"，福利国家的出现被看作现代社会发展的新阶段。到 20 世纪五六十年代，"福利国家"在资本主义世界获得了高度一致的认同，福利国家不是必要与否的问题，而是建设的快慢问题。但传统福利国家也使政府背负了沉重的包袱，到 20 世纪 70 年代，福利国家逐渐成为批判的对象。如克劳斯·奥菲所言，福利国家曾被看作治愈资本主义疾病的良方，但现在药方变得比疾病本身更加有害。以此为契机，西方福利制度开始了一系列漫长的调整和改革历程。福利国家建立在社会权利的基础上，福利权利也被称作"社会公民身份"（social citizenship）。英国学者莫里斯·罗奇的《重新思考公民身份》对西方福利制度的主导范式和基本问题展开了系统的分析，是西方学术界反思福利国家制度的代表之作。本次访谈先是以书面的形式进行，在书面稿的基础上，双方再进行面对面的访谈以补充其中部分细节，访谈内容因此总体上显得较为书面化。

郭忠华与莫里斯·罗奇

（2010 年 12 月 11 日于中山大学）

一、写作背景与学术影响

郭忠华： 非常感谢您接受我的专访。我想，为了帮助中国读者更好地理解您研究福利国家的背景，能否首先请您谈谈促使您进行此项研究的原因，在从事此项研究的过程中，您主要受到了哪些理论的影响？

罗奇： 首先，请允许我表达对你的感激之情，感谢你关注本人所从事的以公民身份为主题的研究工作，并将有关的研究成果介绍给中国读者。我在 20 世纪 80 年代就开始从事这项研究并于 1992 年出版了这部专著。我之所以进行这一项研究，其中涉及了个人的、政治的以及学术的因素。

学者们可能都试图以一个广阔而深刻的视角去观察人类的各种事情，但最终我们都只是"我们时代的孩子"。此外，从我个人的观点来看，20 世纪 80 年代是一个孩子们的时代。我在 80 年代初期成为人父，当时我全身心地照顾我年幼的儿子和女儿，并为他们的将来着想。这些新的现实要求对我所假定的一些社会学基本概念造成了挑战，例如有关"人类的社会属性"的概念，以及儿童、父母和社区在儿童"社会化"过程中所具有的复杂的权利和义务。从政治的角度来看，在 20 世纪 80 年代，无论是在美国还是在英国，"新右派"都处于支配地位。这点尤其体现在奉行新保守主义、新自由主义以及个人主义的撒切尔首相及其保守主义的政府身上，包括她们所高喊的"根本就不存在社会那一回事"这一臭名昭著的保守主义口号。

我自己关于儿童社会化的经历以及我在谢菲尔德市的生活经验都与这一口号相矛盾。在 19 世纪，谢菲尔德曾是世界领先的钢铁工业城市之一。与英国、北欧和美国的其他众多工业城市一样，由重工业塑造而成的社会生活已经在这个城市延续了好几代人。20 世纪 80 年代初，随着全球市场情况的改变以及新的生产技术的出现，主要的经济结构也发生了变化。急剧的、不可逆转的去工业化（de-industrial-isation）进程为像谢菲尔德这样的本土城市社会带来了巨大的社会变迁和众多的社会问题。这些个人的、政治的和经济上的经历使我对社会关系和社会团结（social solidarity）的本质产生了兴趣，特别是那些与国家"公民身份"有关以及在像英国这样的当代社会中的社会关系和社会团结问题，还有社会变迁对它们所造成的影响。

我对社会团结的变动性条件以及以此为背景的公民身份研究所持有的兴趣一直延续到最近的工作之中，我的新书《欧洲社会学的探索》（*Exploring the Sociology of Europe*, Sage, London, 2009）就是其中一例，该书从社会-历史的视角对国家和欧洲社会进行了分析。在探索这些兴趣时我受到了众多社会学家的学术影响。在理解公民身份的社会学时，马歇尔的分析对我产生了十分重要的影响。从更为广泛的角度上看，与我的整个社会学研究方法相关的有两位具有重要影响力的人物。一位是我已故的导师厄尔斯特·盖尔纳（Ernest Gellner），他以及他对社会学功能主义和现代化理论进行的历史批判对我影响重大（例如，参阅其著作《思想与变迁》）。另一位则是作为现代社会学奠基人之一的马克斯·韦伯，他从整体上对社会所做的多维分析，还有对现代尤其是西方社会变迁的研究对我影响深远。

郭忠华： 在《重新思考公民身份》一书出版之前，您已经就这一主题写作了一系列文章，譬如一般意义的公民身份、女性主义公民身份、生态主义公民身份，那么，是什么让您最终把注意力集中在社会公民身份这一主题？但在这本书之后，您又出版了关于其他主题的著作，如《大事件与现代性》（*Mega-Events and Modernity*），这是否意味着您的学术兴趣已经转移到其他领域？请问这些主题之间存在着何种学术联系？社会公民身份主题对您当前学术研究的重要性如何？

罗奇： 作为一名社会学学者，我通常会尝试从一个广泛的角度去理解公民身份，因为它涉及我们社会成员资格的诸多方面，并受不断变化的社会背景的影响。我欣赏马歇尔为构建社会公民身份所做出的贡献，尽管我的研究与他有所不同，这一点我们可能会在后面谈及。正如前面所提及的，我清楚地发现，在 20 世纪 80 年代的英国，由工业化构建的社会体系的核心要素以及尤其在"二战"后出现的福利国家体系，不仅受到了"后工业化"经济发展中社会变迁的挑战，而且还遭受着诸如女性主义和生态主义等新社会运动和社会思潮的影响。而随着我们迈进 21 世纪，这些因素已经变得越来越重要，尤其对西方社会而言。所以，当我寻求公民身份的持续性社会纽带时，我不得不探究那些与当代公民身份含义相联系的变革和挑战。我在《重新思考公民身份》一书的第一章以及最后一章中澄清了这一宽广的社会学研究视角。

在本书的主要章节中，我把目光聚焦在社会公民身份以及与之相联系的福利和社会政策领域上，因为这一领域对于现代社会的组织和命运具有战略性意义。也就是说，它们对于经济组织建立在资本主义市场制度和过程的基础之上、政治组织建立在民主政治制度和过程的基础之上的社会来说至关重要。社会公民身份和福利政策领域两者的共同作用可以平抑和弥补市场经济的固有缺陷。同时，它们可以为民主政府提供与选民联系的日常渠道，从而使政府在正式的选举程序外获得潜在的影响力以及普遍的合法性。在我写作《重新思考公民身份》一书时，担任本书编辑的是安东尼·吉登斯（Anthony Giddens），与他的交谈有助于我最终实现将社会公民身份和福利政策领域作为本书主题的目标。

在探讨广泛意义上的多维公民身份的社会学方面，我的兴趣一直是有增无减，这一点已经反映在我后来的工作以及文章之中。譬如在你所提到的《大事件与现代性》，其主题实际上是"文化公民身份"。这本书研究了两种主要的国际性大众文化事件——世博会和奥运会的社会历史及政治问题，以及这两大事件所伴随的文化运动。它考察了这两大事件从 19 世纪诞生之日到当代对西方社会的变动性作用和影响，其中的部分作用被看作在作为"公共"成员的公民大众当中开启新的文化兴趣和文化活动，同时带来了新的城市公共文化制度和空间，以供人们实践文化公民身份。有关社会政策和社会公民身份的研究往往强调现代社会人类生活的消极方面，譬如贫穷、不平等以及需要的状况和问题。有趣的是，为了能够以更加全面的社会学视角来分析现代社会，我认为有必要增加对文化政策和文化公民身份的研究以平衡我们的研究视角。这要求我们注意说明和理解人类生活中更加积极的方面，譬如集体庆祝方式和大众娱乐等，尽管可能出于一种批判的视角。

在我为欧洲委员会主持的关于欧洲各国社会权利的合作研究项目中，普遍意义的公民身份和特殊意义的社会公民身份这些主题都是这些研究的核心部分（可参见我与里克·范·伯克尔［Rik van Berkel］编辑的《欧洲公民身份与社会排斥》［European Citizenship and Social Exclusion］一书的有关部分）。最后，国家公民身份的多维性这一主题近年来已成为我对作为一种社会结构的欧洲进行社会-历史研究的重要部分，这些工作在我前面所提到的新书《欧洲社会学的探索》中得到了反映。因此，在过去的二十年里，我致力于研究现代社会公民身份的社会学这一普遍领域，从刚开始只关注公民身份的"社会"维度到如今关注公民身份的其他各个维度，它们包括了政治的、文化的以及跨国的（欧洲的）维度。

郭忠华：　在我们谈论公民身份，尤其是社会公民身份时，马歇尔似乎是一个不可绕开的人物。虽然他关注的主要是英国公民身份的发展情况，他阐明了公民身份发展的模式以及公民身份与社会阶级的关系，很多研究公民身份的学者已经将其作为基本的理论范式。尤其是他关于社会公民身份的首创性解释，不但反映了特定的社会背景，而且对他所处时代的社会政策产生了重大的影响，成为众多研究者分析福利国家和福利权利的起点。今年是他的著名的演讲"公民身份与社会阶级"发表的 60 周年，针对当代的社会情况，您是如何评价马歇尔的理论贡献与缺陷的呢，当代公民身份的发展与马歇尔有何关系呢？

罗奇： 在某些方面，《重新思考公民身份》正是与马歇尔及其公民身份分析所展开的一场对话。我在书中多次提到他，其中有的是正面的，有的则是批判性的，但是以我们这种访谈的方式很难就整个对话做出归纳。马歇尔认为现代社会是一个多维的政治经济复合体，公民身份与资本主义之间存在着持续的紧张和冲突关系，这些观点都十分正确。同样，他把公民身份的概念视作由公民的、政治的和社会的要素所组成的结构，这一观点对于所有研究现代社会公民身份的人来说都极富价值。在诸如考斯塔·艾斯平-安德森（Gosta Esping-Andersen）（见《福利资本主义的三个世界》，Cambridge：Polity Press，1990）和托马斯·雅诺斯基（Thomas Janoski）（见《公民身份与文明社会》，Cambridge：Cambridge University Press，1998）等人重要的社会和政治比较研究中，均对马歇尔的理论表达了敬佩之意，这足以证明他的成就。

然而，我们都是"我们时代的孩子"。马歇尔的观点是"二战"之后西方社会尤其是欧洲福利国家在这一时期得到发展和巩固的最好反映。在我的书中，我将这一时期称为"社会公民身份的主导范式"。在这一时期，我们可以对以下事项进行现实的假设：工作和经济具有劳动密集型和工业性的特征；劳动分工基于性别差异，包括男性是作为养家糊口的主要劳动者，女性则是家务、家庭和非正式照护（care）工作的主要劳动者；民族国家社会具有独立管理自己和经济的能力。这些假设在不同程度上能够而且已经被纳入西方福利国家的意识形态和制度建构之中，内嵌于福利国家制度下的社会权利和社会公民身份体系中。我在本书的前两章谈论这些假设时引入了关于民族国家社会的"国家功能主义"概念。在我们这一时代，尤其是在西方社会，后工业主义、女性的就业以及全球化等带来的社会变迁已经使上述种种设想变得不再正确。福利国家正面临着适应上述变化及当代其他社会变迁的压力，因此需要进行改革。马歇尔关于社会公民身份的分析只是反映了他所处的时代的情况，因此，在理解我们的时代和理解促使福利国家改革的社会压力时，他的分析已变得不合时宜。

同时，我还认为，如今至少还有一个维度已经得到确认并可以增加到马歇尔有关公民身份维度的清单之中，那就是公民身份的文化维度（参见尼克·史蒂文森主编的《文化与公民身份》，London：Sage，2001）。马歇尔倾向于把这一维度视为理所当然，并在单一文化和民族国家的角度下对其进行解读。然而西方社会已经见证了少数民族关注公民权利、关注政治认同和政治承认的运动的兴起。同时，西方社会还出现了一种迈向文化商品化的经济发展趋势，在部分城市或者国家，政府日益把"文化工业"作为促进就业的社会政策工具。这意味着我们需要更加明确文化在学术分析以及政策制定方面的意义。在过去一两代人的时间里，西方社会都在努力地将不同种族的移民群体融入他们的国家社会当中。这通常需要在这些社会中采取一系列政府政策和公民社会行动来对抗外者，并且构造更具"多元文化"性质的民族认同、公共文化，以及对公民身份及其相关权利的理解。与过去"主导范式"下的社会政策相比，这些以文化为导向的政策考虑有着一定的政治优先性，而且它们影响了当代福利国家改革的各种尝试。为了了解这一情况，我们需要超越马歇尔有关公民身份的宝贵分析。

最后，在我看来，马歇尔（及其他众多社会政策分析家）在分析公民身份时倾向于过度强调权利而非义务。这是本书的重要主旨，因此我们必定会在后文继续探讨。但现在我需要强调的是，当我们思考21世纪公民身份的社会属性和政治重要性时，这是另一个必要的领域，我们需要运用马歇尔的分析，但我们又要超越他的分析。

郭忠华： 您在本书中曾提到贝弗里奇（William Beveridge）和蒂特马斯（Richard Titmuss）对早期社会公民身份范式做出了重大的贡

献，您能详细地介绍一下他们对其所处时代的主导范式所作的主要贡献吗？您是如何评价他们的贡献的，这两位重要人物与马歇尔主要有什么联系呢？

罗奇： 贝弗里奇是一位自由主义政治家、社会管理者和学者，并且是英国福利国家的主要建设者之一。在这一过程中，他曾在多方面发挥了重要作用，包括他在打击"需要、疾病、漠视、卑鄙和懒惰"这些"巨人"的运动中所树立起来的清晰而令人难忘的形象，也包括他在 1942 年发表的《社会保障报告》。这一报告推动英国建立了一种新的体制，这一体制关注失业者、残疾人和退休人员拥有获得收入、医疗服务等社会权利的机会。这一体制是英国在"二战"后的十年里所进行的广泛的社会和物质重建过程的一部分。蒂特马斯从社会民主主义的政治视角对这一时期和后一段时间的社会政策进行了分析和批判。一方面，他积极肯定了国家在组织公民施行利他主义行为时所扮演的潜在福利国家角色，他在对英国献血政策的研究中对此予以专门的论述。另一方面，他批评了国家容忍和纵容私人福利体系发展的做法。他批评英国在福利国家的形成和发展时期忽略了前者而过于关注后者，正如我们之前所提到的，他的评价至今仍具有相当的影响力。

上述人物之间的联系是方方面面的，这不仅是因为他们都曾在伦敦政治经济学院工作。贝弗里奇于 1919 年至 1937 年曾担任伦敦政治经济学院院长（director）。马歇尔也于 1925 年至 1956 年间在伦敦政治经济学院任教并对英国高等教育中的社会学学科的制度化建设做出了贡献。蒂特马斯在 1950 年至 1973 年间任教于伦敦政治经济学院，他获得了马歇尔的支持并创立了英国社会政策研究这一学科。他们三人都就福利国家时代下的"社会公民身份的主导范式"及其优缺点发表了各自的看法。我个人在 1964 年至 1970 年间在伦敦政治经济学院获得了从社会学学士到博士的学位，并于 1970 年至 1973 年任教于那里。我十分想念贝弗里奇和马歇尔，也有幸能在伦敦政治经济学院聆听到蒂特马斯的讲座。

二、社会公民身份的主导范式

郭忠华：　您从主导范式的本质、背景和变迁三个方面讨论了社会公民身份所面临的问题和挑战。因此，从某程度上说，接下来的讨论如果我们以对主导范式的探讨作为开始，相信会获益良多。首先，我想问的是，社会公民身份的主导范式主要包含了哪些因素？

罗奇：　正如我之前所提到的，"社会公民身份的主导范式"这一概念与"福利国家"（特别是欧洲福利国家）的建构时代，以及对作为公民身份社会背景的"国家功能主义"的解读密切相关。我以独特的方式概括了一些具有普遍性的原则和模式，它们体现了一系列由国家保障或由国家资助的社会权利。在"二战"之后，这一系列权利已经在大多数西方国家中被正式制度化。它们涵盖了传统"福利国家"的核心，并在不同的国家中表现出一定的差异。原则上说，这一系列社会权利被认为是由公民个体所拥有和使用的。然而，在许多国家（包括英国）的管理实践中，它们当中的某些要素经常指向其他一些社会群体，尤其是"家庭主妇"。这些社会权利包括所谓获得失业、疾病和年老退休补助的典型权利。这些补助既包括主要的收入补偿或救济，也包括由政府提供的公共服务，如寻找工作和职业技能培训，甚至是更广泛的医疗、教育和住房领域的服务。较为发达的社会公民身份版本包括，在必要的时候，公民有权获得由国家所提供的儿童和家庭资助服务的权利。

在主导范式的时代下，由于受战时计划经济和凯恩斯经济分析的影响，西方社会通过宏观的经济和就业政策为其福利国家提供支持。其目的旨在在国家层面上使增长与衰退这一持续而不断交替的资本主义经济循环得以稳定。此外，福利国家在经济衰退时期通过增加公共开支等政策缓解经济所带来的影响。因此，福利体系被认为是民族国家社会进行自我调整的一种关键手段，对此我在本书的前几章有所提及，它反映了所谓"国家功能主义"的观点。

郭忠华：　我们知道，不论在公民身份理论还是在公民身份的实践中，公民身份的社会元素都不可能脱离民事（civil）和政治的元素而单独存在。这两者既可以推动社会公民身份的发展，但反过来，后者也可能与民事和政治的元素形成难以弥合的张力，甚至出现马歇尔所说的"重建整个大厦，哪怕这样做可能会以摩天大楼变成平房的结局告终也在所不惜"的情形。您在本书中集中关注社会公民身份，因此我想知道您是如何评价 20 世纪公民身份的民事和政治元素所取得的发展的，尤其是它们与社会公民身份之间的关联？

罗奇：　我将用我从马歇尔那里所学到的两点来回答这一问题。首先，公民身份原则上必须被理解为一种全面的、多维度的现象，它是一种包括民事、政治和社会维度在内的社会地位。其次，我们从历史以及社会实践中可以看到，这种为大众提供的全面而多维度的公民身份，是在漫长的现代社会历史发展过程中形成的。这一过程常常充满了社会冲突甚至是倒退现象，但即使在最为发达的西方国家，许多社会群体并没有被纳入这一过程之中。从历史的角度上看，在现代化这一漫长进程的大部分时间里，大多数西方社会的群众所经历的公民身份形式是有限的和不完全的，只有经过这一段时期之后，公民身份的形式才变得更为完整和层次丰富。在历史上，公民身份的不同维度通常被大众宣传或发展成彼此不相关联的东西。人们甚至对公民身份的不同维度进行排序，认为民事权利（civil rights）优于政治权利（political rights），而它们又优于社会权利（social rights）。在前文我曾提及雅诺斯基对公民身份和公民社会所进行的历史和比较性研究，这种一般性序列在该研究中得到了证实。然而，与马歇尔的概括性分析相比，雅诺斯基更详细和更现实地关注了不同国家在前提条件和经济因素上的差别。这些差别影响了公民身份不同维度之间的序列。

马歇尔描绘的英国（18 世纪和 19 世纪时期）公民权利（citizenship rights）发展的顺序是从民事权利到政治权利，而两者在一定程度上为人们在不久之后获得社会权利打下了基础。简要回顾美国黑人的历史，我们能够发现公民身份三个维度之间的内在关系。在 1865 年的美国内战中，南方同盟州战败，奴隶制随之被废除。但这并没有使美国黑人获得民事的或者政治的权利。尽管美国宪法声称承认所有美国公民的公民权利，但在随后的一个多世纪里，关于种族隔离制度和政治权利受到剥夺的民族斗争在美国南方各州和北方的部分地方依然存续。从1955年到1968年进行的黑人民权运动就是为了从法律上禁止和最终废除各种对公民政治权利的歧视。尽管如此，在获得民事的和政治的权利这一基础后，美国黑人在反贫困的福利项目和就业政策上，继续努力追求自己的社会权利。

西方社会兴起的针对家长制支配地位和歧视妇女的女性主义运动同样可以证明，民事、政治维度的公民身份优于社会维度的公民身份，前两者为后者的获得提供了基础。在20世纪初被誉为女性主义运动"第一波"的浪潮之下，英国及其他欧洲国家的女性被动员起来争取投票的政治权利，这在一定程度上改写了马歇尔所定义的从民事维度到政治维度的公民身份发展次序。女性主义运动的成功，使女性获得了更为全面的公民权利并废除了合法歧视女性的传统，包括婚姻、家庭和产权上的歧视。这些成就为女性在战后欧洲福利国家的建构时代里进一步追求某些社会权利提供了基础。这些社会权利包括在教育、医疗、儿童福利和家庭资助等领域获得政府资源和服务。然而在这期间，女性获得就业和独立收入的民事权利和社会权利，以及在就业过程中所获得的权利保障是十分有限和不平等的。尽管自那时起，情况不断变化和改善，但是这些问题今天在许多西方社会依然广泛存在。

另外一个马歇尔较少提及但相当有趣的案例来自德国，这一例子不但体现了民事和政治的公民身份之间的内在关系，还反映了它们与社会公民身份的联系。值得指出的是，有关"福利国家""社会权利"和"社会公民身份"这些理论和实践最早是在19世纪后期由德国引进到西方社会的，当时俾斯麦担任德国的宰相。虽然德国人在之前的很长一段时间已经享有传统的公民权利，但是他们所享有的与民主相关的政治权利却很少。同时，他们所享有的丰富社会权利并不能弥补他们政治权利上的缺失。同样地，德国早期形成的福利国家形式也未能阻碍20世纪前期政权和意识形态出现下述情形：一方面，对内经常是过分集权，以至对公民社会、对民事和政治公民身份造成破坏性的影响；另一方面，对欧洲邻国则经常表现出极富侵略性和军国主义的色彩。

美国黑人运动、女性主义运动以及德国的例子，从不同方面清楚地表明了普遍意义上的公民身份所经历的不同历史发展过程以及社会公民身份与其他维度的公民身份之间的内在关系。同时，它们从相反的历史经验中揭示了推动社会权利发展的不同社会动力。在美国和女性运动的例子中，推动社会权利发展的是"自下而上"的公民社会行动，而在德国的例子中，推动此进程的则是"自上而下"的国家和政治精英行动。总体而言，我认为民事和政治的公民身份与社会公民身份之间的关系是，前两者是后者得以实现的必要前提条件。在马歇尔看来，建立在其他两个维度之上的社会公民身份概念是公民身份的最终归宿，它为人们能够更全面地行使民事和政治权利提供了物质保障和社会资源。然而，德国的例子则表明，社会公民身份可能脱离民事和政治公民身份而获得有效的发展并带来某些问题。

著名社会学家马克斯·韦伯告诫我们，在社会学研究中需要经常注意人类有目的行为所产生的意料之外的后果。人们可以通过追求社会权利来实现社会公平和其他积极的国家事务。尽管如此，人们的追求既可能会与民事和政治的权利产生冲突，也可能会为人们更全面地行使民事和政治的公民身份提供社会和物质资源，而这些结果有时是意料之中的（如德国的例子），但更多的时候是人们意料之外的。本书所使用的研究方法暗含韦伯之建议。这意味着，公民身份的社会学必须对当代不同社会现代化路径下的社会公民身份发展所产生的意料之中及意料之外的影响，保持开放性并充满警觉性，并以实证研究取代理论或意识形态研究。

郭忠华： 谢谢您对三种公民权利之间关系所作的详细解释。的确，马歇尔的经典阐述使我们看到了公民身份权利在英国的发展顺序，但相对于不同的国家和不同的民族来说，这些权利的发展可能表现得完全不同。我甚至还可以说，社会公民身份的发展可能反过来成为阻碍民事和政治权利发展。一些自然资源极为丰富的地区，如中东国家，可以通过给国民提供富足的物质生活而消解其政治民主的要求。就如我记得一位作者曾经说过的，"石油是民主的敌人"。在一些贫穷的政治威权主义国家，社会权利更容易成为国家政权与市民社会的结合点，通过开启民生的空间而关闭民主的空间。这是一些特殊而繁芜的问题。但无论如何，当我们把眼光转到 20 世纪中后期的欧洲社会时，社会公民身份都已成为各主要政党和各国政府的首要关注问题，20 世纪 50—70 年代的确在某种程度上创造了"社会公民身份的神话"。但是，社会公民身份为什么在那一时期被创造成神话，而不是其他时候，其中是否隐含了某些特殊的历史背景？另外，您是如何理解"社会公民身份的神话"的？

罗奇： 我在《重新思考公民身份》最后一章中提到，社会权利是一个"神话"，这并不是说社会权利对某些社会的人们来说是不现实的。相反，它在某种程度上是以一种修辞和煽动（provocative）的方式提出一种社会学的而非一个辩论性（polemical）观点。换言之，这是为了强调，人们对普遍意义的公民权利和特殊意义上的社会权利的认知和信仰不可避免地包含了他们的希望和理想。人们希望获得他们以及他们的后代所"应该"拥有的生活方式，同时他们对实际的生活做出了现实的假定。人们对"应然"生活方式持有不同的看法，这些不同的看法可能源于民族国家之外的不同的世界观，其中包括不同的人权、宗教或政治意识形态观念等。此外，民族国家的正式宪法或者主导政治意识形态、价值体系、教育系统对民族历史和身份认同的描述也是导致人们产生不同"应然"生活方式的因素。然而，值得注意的是，每个社会的人们都生活在理想与现实的"鸿沟"之间（他们能够反思性地知道自己生活于这一鸿沟之中），尽管在不同的社会之中，人们对"鸿沟"的大小会有不同的看法。

在特定的社会里，只有当大众认为这一鸿沟相对较小时，国家的权力体系、权威以及普遍的合法性才能得以构建和传播。我们之前提到的有关德国社会权利发展经验的分析可以证明这一点。同样，当人们日益认识到理想与现实生活之间的鸿沟变得相对较大时，国家在社会中的权力和合法性就会不断被削弱。美国文化通常被称作"美国梦"的"神话"，它在传统上容纳了理想与现实之间巨大且不断变化的鸿沟。这一变化与美国传统的信仰密切相关。人们认为，在人生中通过个人努力和不断进取能够缩小理想与现实的差距。然而，正如前面所提到的，即使在奴隶制被废除之后，对美国黑人来说，理想与现实之间的鸿沟仍然是巨大和不可改变的。在这种情况下，"美国梦"的"神话"遭到了来自这一神话的另一种阐释的激烈挑战。在 1963 年美国黑人的民权运动——"华盛顿大游行"中，运动领袖马丁·路德·金就借助对"梦"的想象来为种族平等和更加全面的民事和政治权利运动鼓劲，并由此激起社会和政府更广泛地参与废除种族隔离制度的热情。

因此，关于公民身份和社会权利的"神话"存在于每一个社会。它们之间的差异取决于人们作为一个集合体是如何看待理想与现实的应然状态和实然状态，以及两者间所必然存在的"鸿沟"。当我们分析公民身份时，在社会学意义上使用"神话"一词就是为了提醒人们在分析公民身份时必须注意这些问题。《重新思考公民身份》最后一章所归纳的结论也指出，上述问题在发生主要结构性变迁和意识形态挑战的时代将更为突出。

自 20 世纪 60 年代以来，在英国和其他"主导范式"支配下的国家，对"理想"的集体认知越来越具有争议性，人们不但没有取得共识，反而越来越分化，甚至是极端化。此外，人们对现实情况的集体认知集中于一些社会现实和社会发展趋势上。这不仅包括福利国家持续存在的贫困状况，还包括社会出现的新型贫困和失业状况。在传统福利体制中，人们很少意识到和强调这些问题。但是，随着这些问题的持续存在以及人们对理想与现实间不断扩大的"鸿沟"产生了集体性认知，情况已经发生改变。我在本书最后一章中使用"神话"这一理念，就是为了以突出的方式指出人们对这种情况的不满，并借此引出本文的结论，即以公民身份的神话和理想为支点"对公民身份进行反思"的目的，是为了使其能够更好地适应新近出现的社会现实。我在这部分的讨论中指出，必须重建社会权利与义务之间的关系，这些义务包括个人义务，国家在后工业化社会中所承担的新的教育和医疗义务，以及集体对环境和后代所承担的新的普遍性义务。

郭忠华: 不论对于公民身份还是对于其他政治议题而言,理想与现实之间当然不可避免地关联在一起。公民身份的理想可以为其现实发展提供动力,但也可以与现实发展形成张力。乌托邦的作用具有双面性。当其停留在遥远的理想层面时,则可以为迈向这一目标提供源源不断的动力,可以针对现实形成有战斗力的批判精神。当然,当我们试图真正把它落实到现实中来的时候,则可能造成灾难性的后果。理想层面的公民身份探讨当然有着重要的意义,尤其是当我们谈及"世界公民身份"的时候。但我这里更希望回到现实的层面上来,探讨公民身份的实际发展。你曾经提到公民身份发展的"国家功能主义"(national functionalism)观点。但说实话,我对"功能主义"一词颇不抱好感,因为它后面隐含的生物学的比喻忽视了冲突理论的合理性,从当今世界的情形来看,则无力解释后工业主义、全球化、后民族国家等发展趋势所催生的诸种社会现象(显然要求我们以一种超越民族国家的思维进行思考)。具体到社会公民身份的发展上来,我认为通过"功能主义"来解释社会公民身份的发展是不全面的,不论在英国还是其他国家,它同时还是社会革命、工人运动的结果。我的意思不能仅仅把它看作和平进化的产物,还必须注意到其中的冲突性。从当前世界社会的角度来看,则必须重视其发展的外部动力。因此,您能否再谈谈您对"国家功能主义"的看法,尤其是它在当今世界社会的状况。

罗奇: 在之前关于主导范式、福利国家的发展以及"二战"后西方社会采用的凯恩斯主义宏观经济管理的讨论中,我们已经提到了"国家功能主义"的概念。社会政策分析人士和经济学家已经研究了这些社会经济和政治经济的发展及两者之间的关系。此外,从社会学的视角来看,我们必须同时认识到国家中等教育体系发展的作用。国家中等教育体系是伴随福利国家的发展和宏观经济管理模式的出现而出现,它与这两者有着广泛的制度性联系。在 20 世纪中期的西方民主社会中,这些发展可以说是多种因素共同作用的结果。这些因素一方面来自作为意识形态领袖的精英群体;另一方面则来自政党、工会、教会、社会和公民运动所动员起来的民众。

大多数国家对青年人的教育和培训达到中等程度（如 2011—2016 年）。这从两方面为国家和公民界定了清晰的新角色。一方面，从公民的利益来看，在资本主义社会的国家经济中，国家成为为劳动力市场培养和提供劳动力的关键战略性因素和动力。另一方面，除了经济上的功能外，国家中等教育体系还在形成和普及人们对国家认同和公民身份的认知过程中发挥了重要的文化功能，因为缺少国家认同和公民身份认知的社会通常会成为一个依据阶级、性别和种族划分的，严重分化的社会。盖尔纳在其关于民族主义社会学的重要著作中首次指出了这一文化层面的功能的重要性（参阅其著作《民族与民族主义》）。

在本书中，我使用"国家功能主义"的概念是希望能从社会学的角度概括西方社会在主导范式时代下的社会经济、政治经济与文化政策制度间的相互联系。我们必须把国家功能主义置于这一时代背景中。我的看法是，在 20 世纪 90 年代初，主导范式时代及其所假定的情况都会消失。这点可以从很多方面得到验证，其中包括 20 世纪末、21 世纪初大规模的高等教育体系（2016—2021 年）所取得的发展。这些发展超越了"国家功能主义"，回应并反作用于现代社会在经济领域（譬如劳动技能需求）和文化领域所发生的重要而持续的社会变化，这一点在西方社会尤为突出。

三、公民身份权利与义务

郭忠华： 社会公民身份的主导范式建立在权利的基础上，相对忽视了责任、义务和职责的重要性，从而造成诸多社会问题。这在某种程度上既是具体的政策问题，也是极为抽象的社会理论问题。一方面，借用吉登斯建立起来的结构化理论来说，在行动与结构的关系中，结构存在于行动之中，为行动提供资源和造成制约。另一方面，作为行动的意外后果，结构又总是通过行动而得到再生产。在现代社会学理论的开创者中，涂尔干和韦伯或许在这两个方面形成有趣的对比。回到我们所说的主导范式上来，既然您深受韦伯思想的影响，请问您将如何以其观点来解释权利与其所造成的社会问题之间的关系？

罗奇： 对于你提出的问题，如果详细回答可能需要相当长的时间，我打算简要地进行回答。首先，我需要澄清的是，我对战后福利国家及社会公民身份主导范式的分析和批判并非针对其设计者的目的。在英国，人们欣赏贝弗里奇和马歇尔追求社会公平的目标和决心，从我个人的规范性立场来看，这些目标都是进步和值得赞赏的。其次，我对主导范式的评价是基于之前曾提及的韦伯的忠告，即需要认识到人类行为带来的不可意料的后果之重要性。再次，我并不希望抹杀福利国家对各阶层的人们所做出的贡献，尤其是在战后的十年间，福利体系似乎能够在政府资助下运作良好。最后，总体而言，我认为不同社会的福利国家都是社会"结构"（structure）和社会"行动"（agency）共同作用的结果，后者包括"自上而下"和"自下而上"的运动以及其他各种形式的行动。在我看来，这些因素的结合并不是社会学理论的臆断，而是能够通过对特定社会进行社会历史学研究而予以证实的实证性经验。

郭忠华： 这一问题似乎使我们陷入艰深的理论探讨中。因为要在理论上简单勾画当然会显得容易和无可辩驳，没有谁能够否认行动者的理性将产生其意料之外的后果。但作为一名来自东方社会的学者，尤其是在翻译和研究过奥菲等人对福利国家的批判之后，我还是想问您一个宏大而艰难的问题，那就是您将如何从欧洲的背景出发解释福利国家的起源，难道主导范式的建立真的就那么目的单纯，仅仅是为了补偿人们在大萧条和"二战"中所遭受的苦难？抑或此前就已经存在福利国家的思维甚至制度形式？至少据我所知，英国历史上的《济贫法》（Poor Law）、《定居与迁徙法》（Law of Settlement and Removal）、《人身保护状》（Habeas Corpus）、《宽容法》（Toleration Act）等一系列法律已经为贵国福利国家的最后建立奠定了制度上的基础。

罗奇： 关于福利国家及其主导范式的起源、成因，的确是一个相当宽泛的问题，需要对西方社会的现代化进程进行社会-历史和社会理论的研究。我没有在《重新思考公民身份》一书中详细讨论这些问题。然而，在我新近出版的《欧洲社会学的探索》的一些主要章节里却对此有专门的论述。

关于福利国家的社会-历史分析存在着几种传统的思想流派。其中一种流派关注"结构"并认为"工业化逻辑"具有重要的作用。这一流派强调，福利国家的功能和适应性与资本主义工业经济和社会的维系及其发展密切相关。在我关于"国家功能主义"概念中能够找到这一观点的理由。另一种与之相对应的流派则关注"能动"的作用，认为工人阶级的政治运动和阶级间的妥协具有重要的地位。至于我的观点，简单而言就是虽然每个流派都具有一定的进步性，但是它们都无视或者轻视了在我看来十分重要的三种因素所发挥的作用，这些因素的作用在欧洲社会的案例中尤其突出，它们分别是在国家形成过程中的战争因素、宗教因素和帝国因素。

在这里，我们暂且无法对这些因素进行整体的比较分析。然而，简要地论及它们与英国福利国家之间的关系，在我看来，有关福利国家兴起的传统解释都存在其有力之处，这些解释有的是从"工业化逻辑"角度出发，有的则是从"阶级政治"的角度出发。但是，在英国福利国家中，特定结构的意识形态话语、阶级关系、性别关系和种族关系已经被制度化，它们难以从传统的解释角度得到理解，因为这些解释方式没有对可以上溯至 19 世纪初的历史予以真实的反映。为了更确切地理解福利国家的形成，我们必须具有更长远的历史目光，至少必须回到 16 世纪，从现代早期英国民族国家正式制度及大众传统的起源中发掘福利国家的产生历史。

这种理解至少必须承认三种额外（additional）社会因素所起的累积性作用。首先，在整个现代化时期，为了取得国家间战争的胜利和缔造中央集权的帝国，出现了对大众进行军事动员的复兴。其次，国教与大众所信奉的基督教新教存在着深刻的宗教冲突，情况也在不断变化。最后，在全世界范围内建立殖民帝国体系不仅为参与其中的精英带来了利益，同时也对工人阶级文化和经济产生了影响。对于服兵役（特别是男性服兵役）所带来的报酬（rewards）、新教关于"工作伦理"的理解，以及对公民的民族主义进行帝国主义的诠释，所有这些问题，有关英国福利国家和社会公民身份的传统分析很少甚至是没有涉足。依我看来，这些传统分析不仅在社会学研究方面显得不充分，而且未能从始于 20 世纪末的广泛的社会结构性变迁这一背景出发，从政治和政策的角度正确把握福利国家体系在当代所面临的众多问题的成因。

从这一视角出发，我们既不应低估第二次世界大战的重要性，但也不应该完全将战后时期主要表现为"自上而下"的福利国家建构过程阐释为战争的结果。"二战"是漫长而闻名的欧洲和帝国战争史的顶峰，是漫长而闻名的普通人们服务于民族和国家的顶峰。与"一战"所带来的灾难相比，"二战"简直是一次更具破坏力和更为恐怖的历史重演。"二战"之后，国家向那些在屠杀中幸存下来的大量来自工人阶级的士兵保证，他们将回到"适于英雄所居的家中"。然而，这一承诺并没有得到兑现，这一事实导致人们感兴趣于和支持福利国家。

在"二战"中，军事技术的发展意味着每个人——包括全体士兵、全体公民、来自各社会阶层的人——遭遇伤亡的概率是相等的。这是人们对生存平等的一次深刻体验。大多数经历过"二战"的英国公民都认为"二战"是促使他们进行反思的动力，并希望能得到新生。在战争期间，虽然战后的复兴计划引起了英国军队内部各个层级的热烈争议，但人们仍旧对战争内阁的领导人——丘吉尔奉献了全部的支持。然而，丘吉尔和国家的成功并不能阻止这部分人在战后把他们的民主选票从丘吉尔和他领导的保守党那里撤走，转而投向工党并支持其新的战后福利国家激进方案。这方案提出了新的具有现实意义的英国式平等主义，它是一个在各个阶级、在国家与公民之间订立的一种"新的社会契约"。由于人们当时的经历和工党过去留给人们的印象，工党在这一时期赢得了多数民主的选票及普遍的合法性。这种印象既包括工党在为群众争取利益时所受的种种挫折，也包括工党在英国本土和大英帝国遍布世界的其他属地所立下的赫赫战功。工党之所以能获得大多数支持也是由于这一代人的鲜活记忆，即国家承诺将在"一战"后对社会进行重大的改革。这种承诺在上一代人那里没有得到兑现，这使这一代人产生了一种集体行动的动机，即不能让历史再次重演。

郭忠华： 您的解释使我想起了公民身份的发展动力问题。尽管在您刚刚有关福利国家兴起的解释上没有清楚地提出福利国家的动力问题，但您似乎主要把它看作一种自上而下的建构过程。当然，您为这一观点假定了它的前提，那就是"一战"和"二战"后的社会背景。经济萧条、悲惨的战争，的确可以有理由认为国家会针对悲惨的社会状况进行福利制度建设，而且政党在竞选的时候也是这么说的。但是，正如吉登斯批判马歇尔时所说的那样，不能"把公民身份权利的发展描述为一个自然演进的过程，而且在必要的时候总是得到了国家的友善帮助"，"公民身份权利在相当程度上是通过斗争获得的"（参阅《阶级分化、阶级冲突与公民身份权利》）。布来恩·特纳（Bryan Turner）在其《公民身份理论的轮廓》一文中，也对来自底层的社会动力进行充分的阐释。请问您如何评价吉登斯、特纳等人的观点？

罗奇： 你问我对布来恩·特纳等人的看法，我显然不能在这里详细地讨论这一点。但总的来说，我看重特纳对社会学、对公民身份理论和权利理论所作的贡献，这点尤其体现在他最近所从事的关于人权的本质和重要性的研究中。他强调，人类无论在物质还是精神上都容易受到伤害的事实。他的著作描绘了欧洲和美国社会从早期现代化开始获得公民身份的多种不同方式。这是为了提供比马歇尔更加复杂和更加不同的关于公民身份的分析。他沿着两个主要的维度区分了不同国家争取公民身份的经历和成就。第一个维度是公民在何种程度上是被动地作为国家权威的统治对象，还是积极地作为政治行动者。第二个维度是政治文化在多大程度上区分和注入不同于私人领域的公共领域的价值。这些维度的划分产生了一种类型学上的抽象分类，并可能符合一些主要的西方国家的历史经验。

我相信特纳并没有足够清晰地或者详细地发展这一特别的类型学以使其具有特定的用途。我之前提到了雅诺斯基对公民权利的历史发展过程的分析。除了马歇尔对公民权利的次序所作的实用而有力的总体性分析外，雅诺斯基根据艾斯平-安德森的"福利资本主义的三个世界"的类型学区分了不同国家的经验。在我看来，从某种程度上需要一种类型学的角度来说，雅诺斯基的类型学比特纳的类型学分析更加可取。我相信本书我所描绘的（前面已作过简要介绍）关于英国福利国家的社会权利及整体公民身份的发展与特纳的各种分析是一致的，其中包括他所认识到的战争在英国福利国家发展中的作用。然而，不论我的还是他的分析，如果从特定民族国家社会的社会-历史分析的角度出发，而不是从并不充分的类型学分析的角度出发的话，那将会得到更好的理解。

郭忠华：　我当然同意您的观点，尽管进行范式建构的学者总是不乏其人，但实际到每一个国家的具体社会-历史背景中，都会存在某些与普遍性范式不符的要素。但是，不论我们思考哪一个国家的公民身份，仍然需要有某些共同的理论前提作为对话的基础。具体到您本书上的观点来吧！您的书中有一个十分有意思的观点，即旨在给予公民全方位福利保障的社会公民身份具有去道德化、去政治化和产生二等公民的问题。您的观点使我想起克劳斯·奥菲在《福利国家的矛盾》一书中所提出的有力观点："资本主义不能没有福利国家，但资本主义又不能与福利国家共存。"但我更想听听您的解释。那就是，为什么以权利为基础的社会公民身份会导致去道德化、去政治化等问题？

罗奇：　为了回应这一点，我遵循韦伯的忠告，即我们必须意识到并研究人类社会行为所带来的意料之中与意料之外的后果。一般的社会政策分析通常只是关注福利体系的理念和理想，而没有关注这些福利体系对人们实际社会生活所产生的具体影响和改善。换言之，这些分析倾向于过度关注政策的"输入"（这里的"输入"具有"意识形态"的性质）而忽略了政策的"输出"（如福利接受者在社会条件和福利方面的改进）。

我在本书（第三章）的讨论中曾指出，在 20 世纪 80 年代美国的黑人社区中，贫困和弱势群体的社会状况仍在持续，甚至越发恶化。尽管当时相对发达的福利体系的目标是要减少并最终消除贫困，但是贫困的社会现实确实与福利体系并存，并在某程度上作为其点缀物。

从福利政策预期的效果来看，贫困与福利体系并存的事实体现了福利政策的缺陷或甚至是失败。我们可以从更广泛的"左"与"右"的政治视角来理解福利政策与持续贫困问题之间的关联。左派的观点是，这表明了福利问题的根深蒂固性和难以解决性，这些问题反过来可以解释更广泛的社会结构和社会变迁问题。因此他们甚至主张沿着相同的福利政策立场，做出更大的努力。右派（"新保守主义"）的观点是，也许福利政策本身（根据其意料之外的效果）正是导致福利问题的一个重要因素。因此，他们认为除非福利政策及其资源被推翻或改写，否则贫困和弱势群体的问题仍将持续存在。

我在书中主要讨论了"右派"的观点。这部分是由于右派意识形态的影响贯穿于20世纪80年代的英美政府。在本书主要的三大章节里（第四、五、六章），我集中讨论和评价了美国新保守主义对美国福利、劳动和家庭政策的分析。新保守主义所倡导的政策倾向于强调公民的社会义务并列于或高于他们的社会权利。新保守主义者经常十分明确和有力地指出，重视社会权利的福利政策经常使其接受者在意识上将社会权利与社会义务之间的联系分离开来。然而，新保守主义者并不十分清楚有些社会义务具有相对的优先性。例如，父母一方面具有养育孩子的责任，另一方面还具有寻找和维持工作的责任。此外，新保守主义者还倾向于忽略非政策因素的相关性，尤其是社会结构的变迁对贫困社区及弱势的、被边缘化的群体的行为和态度所带来的影响。

福利体系及其支持的社会权利是在战后以国家为基础的制度中发展起来的。这些制度以官僚机构和技术专家组织为特征，在表面上致力于服务公民权利的诉求。具有权利诉求的公民被视为这些组织的"顾客"。这些公民倾向于处于一种不平等、依赖和被动的社会地位，并且可能被这种地位所玷污。也就是说，他们实际上可能被福利体系和广泛的社会视为"二等公民"。这一点尤其体现在女性身上。由于西方福利国家以"家庭"为单位，所以自古以来就存在着关于劳动分工的社会假设——男性作为"养家糊口者"，女性则作为家庭的"照顾者"。社会权利的组织和分配典型地没有过多参照（如果说有的话）：1. 公民身份的公民和政治维度（正如我所说的"去政治化"的过程）；2. 人们的道德能动性（即人们乐于和有能力意识到自己在享有权利的同时，还肩负着责任的道德规范和原则，这正是我所提到的"去道德化"过程）。

从 20 世纪 80 年代开始，左派、女性主义分析家和右派都意识到福利国家所带来的意料之外的后果及其造成的问题。我的书集中关注了在 20 世纪 80 年代占主导地位的右派观点。这些观点如今在西方社会中仍保持着一定的影响力。除此之外，自 20 世纪 90 年代以来，人们分别在自由主义中间派和左派（社会民主主义）的视角下做出了改革福利国家的多种尝试。这些改革倾向于朝着福利多元主义的方向迈进，即使公民社会"第三部门"和志愿组织更多地参与。

西方国家普遍进行的福利改革和"现代化"发展反映了对"二等公民"身份、去道德化、去政治化等社会效果所造成问题的认识。这些效果我在本书已讨论过，并把它们与福利国家体系的运作联系在一起。尽管"新保守主义"存在的不同价值和意识形态使改革走向了不同的方向，但是他们对这些与福利相关的问题做出了一些共同的诊断。他们对福利接受者典型地建构了某种"社会契约主义"的方法，这种方法提醒人们，对于权利的要求和行使同时还蕴含着对于义务的承认。例如，在许多欧洲福利国家和政治文化中兴起了一种"工作福利"（工作义务作为获得福利的条件），同时，在承认人们有权领取失业补助的过程中，采取"激活"（activation）失业群体的措施。在这些社会，作为福利体系的一部分，儿童的权利获得了广泛的承认，相应导致对父母的责任和技能的认识也得到了提升。最后，无论在国家还是全球层面上，人们开始关注环境危机的出现及其对社会、就业和福利所造成的影响。这导致了与公民权利相比更强的公民义务意识。公民义务不应仅停留在意识形态和话语层面，应落实到公民在城市和社区服务的互动中去。

郭忠华：强调权利的主导范式具有争议性地带来去道德化的后果，但是，随后当您评价新保守主义的观点时，您又说"义务同时暗含着权利"。这些看似非常稳当的立场如果不清晰化的话，将很难意味着什么。因为与传统社会民主主义或者新保守主义的鲜明立场不同，您似乎把权利与义务搅在一起，不再持有明确的立场。那么，我想请问，按照您所设想的完善的社会公民身份范式，"权利"与"义务"应当是一种什么样的理想平衡？我的意思是，在权利与义务之间您是否持有什么准则，根据这种准则，权利一方面不会导致去道德化、去政治化等问题，另一方面又可以避免新保守主义对于"义务"的过分关注。

罗奇：　常识和学术分析都告诉我们，"权利"与"义务"两者在意思和逻辑上都具有相对性。假如我对某物具有权利，那么其他人，也可能是国家便有义务要提供它，否则我所声称的权利是没有意义的。当然我不可能是唯一具有权利的人，所有其他的公民（应该说所有其他的人）同样具有权利。因此，为了使其他人能够像我那样声称具有权利，我有责任为他们所声称的集体性资源做出一定的贡献。例如在现代社会里，人们在劳动力市场中正式或非正式地参加工作，这被看作合理的期望和某种公民职责。同时这是一项合法的职责，如果我从劳动中获得收入，那么我能够让国家拿走其中的一部分以提供用于服务其他权利的集体资源（其中包括当我有需要时的权利性服务）。然而到 20 世纪 80 年代为止，在西方社会的社会政策分析和公民身份社会学等领域内，我们习惯于把权利理所当然地看作与义务的存在和表现无关的东西。我所著的书的其中一个主题是，不管新保守主义者的分析和诊断可能具有多大的误导性，他们提出义务的观点是正确的，而政治中立主义者和左派如今支持这一观点也是正确的，纵使他们以不同的方式体现这点。

然而，在原则上承认权利在逻辑和意思上暗含着与之相对的义务，反之亦然，这是一回事，在现实里要在人们之间、在人们与国家之间正视这一相对性则是另外一回事。也许"社会契约"的方法这里是最有效的说明。根据这一方法，公民根据对权利与义务相对平衡的理解，努力在他们自身当中组织公民社会的关系以及他们与国家间的关系。从理论上说，我认为有可能设想上述关系处于一种和谐与平衡的理想状况之中，至少在微观层面上，即在我们作为个人生活的小规模群体和网络中可以设想这一点。如果在规模更大和更加复杂的当代社会内部设想这一点则会困难得多。同时，在 21 世纪，当代社会还存在其外部复杂性，因为它在全球和国际层面上与其他社会有着越来越多的相互联系和相互依赖性。当然最后还要提到当代社会不断变迁的特点，这不仅由于技术和生态变迁所引起，而且还由于当代与遥远的后代之间的关系本身缺乏权利与义务的相对联系。

我在书中的最后一章——"重新思考社会公民身份：权利、义务与资本主义"（第九章）中谈到了其中的一些问题，尤其是像教育和医疗领域中与社会权利和义务相关的一些问题。为了不重复这些分析，我这里将仅作一些评论。从社会学和规范性的视角来看，我认为必须承认义务在公民身份的社会及其他维度中的作用。这一点在当代尤其体现其重要意义，因为我在本书的前面部分（第二章）已经讨论了诸如女性主义、生态主义等新社会运动对当代所提出的挑战。例如，西方及各地的女性主义者批评指出，历史上持续的家长制结构把养育孩子的繁重义务主要看作"天然地"是"女性的工作"。女性主义者认为，与之相反，女性对于这类工作具有选择的权利，这是公民权利。然而在现实当中，如果不设想社会如何把养育孩子的义务在男性、国家的地方或全国层面及两者间进行再分配，我们就不可能促进女性的这些权利。

同样，生态主义也不可避免地涉及义务的问题。生态主义者批评指出，无论在国家还是全球层面，现代社会在生产和消费方面都与碳能源资源和这方面的技术、文化联系在一起。这对环境造成了许多负面的影响，如典型的全球变暖问题，这显然是一种不可持续发展的情况。因为碳能源资源是有限的，过度使用它们对人类生态系统所造成的破坏是巨大的，而且在 21 世纪的进程中这种破坏可能是不可逆转的。

从生态主义的批判来看，人类应当意识到我们自身具有保护动物品种、自然环境及人类后代的生态义务。我们当代所熟悉的一系列民事和社会权利，包括工作、获得收入和消费的权利将不可能在将来的后代中重复。因为无论现在还是将来，国家和公民如果不能或不愿意以低碳能源为基础重组他们的生产和消费体系，以履行我所提到的可能极为繁重的保护义务的话，那么上述公民权利将不可能继续得到保证。从这些及其他方面来看，对公民身份各维度的当代分析，尤其是其社会维度的分析，需要承认而且要超越主导范式对于权利的偏见，必须承认关于社会义务的新的话语和实践。

郭忠华： 如果说去道德化、去政治化、"二等公民"等现象是由福利国家政策所造成的影响的话，那么，从国家与社会之间关系的角度来看，当我们把眼光从国家的层面转向社会层面时，您将如何评价社会反过来对国家所造成的影响？因为在我看来，这些现象显然是作为国家与社会的互动结果的产物而出现的。

罗奇： 我在之前的回应中某种程度上已经对这一问题做出了评论。从历史上看，无论在马歇尔的方案中还是在许多西方社会的具体历史发展中，人们在争取民事权利的同时也为农民和工人阶级追求政治权利及稍后的社会权利提供了平台。在更近的历史里，20 世纪女性主义和美国黑人的运动都是通过社会运动获得民事和政治权利的代表。这些努力随后导致了发展社会权利的更进一步的运动。它们要求国家在现代的结构下发展主要的福利体系。从所有这些和其他很多方面来看，公民社会在公民身份的发展以及塑造现代国家的角色和性质的过程中具有很大的影响。

郭忠华： 有关新保守主义在意识形态上对主导范式的批判是您的书里非常重要的一部分。但这些批判主要发生在 20 世纪 80 年代，在 20 世纪 90 年代的中后期，社会民主党重整旗鼓并支配了大多数西方国家的政治舞台。请问在您看来，新保守主义对传统福利国家的批判给工党政府或社会民主党政府带来了何种启示？后者是怎样解决前者所提出的问题的？

罗奇： 新保守主义批判所提到的关于现代福利国家运作的问题是有社会现实根据的，即使他们的诊断和提出的治疗方案不能完全被接受。然而，新保守主义在 20 世纪 80 年代的政治影响力促使更多的中间派和左派政党在 90 年代的美国（克林顿政府时期）、英国（布莱尔政府时期）以及其他欧洲社会认真地关注福利国家的问题。大多数在欧盟鼓励下建立的当代欧洲中立主义和社会民主主义福利体系都处于改革之中。尽管政府不一定要缩减福利预算和各种运作服务，但是以前长期增长的预算和服务如今显然得到了遏制。在改革的过程中，政府在重申和平衡人们对于权利与义务关系的理解和行为方面显然也得到了支持，这点尤其体现在福利、工作以及对儿童和老年人的家庭照顾方面。这些改革项目之所以出现，其原因主要是：一方面，为了使福利体系继续适应劳动力市场不断变化的特点；另一方面是由于在20世纪80年代，新保守主义社会分析家已经认识到的"二等公民"、去道德化和去政治化的问题。

四、当代社会变迁与福利制度改革

郭忠华：　在20世纪的中后期，后工业主义在西欧社会得到迅速发展。社会条件变迁不可避免地给以传统工业主义为基础的主导范式带来了挑战。我现在想转入另一个问题，即从社会变迁的角度来思考福利权利问题——尽管这一问题您刚刚在谈女权主义、生态主义的时候已经有所涉及。您能谈谈后工业主义的发展对主导范式提出了哪些主要的挑战吗？

罗奇：　的确，这是一个重要的问题，但与我们之前讨论过其他问题相似，是一个相当宽泛和复杂的问题，要准确而简单地予以回答会相当困难。我在《重新思考公民身份》一书的第七章——"改造社会公民身份 I：后工业主义与新社会权利"中更为全面地讨论了这一问题。当然，从20世纪80年代开始（也是我写作该书的时候），促使现代社会超越社会发展的工业阶段的社会经济变迁动力，其自身的性质也在不断发生变化。这种社会变迁的动力一方面与全球化进程联系在一起，另一方面则与数字化进程密切相关。

数字化是指自20世纪90年代以来人类所处的那个特殊而且史无前例的晚近社会进程。它涵盖了新出现的、具有经济和社会战略意义的互联网网络技术的普及和使用。数字化进程在欧洲经常被认为是创造"信息社会"或"知识社会"（knowledge-based society）的一部分。

我在《欧洲社会学的探索》（第七、八章）一书中讨论了与这一新发展有关的问题。数字化所引起的社会变迁，对普遍意义上的公民身份和特殊意义上的社会公民身份带来了新的特殊问题和机遇。这意味着通过网络，公民彼此之间将有更多的互动，而公民与国家在福利和其他方面的互动则尤为突出。此外，公民将可以通过网络衍生的活动和产业而获得更多的工作机会与收入。社会不平等和弱势群体在获得和使用网络上所处的个人及结构性劣势将更为明显。国家将更加重视公民教育体系，以此提高儿童和年轻人的"数字化阅读能力"和增强其"数字化公民身份"（digital citizenship）。在此背景下，旨在增强"数字化公民身份"的教育项目应该向人们提供涉及公民身份各维度的认知教育。只有这样，才能使当代国家和社会在当代数字化社会的复杂文化下，将公民身份的社会维度与其民事、政治和文化维度联结在一起。

全球化指的是与数字化相类似的（当然两者密切相关）另外一种社会动力，它也是在 20 世纪 90 年代后期才出现的、明显而史无前例的新兴进程。在这一进程下，世界的不同民族都在经历着经济全球化、劳动分工和互相依赖这一威力巨大且充满未知数的进程。大众和学者可能会质疑全球化进程在广度和深度上对民族社会所产生的影响，然而在全球化出现的短暂时间里，2008—2009 年所出现的严重的金融危机和世界性经济衰退就足以打消公众和学者对全球化威力的质疑。欧盟试图在其涵盖 5 亿人口的 27 个成员国中建立单一的欧洲市场（包括单一的劳动力市场），这一做法足以证明全球化在欧洲地区显然是一个影响巨大的进程。诗人约翰·唐恩（John Donne）告诉我们，"没有人是孤岛"（no man is an island），这对当代的民族国家来说尤其正确，即使像英国这样的岛国也不例外。全球化向福利国家和社会权利的主导范式提出了新的挑战，在欧洲及世界的其他地方，与英国相似的中等规模的民族国家逐渐失去了控制其国内经济、就业情况和收入水平的能力。一方面，对于最大限度地服务于公民的社会权利和社会需要所必需的资源，这些国家已经逐渐失去了控制和获得的能力。另一方面，这些国家越来越容易受到诸如失业等国际性社会问题的冲击，而只能在国际层面和国际领域中加以解决。

郭忠华：　但是，除了后工业主义、全球化、数字化等社会变迁给公民身份造成巨大的冲击之外，民族国家本身的变化也是其中的主要冲击之一。传统公民身份囿于民族国家的政治樊篱，被看作民族国家中完全成员资格。但全球化、数字化等的发展使后民族国家结构变得日益明显，这一点在欧洲尤其不难理解。因此，接下来能否请您谈谈后民族国家变化给公民身份所带来的问题，尤其是欧洲公民身份。

罗奇：　由于后民族国家的问题我在书中已经详细谈及（《重新思考公民身份》一书的第八章），但是，随着时间的流逝，我希望借此机会介绍一下相关的新信息以及我的新看法（顺便提一下，我的新书《欧洲的社会学探索》中也谈论了这一话题）。1992 年的《马斯特里赫特条约》正式提到了欧洲公民身份，这是国家公民身份的补充而并非与之相冲突。欧盟所支持的个人权利已经扩充至 1997 年《阿姆斯特丹条约》中的一系列人权以及《欧盟基本权利宪章》中的一系列社会权利。这些基本权利在 2001 年《尼斯条约》（Nice Treaty）中被认为是象征性和不具有法律强制性的权利。我认为欧洲国际福利体系的结构在理论和实践层面都应该以"公民"理念作为导向，并体现其所暗含的个人主义、权利和义务。欧盟通过条约、宪章、司法系统、欧洲议会、欧洲人权宪章和相关司法系统，对个人权利所作的总体性承诺，对于促进妇女和儿童这两类人群的权利发展具有重要的意义。2009 年通过的《改革条约》则规定，现行《欧盟基本权利宪章》将会被赋予法律的强制力。

对于工人而言，《宪章》承认工人具有下列权利：获得合理和合适的工作条件的权利、工作中的知情权和咨询权、集体谈判和集体行动的权利、获得就业服务的权利、被不公平解雇时受到保护的权利。同时，《宪章》禁止使用童工并要求年轻人在工作中获得适当的保护。对于家庭而言，《宪章》规定家庭生活受到法律、经济和社会的保障，人们拥有享受有薪产假和有薪父母假的权利。对于一般性社会保障而言，《宪章》承认和尊重与欧洲福利国家相关的一系列权利，即人们享有获得社会保障和社会服务的资格，这些社会权利旨在消除社会排斥和贫困，其主要为下列事项提供保障，如怀孕、患病、工业事故、不能独立生活的人或老人、失业者，同时《宪章》还规定了人们享有获得社会和住房补助的权利。最后，对于在欧盟内流动的异国人员而言，《宪章》支持和保护这些人的社会和医疗权利的"可携带性"。也就是说，它支持在欧盟区域内合法居住和迁移的人员根据欧盟法律和国家的法律及司法实践所享有的社会保障待遇和社会福利。同时，《宪章》还为人们享有医疗权利提供一定的支持，这一权利体现在人们可以获得预防性的医疗服务以及在国家法律和司法实践中所享有的治疗服务。

在 21 世纪，社会政策领域内存在着以欧盟为基础的一体化趋势，其影响力跨越国界，各国在此领域的差异逐渐减少。也许这些趋势将最终使欧洲不同的福利体系和复合体下不同的福利资本主义更趋和谐。例如，在社会保险方面，以国家为基础的捐助和优待服务如今在欧洲范围内都是可以流转和继续有效的。此外，在医疗方面，各种欧洲一体化进程正在不同程度地进行。其中的例子是，所有的欧盟公民，只要他们有急病，都有权利到欧盟成员国内任何一家国家公立医院就诊。而且原则上所有这些医疗服务都是免费向人们提供的（不管国家提供医疗服务的成本有多大的差别）。同时，作为医疗服务消费者的所有欧盟公民都有权利进入欧盟的医疗市场，不管私人或者国家公立医疗机构是否能够提供此项用于购买的服务。最后，在欧盟内部，健康劳动市场（health labour market）已开始运作，其支撑性条款已得到相互承认。所有符合条款要求的欧盟公民都有权利受到平等的对待，而且能够在成员国的国家医疗体系中申请工作和提供他们的服务。在养老金方面，所有欧盟公民都有权利作为消费者在欧盟内的私人养老基金中进行投资，同时他们也可以作为养老金的私人供应商，在欧盟内做宣传和为其顾客服务。最后，在高等教育方面，国家间已经建立了长期的学生交换计划（如 Erasmus 等奖学金项目）。除此之外，欧洲一体化的进程还正在普通高等教育领域中进行，这体现在教学（Bologna 进程）和科研领域方面（研究框架项目及欧洲科研领域的政策），后者相对没有那么广泛。

尽管如此，欧盟的正式能力仍然有限，而且在社会政策领域其影响力仍然相对较弱。相反，传统的和没有进行改革的国家社会模式和福利体系在欧盟的许多成员国和欧洲社会的复合体中仍然广泛地存在。由于当代欧盟的决策总是进退两难并充满不确定性，所以这些传统的社会模式和福利体系在将来的相当一段时间内很可能继续存在。

郭忠华： 那么，您能否从更一般的意义上简单说说民族国家公民身份的走向呢？

罗奇： 20 世纪晚期的民族国家公民身份显然与 20 世纪初的不同。这是由于《联合国人权宣言》（及联合国国际司法体系）原则上为所有国家的权利体系提供了标准和道德背景。此外，21 世纪全球化的发展使我们日益远离以个人的社会身份确定其民族国家公民身份的时代。我在回应之前的问题时也部分谈到了这些问题。我要补充的一点是，我相信将来无论我们在国家还是跨国家的背景下理解公民身份当前和今后的发展可能性时，我们将看到更多关于"世界主义"主题的讨论，尤其是在欧洲。

郭忠华： 好的，有一个好奇和非常特殊的问题，那就是据我的了解，英国在欧洲公民身份的发展进程中表现并不怎么积极，这中间主要是什么原因所致呢？如今，英国在欧洲公民身份的发展中又担当什么样的角色？

罗奇： 原因可以追溯到英国独特的国家历史，包括它在世界范围内所参与的殖民主义和帝国体系的建构。这使英国脱离于欧洲大陆并具有对付欧洲的独立的资源，这点尤其体现在英国在现代化初期的整个世纪中形成的侵略威胁上。因此英国至今仍保持着岛国的态度。英国政府倾向于表现消极（如 20 世纪 80 年代的撒切尔政府）或冷漠（如 90 年代的布莱尔政府）。尽管当代的英国政府声称希望成为"欧盟政策制定的中心"，但是它在有关欧洲的事务上仍然没有扮演十分积极的角色。从根本上说，我认为这是与英国公民理性的自利原则相违背的。英国以及其他众多中等规模和小型欧洲国家如果能在欧盟中合作，将能够更好地控制他们自身的事情以及促进经济的增长和提高国内公民的福利。相反，如果这些国家各自孤立，那么他们在全球化进程和更强大的利益面前则很可能显得非常弱小和容易受到伤害。

郭忠华： 尽管《重新思考公民身份》总体上关注的是西欧和英国的情况，但是由于它即将在中国出版，作为一名中国学者，我仍然想知道您将如何评价中国公民身份的发展的？

罗奇： 首先，我必须指出我对中国的认识是相当有限的。在2006年，我很高兴有机会参观了广州的中山大学，同时也去了香港，并在这两个地方进行了学术交流并结识了新的朋友。在2008年，我在电视上尽情地享受了北京奥运会，包括由张艺谋所导演的精彩的开幕式。此外，近年来西方媒体每天都提醒我们，中国作为世界经济的主体正在惊人地崛起。在当代全球政治和经济的发展背景下，我在主张"多极的世界秩序"时已经注意到了中国的崛起。这是欧盟在21世纪须日益正视的外部情形，而我在新书《欧洲的社会学探索》中也讨论了这点。然而，除了知道这些方面外，我必须承认，我对中国社会没有做过专门的研究。我在《重新思考公民身份》一书中所针对的公民身份模式主要是马歇尔提出的以西方为导向的公民身份概念，它具有多维度的性质和发展过程。从我所了解到的有关中国公民身份的发展经历来看，中国的情况似乎给马歇尔的模式带来了挑战。

在21世纪的进程下，中国公民和社会将可能最终发展至马歇尔的公民身份模式。在社会权利方面，近年来中国相当重视社会权利的发展。中国令人瞩目的经济增长使国家在各方面都取得了辉煌的成就，但仍不能消除挥之不去的绝对贫困现象，它就像魔鬼一般缠绕着中国相当一部分的人口及其后代。人民群众的物质和生活条件已经获得很大的改善并将继续提高，即使这与国际相比仍然处于相当低的水平。此外，据我了解，在《中华人民共和国宪法》中正式承认了至少是老年人、病人和残疾人士的社会权利。所有的这一切都是在中国持续和加速的现代化进程、民族建构以及工业经济建构的过程中同时进行的。由此看来，在理解中国社会公民身份发展的本质时，也许我们之前提到的注重社会权利的俾斯麦公民身份模型比马歇尔的模型更适合和类似中国的发展情形。

在民事权利方面，据我了解，中国《宪法》明确保证了许多的权利，如个体的隐私权、言论和出版自由权、宗教信仰自由权和性别平等的权利。然而，正如我们之前所提到的，美国黑人在 19 世纪到 20 世纪的经历表明，现代社会在宪法中所体现的官方决心与人们每天面对的社会现实之间一直存在着很大的差距。这同时具体地反映了我们之前在考虑现代社会"神话"的作用时所提到的普遍的社会学问题。也就是说，在特定社会中，理想与现实情况之间通常存在着很大的鸿沟。

在可见的将来，中国关于公民身份的民事和社会维度的发展很可能继续是社会进步和发展的主要方面。无论在中国还是西方社会（包括我的国家），一方面为了给社会行动和公民社会行为的发展创造空间；另一方面为了缩小宪法的理想与公民现实生活之间的差距，我相信，我们在关于公民身份的民事和社会权利的理论和实践上仍需做出更多的努力。

第三章
巨变时代的社会解读

托马斯·雅诺斯基

托马斯·雅诺斯基（Thomas Janoski），美国加利福尼亚大学伯克利分校社会学博士，肯塔基大学社会学系教授。主要研究比较政治经济学、移民与归化政策、公民身份与文明社会（civil society）、比较劳工政策等。代表作包括《失业的政治经济学》、《公民与文明社会》、《公民身份的反讽》、《政治社会学手册》（合编）等，在国际劳工、公民身份等研究领域具有较大的影响。

　　文明社会包含国家领域、公共领域、私人领域和市场领域等四个维度：国家指政权体系，即权力机关；公共领域指志愿者组织、非政府组织、政党、社会运动等；私人领域指家庭、家庭生活、朋友、亲戚等；市场领域指经济部门，如企业、公司等。所有这些领域交互重叠，因特网时代的到来并没有改变这四个领域的划分。

——托马斯·雅诺斯基

文明社会的领域划分与互动机制
——对托马斯·雅诺斯基的访谈

　　背景介绍：国家与社会的分化发展是现代社会的突出特征，在文明社会的基础上形成了现代国家的各种特征。关于国家与社会之间的关系问题，不同的思想家曾有不同的设想，或者把社会置于全知全能的国家之下，或者把国家看作维护社会利益的工具。同时，对于文明社会的内部结构，不同思想家亦有不同的看法，或者持一种较窄的视角，把它看作第三部门、非政府领域，或者把它看作除政府公共部门之外的所有领域。著名思想家托马斯·雅诺斯基长期致力于文明社会研究，曾出版《公民与文明社会》专著。本次访谈主要围绕文明社会的内部结构以及它们之间的互动机制而展开，希望对"文明社会"概念形成更加全面的认识。

郭忠华与托马斯·雅诺斯基

（2010 年 12 月 1 日于中山大学）

郭忠华： 非常感谢您接受我的专访。在十多年前，我就读过您的《公民与文明社会》（*Citizenship and Civil Society*）①，并给我留下了深刻的印象。为参加此次公民身份国际研讨会，我们之间也进行了大量的交流。从这些邮件中我感觉到，您对于中国的劳工问题似乎有着浓厚的兴趣。能否首先请您谈谈自己的学术经历，在您的学术生涯中，主要研究了哪些重要主题？公民身份主题在其中居于何种地位？

雅诺斯基： 首先，我也非常感谢您邀请我参加"公民身份与公民社会"国际会议，这是一次非常优秀的会议，我从中学到了大量的东西。你的热情则给我留下了难忘的经历。此次中国之行对于我来说是一次非常特殊的经历，这是我第一次来中国。在 20 世纪 70 年代，甚至在尼克松访华之前，我就有访问中国的想法，但说真的，一直到现在才成行。

说到我的学术经历，我的博士论文写的是有关美国和西德（联邦

---

① 可参阅《公民与文明社会》（柯雄译，辽宁教育出版社，2002 年），但该书的英文题名为 *Citizenship and Civil Society*，中文译名与该书原题目的含义并不完全相符，考虑到该书在国内已形成较广泛影响和其他一些因素，这里继续采用了现有的中文译名。

德国）劳动市场的政策，其中有一部分重点关注的是劳工权利。我对当时流行的各种有关劳工问题的理论深感不满，因为它们站在一种不公正的立场上审视劳工，从而导致人们认为劳工是一些非常特殊的群体，他们没有特定的权利。例如，在他签订劳动合同之后，他就只能从事经理或者老板所指派给他的事情，没有任何选择。因此，我想提出一种一般性理论，一种比仅仅关注劳工更加宽泛的理论，那就是公民身份理论，它涵盖了各种不同的群体。当然，这些群体当中也包括工人，他们拥有某些特定的权利，同时也包括其他的群体。你知道，作为结果，在已故的伦哈德·本迪克斯（Reinhard Bendix）思想的基础上，我提出了一种以权利为核心的公民身份理论。本迪克斯是加利福尼亚大学伯克利分校政治科学系的一名教授，也是我的博士导师。他出生于德国，主要研究纳粹时期的德国。他从公民身份理论的角度写作过一本名为《民族建构与公民身份》（*Nation-building and Citizenship*）的著作，该书对德国、英国以及其他一些国家进行比较。在伯克利的时候，我参加了他的研讨班（seminars），该班对马歇尔和马克斯·韦伯的思想进行过深入的讨论，并使我受益匪浅。作为成果的一部分，我提出了一种公民身份理论。

在我看来，参与权利同时也是工人以及许多其他群体的重要权利之一。但是，在我提出这一权利之后，本迪克斯认为我太激进，不太喜欢我所提出的理论。但是，尽管如此，我还是继续推进我的研究，并在此基础上完成了我的博士论文，名叫《失业的政治经济学》（*The Political Economy of Unemployment*），副标题为"美国与西德的积极劳动市场政策"，全文共 600 多页。随后我到另外两所大学从事博士后研究和任教，并出版了我的博士论文，它获得了无数的评论。在该书中，作为探索的一部分，我提出了一种公民身份理论，主要内容可见之于该书的导论部分，并把该理论贯穿全书。它的目的在于提出一种假设，同时使人们能够应用和检测这种假设。

郭忠华：　这样说来，您对公民身份的关注实际上带有一定的偶然性。首先是来源于您对劳工问题的研究，在研究该问题的过程中发现既有的理论无法满足您的研究，从而使您将眼光转移到公民身份理论。这样听起来您是在同时完成着两件事情：一是对劳工问题的研究；二是探索新的公民身份理论模式，并用后者来指导前者的研究。

雅诺斯基： 的确如此，现在您也许明白，为什么即使到现在我对劳工问题仍然有着浓厚兴趣的原因了。就目前而言，我尤其希望了解中国的劳工问题，比如在广东的日本汽车制造企业的劳工状况，这一点我在给你的邮件中曾经提到过。还是继续接着上面的话题来说吧。在博士论文完成后的数年里，我开始专攻公民身份主题的研究，并决定写作《公民与文明社会》一书。相对于博士论文来说，这是一个不同的主题，但同时又与它存在着密切的关联。《公民与文明社会》的目的是要检测《失业的政治经济学》所提出的公民身份假说。该书完稿后的篇章比正式出版的版本要多不止两倍。但是，在编辑看来，篇章实在太多了，会影响书的销售。因此我只能拿掉其中的许多章节，最后成为你现在看到的样子。

在该书中，我试图全面分析各种不同的权利。该书在西方学术界获得了广泛的接受，尽管我不知道它在亚洲和东方社会的接受程度如何。因为在西方社会，人们讨论得最多的是权利话题，在一阵权利热之后，人们又开始讨论责任，因为如果你不承担责任和履行义务，权利也将变得荡然无存。因此，权利与义务之间必须形成某种平衡，这是形成一个社会的基础。但是，该书有关义务的那一章还是引起了许多争论，因为在西方，人们喜欢的是权利而不是义务。这一点或许与东方社会不同。在东方社会，人们讨论的更多是义务和责任，而不是权利，哈哈！因此，在该书中，我详细讨论了权利、义务以及两者之间的关系，试图在它们之间建立起某种平衡，包括权利与义务在个体之间的平衡和在不同社会之间的平衡，并形成了几种重要的模式，如有限交换（restricted exchange）模式、普遍交换（generalized exchange）模式、群体与个体交换（group and individual exchange）模式等。在这些模式的基础上，我再延伸到对国家类型的分析，区分出不同的政体，如自由主义政体、共产主义政体、社会民主政体等。

郭忠华：《公民与文明社会》出版于 1998 年，离现在已经有较长时间了。如果说该书关注的是公民身份权利与义务这一普遍性话题的话，那么，后来十多年您对于这一主题的研究又取得了哪些进展？

雅诺斯基： 没有错，近十多年来，我仍然集中于公民身份主题的研究，但研究的重点已发生了某些变化。我尤其关注发达国家的移民公民身份问题。比较移民在不同发达国家获得公民身份的方式。实际上，在《公民与文明社会》一书的最后，我就专门讨论了移民的公民身份问题，尤其是移民如何成为公民的问题。你可能知道，在这一方面，罗杰斯·布鲁贝克（Rogers Brubaker）曾经写作过一本非常优秀的著作，即《法德两国的公民身份与国民性》（*Citizenship and Nationhood in France and Germany*）。但在此之前，他在博士毕业之后试图找一份工作，他的博士论文获得了美国社会学会颁发的最佳论文奖。当时，有许多大学都希望他能加入，我最后推荐他到杜克大学任教，由于杜克大学邻近北卡罗来纳大学，而且那里有着良好的社会科学研究氛围。他最后选择了杜克大学。我们之间从此有了许多交流，我邀请他到北卡罗来纳大学做讲座。尽管我不完全同意他那种以文化为基础的公民身份观点，并且在潜在对话的基础上，我提出了以殖民化和帝国为基础的公民身份作为我的研究课题。

这一研究计划获得了国家科学基金（National Science Foundation）为期两年的资助，但研究的周期比想象中的要长得多。我研究了18个发达国家在过去35年里外国人获得公民身份的情况和方式。例如，如果你出生在美国，你自然就获得了美国的公民身份，也就是公民身份的属地主义（jus soli）传统。但如果是在德国和荷兰，即使你出生在那里，你还是不能拥有这个国家的公民身份，它们重视的是血统主义（jus sanguinis）的传统。血统主义意味着公民身份是以继承的方式取得的：个体一出生便从其父母那里获得了公民身份。属地主义意味着公民身份是经由国家领土而获得的：个体一出生即获得了出生地的公民身份。我评估出生在这些国家的外国人的数量和获得公民身份的方式，发现这两种模式不足以解释移民获得所在国公民身份的方式，因此提出了"归化权利"（naturalization right）的概念。顾名思义，它指的是外国人有获得所在国公民身份的权利，但它同时也是衡量一个国家在多大程度上能把外国人变成自己国家公民的标尺。在我看来，我们必须走出血统主义和属地主义的传统分析模式，建立新的、更能反映现实情形的分析范式。我把我的想法告诉了布鲁贝克，他说这的确是一种非常有趣的想法，可以比较准确地衡量一个国家的移民归化程度，但对于这样的一个主题，写一篇论文就足够了。你知道，他所关注的只是属地主义，即法国是属地主义，德国则不是。但是，在广泛数据的基础上，我发现，法国其实也未必属于属地主义的典型。这是为什么，法国为什么不属于属地主义的范畴？这种结果足以推翻人口学家和移民研究者所一贯形成的结论。我一直推进我的研究，以OECD国家的人口数据来说明我的结论，并最终使我写成了一本著作，书名叫《公民身份的反讽：发达工业国家的归化政策》（*The Ironies of Citizenship*：*Naturalization and Integration in Industrialized Countries*）。之所以说"反讽"，是因为这些国家的移民政策既带来了好处，也带来了坏处。这些国家以前几乎都是殖民国家，殖民者压迫殖民地国家的人民。殖民化经历了四个阶段，但到最后一个阶段，殖民者最终向殖民地居民打开了移入的大门。

郭忠华： 所以，您所说的"归化权利"实际上指的是殖民地人民归化到宗主国，获得宗主国公民身份的权利。但是，您把它作为一项权利而提出来，我不知道这在多大程度上与历史事实相符？我的意思是殖民地国家的人民加入到宗主国，获得它们的公民身份，真的是作为一种"权利"而提出来的吗？另外，您刚刚提到的殖民化的四个阶段主要是指哪四个阶段，这与公民身份存在何种联系？

雅诺斯基： 至于是不是作为一项权利提出的问题，或许在听完我对殖民步骤的介绍之后，你会有所理解。因此，我先从后一个问题回答起吧。第一个步骤是压制。殖民者以武力进入某一个国家，然后占据这个国家，并在国家处于支配地位。第二个步骤是殖民者发现很难直接统治殖民地的人民，因此他们开始吸收殖民地本身的人民来管理殖民地，如招募本土人充当警察和进行日常行政管理等。第三个步骤是使殖民地的人民从事更多、更困难的事务，同时改善在殖民地的管理方式。为了做到这一点，殖民者开始把殖民地的人民输送到宗主国中去，让他们到那里接受更好的教育，包括输送到牛津、剑桥去学习。然后就出现了第四个阶段，那些从宗主国回来的人们开始带领本国人民从事反抗宗主国统治的运动。

从这一意义上说，宗主国赋予了它所压迫的人民以反抗的武器，它培养了反抗自己的斗士，赋予他们以枪杀自己的枪支。这的确是一种很尴尬的状态。当然，这是一个非常漫长的社会化过程，从世界历史的经验来看，通常经历了 250 年左右的时间。历史上，存在着形形色色的殖民地，如英国殖民地、美国殖民地、德国殖民地、比利时殖民地等。但在我看来，这些国家并不是殖民者，只是占领者而已。它们对于殖民地的了解并不多，而只是简单地压迫后者，并最终都经历了前面所说的四个阶段。以法国为例，在 1870 年普法战争期间，法国在塞内加尔招募了一支在欧洲替法国人作战的黑人部队，他们的作战对象是德国人。然后，这支黑人部队参加了第一次世界大战，并最终成为法国公民。同时，这种公民身份同时还扩及塞内加尔，大部分塞内加尔人都变成了法国公民。到了第四个阶级，在殖民地人民履行了他们的义务之后，他们开始要求公民权利。例如，在英国，从 1947 年开始，殖民地的人们开始拥有英国护照，只要是英国殖民地的居民，他们都可以去英国，作为英国公民定居在那里。香港曾经是英国的殖民地，香港居民在回归前夕也部分拥有英国公民身份。这就是我所说的"反讽"。它以压迫作为开端，然后压迫者打开国门，授予被压迫者公民身份。当然，德国的情形或许有些例外，塞内加尔士兵的情形或许永远不会发生在德国，那是一个国门一直紧闭的国家。

郭忠华： 好的，殖民化尽管与公民身份的议题非常相关，但我想这是一个非常复杂的问题，我还是想把时间稍微往回追溯一点，听听您对公民身份历史传统的见解。我知道，在《公民与文明社会》一书中，您以对公民身份的理论传统和马歇尔的论述作为开始，这是大部分研究公民身份的作者的惯常写作路径。既然您试图提出一种新的公民身份理论模式，那么，您是如何评价马歇尔的公民身份观点的？

雅诺斯基： 我知道马歇尔已经遭到了众多批判，但我实际上仍然遵循了他所提出的许多理论。每一种理论的提出都会遭到许多批评，马克思、涂尔干、韦伯等人提出的理论概莫能外。但我却寻找马歇尔为公民身份所植下的种子，即寻找他所提出的最基本的东西，然后再思考自己如何能在他的基础上以各种方式进一步推向深入。批评者看到的可能是他所没有看到的东西，而不是其理论的长处。例如，在这次会议上，有一名学者对我的理论提出批评，说我的理论没有把中国考虑在内。他说得完全对，我的确没有把中国考虑在内，他还可以对我提出更多的批评。但问题在于，中国不构成我那本书（指《公民与文明社会》）的一部分。在某种程度上说，马歇尔的批评者与他一样，他们所做的是同样的事情。马歇尔的有些批评者说道："看，你的公民身份理论没有把移民考虑在内、没有把妇女考虑在内，你没有考虑我所喜爱的东西。"但问题在于，我如何能用他的理论来分析我所希望分析的事物。想要指出马歇尔的缺陷实在是太容易不过了，比如，他没有把因特网考虑在内，他对因特网一句话都没有说过。但问题在于，因特网在他那个时代压根就不存在。我想，更重要的问题是，你如何能应用他的理论来分析、解释和概念化因特网。如果遇到了困难，那么你就必须试图推进他的研究，提出新的理论。因此，我想，不论是他的批评者还是我的批评者，他们对我们有时是不公平的。

但是，不是所有的马歇尔批评者都没有道理，有些还是很有道理的，其中就包括塔尔科特·帕森斯。他是马歇尔所处时代的主流理论家，就像吉登斯是 20 世纪 80—90 年代的主流理论家一样。你肯定知道，许多人深受吉登斯理论的影响，那个时候，马歇尔却深受帕森斯功能主义理论的影响。这是一种很好的说明事物构成的理论，但却不是很好的冲突解释理论。从马歇尔的理论中你可以看出，它里面也没有包含多少冲突的因素，他把权利看作一种渐次发展的东西。但是，马歇尔实际上也明确提出过冲突理论。在他看来，公民身份是政治运动的产物，是以经济市场为基础的政治运动的结果，是围绕财产权、平等而形成的斗争。因此，在政治与市场之间存在着一种基本的冲突。实际上，在马歇尔对于社会阶级的分析中，里面包含了大量的冲突因素。

与马歇尔稍微有点不同的是，我更加强调冲突的一面，尤其是左派政党的力量。另一方面，他对于性别问题论述无多，因此我在性别公民身份方面也投入了较多注意力。我们可以把马歇尔有关社会阶级的观点应用到性别、种族等分析上去。我在《公民与文明社会》一书中提出，每一个人都有其特殊的利益，都在寻找自己的做人资格（personhood）和公民身份。因此，露丝·李斯特（Ruth Lister）写作了《公民身份：女性主义的视角》，我想该书涵盖了大部分女性主义者的利益和观点。妇女追求她们自身应得的利益和权利，比如照顾孩子、在劳动市场中的平等、家务劳动的重要性（当然，她们也试图摆脱家务劳动而从事有酬工作以获得经济独立）等。同样，非洲人、黑人以及形形色色的其他群体也追求其各自的利益。他们彼此存在着很大的差异，而不是彼此相同的群体。这些与马歇尔的理论存在着何种关联？我可以说，马歇尔为所有这些理论埋下了种子，此后形成的各种公民身份理论都只是马歇尔理论在各个方面的延伸而已。当然，我这样说的话，露丝·李斯特和其他一些人可能会不同意我的意见。

郭忠华： 正因为如此，马歇尔以后的许多有关公民身份的著作都以对他的论述作为起点，这或许从另一个角度证明了你的观点，即它们都是马歇尔所种下的种子，是其理论在各个领域的延伸。包括你的著作在内，我曾读过一些公民身份理论方面的著作，它们呈现出各种各样的特点。例如，迈克尔·曼（Michael Mann）把公民身份看作"统治阶级的策略"，布来恩·特纳（Bryan Turner）、安东尼·吉登斯强调公民身份是"社会运动的结果"，你则偏重于公民身份模式的建构，从国家、公共领域、私人领域和市场领域四个维度推导出文明社会。我想请问您两个问题：一是您如何评价当前的其他一些公民身份理论的？二是在您的公民身份模型中，文明社会与您所划分的四个领域之间是一种什么样的关系，还有就是您如何评价这四个领域在网络时代的变化？

雅诺斯基： 我对其他公民身份理论也受惠良多，尤其是布来恩·特纳的观点。他强调社会运动在公民身份发展过程中的作用，这是非常重要的一点，它不仅与大部分历史事实相吻合，而且在许多方面也启发了我，我对他始终心存感激。

　　至于你提到的那四个领域，我有必要对它们稍作界定。我所说的国家指的是政权体系，也就是权力机关；公共领域指的是志愿者组织、非政府组织、政党、社会运动等；私人领域指的是家庭、家庭生活、朋友、亲戚等；市场领域指的则是经济部门，如企业、公司等。所有这些领域都存在重叠之处。但总体来说，在公民身份方面，公共领域有时是与市场领域相冲突的，当然，它们有时也是彼此合作的关系。公民身份更大程度上来源于公共领域，市场领域在创造平等方面起着更大的作用。因此，如何使公共领域与市场领域形成互动合作的关系是一个非常重要的议题。有时候，我们也使用"社会"概念，但是，从某种程度上说，社会是一个错误的概念。因为社会意味着国家之外的所有事物，这是一个太过宽泛的概念，我们实际上需要更多讨论的是公共领域。

　　当然，随着因特网的出现，这些领域之间又发生了许多改变。例如，在网络时代，私人领域似乎越来越趋于丧失，出现各种令人尴尬的事情。例如，据我所知，在今年（2010 年）5 月，中国有一名地方官员的日记被曝光在网络上，引起有关私密性的讨论。另外，对于许多影视明星来说，就是有包括媒体记者在内的许多人喜欢曝光他们的隐私，对于其他像克林顿那样的政治人物来说也如此。因特网的到来一时曾使许多人担心不再能保持其隐私，但是，我只能说，在网络时代，公共领域与私人领域更加重叠在一起，大部分人仍然能够保持其私人生活的私密性。实际上，随着因特网的到来，许多人更加重视隐私的价值，希望其家庭、婚姻、朋友、性生活等处于公众视线之外。我可以给你举一个例子。我 1965 年高中毕业，曾在高中的学联待过，因此试图联系到我高中时候的校友，但是，在因特网上我大概只能找到其中 20% 的同学，另外的 80% 毫无线索，他们根本就不上网。对于这一点，我真的感到非常奇怪。我妹妹专门做网络生意，在网上兜售商品，因此，她是专门与网络打交道的人。她对我说："你必须到网上去。"因此，我申请了一个脸书（facebook）账号，然后再把我的照片、自述、资料等传到上面。但是，当我登录到许多其他脸书账号上去时，发现上面几乎什么信息都没有。因此，从总体上说，如果你仅仅看因特网，你会说："天哪，在这种时代还能保持自己的隐私吗？"但一旦你要寻找特定的个人，你会发现只能找到其中极少的一部分人。实际上，在因特网时代，只有非常非常小一部分人一直把照相机对准其他人，拍摄某个人这个小时在吃饭、那个小时在换衣服、另一个小时在睡觉等，然后把它放到网络上去，大部分人的私人领域没有受到多大的影响。我们必须小心不要过分夸大网络对私人领域的影响。从总体上说，因特网时代的到来并没有改变我有关四个领域的划分。

郭忠华： 您的观点或许与我稍后即将专访的约翰·基恩（John Keane）的观点存在差异。您把因特网的影响降到了最小，认为它实际上只对非常小的一部分人存在影响。但在他看来，我们正在进入一个监督式民主（monitory democracy）的时代。什么是监督式民主？就是在当今时代，由于网络等现代通信工具的发展，每一个公民都可以对政治权力、社会组织、其他公民进行全方位的监督。从这一意义而言，他充分重视网络社会所带来的影响。我不知您是如何评价他的观点的？

雅诺斯基： 他的观点在某种程度上反映了"世界主义"这一讨论话题。一些理论家尤其是政治理论家，通常对一种很小的发展趋势（比如监督式民主）做出预测，然后就兴奋地告诉人们："注意！未来将是被这一趋势所主导的时代，我们正在进入一个监督式民主作为主流形式的时代。"同样的情况也表现在全球化上，开始出现全球化迹象的时候，有人说我们将进入一个全球化时代。但也有人说："嗨，它可能往任何方向发展！可能往监督式民主的方向发展，可能往世界主义的方向发展，每个人都将会成为世界主义者。"这也正是当前为什么会有如此多人热衷于研究世界主义的原因。但是，我可以给你举一个例子来说明相反的情形。我的家庭绝大部分待在密歇根州的底特律，他们长期待在那里，几乎从来没有离开过底特律。我去过美国的不同城市，到世界各个地方旅行，他们却一直待在那里。你不能说他们不喜欢旅行，他们也旅行，但总是喜欢与朋友待在一起。如果有人真的是"世界主义者"（cosmopolitans）的话，他们却是地地道道的

"地方主义者"（locals），与我们此次研讨会所讨论的世界主义似乎完全无关。因此，总体上说，有些人是世界主义者，他们在世界各地旅行，但有些人却是地方主义者，他们喜欢待在自己的共同体内部。我的家庭反映的是后一种情形，他们就一直住在密歇根州。

郭忠华： 哈哈，现实或许真的如您说的那样，但我想，即使他们是"地方主义者"，也同样受外面世界的广泛影响，他们生活的每一个环节都浸渍着来自其他州，甚至是其他国家的东西。我是说，在这样一个全球化时代，可能没有谁能够完全是"地方主义者"。另外，我不想把话题扯得太远，还是想继续回到您所划分的四个领域上来吧，在您看来，它们是如何与公民身份这一主题联系在一起的？

雅诺斯基： 我最近写过一篇文章，使用杰夫里·亚历山大（Jeffery Alexander）的"公民领域"（civil sphere）理论来分析志愿活动。① 许多人认为只存在两种归化形式，但我认为必须超越这些形式来考察更一般的图景。这对于志愿活动的分析来说也一样，存在着各种各样的志愿者组织，如红十字会、食品供给组织等，但你必须考察更一般的规律。志愿者领域是社会运动领域的一部分，是政治结社的一部分，是行动主义者的一部分，志愿者组织存在着积极与消极的区分。因此，从根本上说，我是从三个层面来分析志愿者组织的。最底层是私人领域，这是一个在餐桌旁进行交流和沟通的领域，例如，你与你的妻子、孩子、兄弟、亲戚、邻居等进行交流，谈论这个世界正在发生的事情。私人领域是餐桌旁的交流，它是一种家庭生活，但同时也催生出某些有关政治、权利等事物的一般性理念。同时我也应用了哥伦比亚大学政治学理论教授保罗·拉扎斯菲尔德（Paul Lazarsfeld）的相关理论。在他看来，人们本质上是生存在小群体中的，在这个小群体中，有些人是意见领袖，群体中的其他人则在各种观念上都追随这一领袖。当然，这一理论也形成了升级版，认为存在多元化的意见领袖。举一个例子来说，我的妻子是一名护士，当我们在餐桌旁谈论有关医疗方面的事情时，她就是意见领袖，我从她那里获得有

---

① 指 "The Dynamic Processes of Volunteering in Civil Society: A Group and Multi-Level Approach", *Journal of Civil Society*, Vol. 6, No. 2, September 2010, pp. 99–118。

关药品知识、医疗改革（如奥巴马的医疗改革计划）等信息。当我们谈到有关经济和政治方面的话题时，我便成了意见领袖，她从我这里获得相关的信息。因此，政治观点以这种方式在餐桌旁被提了出来并得到讨论，朋友、政党等其他事物也可以从那里被提出来和得到讨论。

第二个层次是公共领域，它包括各种引起变化的中间性组织或者志愿团体，旨在改善政治或者社会生活。从团体范围的角度来看，涉及从政党到大学里的老师、知识分子等，同时也包括各种社会运动、工会组织、利益集团、志愿团体等。人们进入各种各样的团体从事志愿活动，在这些团体中，有些是要帮助人们解决困难，有些是要争取政治权利，有些是要向报纸等媒体表达他们所关注的事情，有些则是要进行游行、发起抗议。对于此类活动的参与使人们形成各种前政治性技巧（pre-political skills），使人们以各种主动或者被动的方式卷入公共领域。以教会为例，教徒必须在宗教圣会上当着其他信徒的面朗读《圣经》的使徒书，这有利于培养其演说技巧，当他们从事世俗活动的时候，他们也可以用到它们。另外，几乎所有的志愿组织都涉及筹款问题，它迫使人们向包括朋友、陌生人在内的其他人募集钱财。这不是向他们讨钱，而是说服他们支持某一社会运动和政治候选人。因此，这一层次的活动和参与尽管没有使每一个人变得在政治上非常积极，但却形成了一个具有丰富技巧的志愿者后备军，在必要的时候，他们可以有效地投身于促进民主或者其他有益价值的活动中去。当然，我们不能仅仅看到这一层次的积极因素，它同时也存在着许多消极的因素。例如，存在着许多反移民运动的党派，如英国的国家党、澳大利亚的自由党、美国的三 K 党等，他们也招募志愿人员，但他们所代表的却不是包容和积极价值。

第三个层次是亚历山大所说的规制领域（regulative sphere），体现在各种规制制度上。具体地说，它包括由国家所制定的各种法律，当然，也包括各种经济制度，经济制度尽管不具有规制非经济领域的作用，但它们对于资源的产生方式和数量具有强大的影响，如经济增长、贸易平衡、就业等。规制领域的核心由一个国家的公众意见

（public opinion）、文化价值、对话、讨论等组成，它们与制度变迁紧密联系在一起。例如，社会运动、利益集团与国家一起进行讨论和对话，以决定相关的政策和程序。每一次对话都指定某些政策领域，涉及由受特定政策影响和与特定政策有着直接利益相关性的行动者组成，其他相对不相关的行动者则被排除在外。在这领域，事情事实上已经在发生着实质性的变化。

因此，从第一个层次开始，你进入第二个领域，参与社会运动、志愿活动等，然后进入国家领域，卷入国家或者地方政治事务，开始尝试改变既有的政治或者经济状况。通过组织政党、参与利益集团、参加选举、向媒体发布消息等方式，你所关注的问题得到放大并影响政治领导者。因此，以私人领域作为起点，你进入公共领域，然后再卷入国家领域（state sphere）（当然，这一领域指的不仅仅是国家，还包括利益集团、政党、公共媒体等），这是托克维尔所展现的美国民主的方式。在《论美国的民主》一书中，他非常强调志愿者组织，尤其是 NGO 对于美国民主的重要性。

郭忠华： 谢谢您为我详细展示了三个领域的特性及其对于美国民主的重要性。但是，在我看来，您似乎只是讲到了三个领域，而对三个领域之间的互动关系所述无多。这里面包含了某些很重要的假设，例如，公民都具有非常政治化的色彩，公民都经历了一种从私人领域向公共领域和国家领域渐进发展的过程，这让人产生怀疑文明社会实际上是否真的是这样。我不知道您是如何看待这一问题的？

雅诺斯基： 是的，你说得有道理，这只是我为了分析的需要而划分的模型，因为要进行分析，首先必须建立起某种分析模式。具体到文明社会而言，正如我刚才提到的，里面也存在着许多消极的因素，并非每一个层次都只会产生积极的价值。因此，在我看来，这些层次之间的互动将形成文明社会的三种过程。

第一种是公民纠正（civil repair）过程。这一过程主要是通过新的法律或者行动来曝光过去存在的不公正、歧视和压迫等负面现象。例如，美国历史上的民权运动，它以非裔美国黑人的教会作为组织基础，旨在暴露黑人所遭到的不平等和歧视。尽管教会的职能主要不是干这些事情，但通过志愿行动，它却把美国黑人有效地组织起来了，马丁·路德·金则被推举为运动的领袖，他把许多志愿者和行动者在短时间内吸收到运动中来。在这一层次的行动中，垂直关系至关重要，因为纠正行动倘若要能产生作用，它就必须把第一层次的行动推进到第二和第三层次。水平关系在这一层次上主要是形成内部团结，并锻造出共同的群体价值。

第二种是公民退化（civil degradation）过程。如果说前一过程指的是文明社会的积极作用的话，这一过程指的则是文明社会的消极后果。文明社会可以以一种消极的方式导致严重的社会分裂。杰夫里·亚历山大把它称作是"破坏性入侵"（destructive intrusion）。19世纪90年代，美国南部实行的吉姆·克劳法（Jim Crow Law）导致黑人持续处于被歧视的境地，直到20世纪70年代才有所改善；20世纪30年代欧洲出现的反闪族人运动也导致了类似的消极后果；前南斯拉夫的民族主义运动导致种族清洗和大屠杀等。显然，文明社会理论不能仅仅指望其良善的结果，人们有些时候也自愿加入分裂、破坏性的行动中去，引发他们仇视性的聚集。总之，与前一过程相比，公民退化是一个相反的、创造分裂的过程，它们需要有公民纠正来加以中和。

第三种过程是公民维持（civil maintenance）过程。在文明社会领域，大部分志愿行动并不涉及重要的社会运动和公民纠正行为，通过加强现状，志愿行动和志愿者组织就可以长时期延续下去并促进共识。这些支持既存社会规范和价值的过程体现在社会的方方面面，如重申社会团结和自立，资助好人好事，发展服务团体等。在这一过程中，志愿者并不是直接挑战国家或者社会的其他部分，而是与国家活动形成互补，这也正是为什么国家会愿意促进公民维持活动而更不愿促进公民纠正活动的原因。

将前面所说的三个层次与这里所说的三种过程结合在一起，你不仅可以对文明社会及其过程有全面的理解，而且可以更新你的理论模式，形成一种动态的、以群体为基础的理论模式。当然，这种情况或许主要发生在欧洲和美国，不知道在中国的情况又会是怎样。

郭忠华：　如果您把最新的观点与20世纪90年代所提出的观点进

行对比，其间似乎发生了某些变化。比如，您刚才说到了三个层次或者说三个领域，而您在《公民与文明社会》一书中，却区分了四个领域。除上述三个领域之外，您还强调市场领域对于文明社会和公民身份的作用。但在您刚才的谈话中，却对市场领域提都没有提到。因此，请问在您看来，市场领域与公民身份又是一种什么样的关系，它与您刚刚谈到的三个层次之间是一种什么样的关系？

雅诺斯基：　总体来说，市场领域是一个希望赚更多钱的领域，但具体到公民身份而言，市场领域为公民身份的落实提供了必要的资源，比如工资等。但市场领域通常是一个非常保守的领域，它不希望公民身份权利走得太远，因为这将花更多的钱。因此，我前面说过，它与公共领域可能存在冲突。在许多时候，它成为公民身份的反对者，成为社会运动的反对者。它会给国家领域施加压力。市场领域不在公共领域之内，除非它通过组织利益集团的形式进入公共领域，向国家争取各种不同类型的政策支持。市场领域有时也与国家领域相重叠，它为国家提供其运转所必需的财政支持。中国的情况或许在某种程度上会有所不同，它长期是各种生产资料的所有者，无需通过税收的途径。但近二十年来，国家也越来越通过税收从市场领域获取其运转的资金。比如，这次研讨会上就有人作类似的报告，表明中国的政府财政越来越依赖于市场领域，并由此唤醒了公民的权利意识。但在资本主义国家，国家财政完全依赖于来自市场领域的税收，它不能直接从企业抽取它所需的资金，即所谓的"自产国家"（owner state）。但是，市场领域也会进入国家领域，争取各种形式的政策，从而与国家领域形成重叠。在美国，最高法院曾做出过一个非常不好的决定，那就是企业组织可以给予候选人竞选所需的资金，这是两个领域重叠的又一种表现，但却使市场领域对国家领域的影响大大加强。

郭忠华：　在《公民与文明社会》一书中，您把研究的重点放在了公民权利和义务上，并且与马歇尔不同，您把公民身份权利划分为民事权利、政治权利、社会权利和参与权利。前面三种权利比较容易理解，请问您为何把参与权利看作公民身份权利的组成部分，它主要表现在哪些方面，与其他权利之间又是什么关系？

雅诺斯基：　实际上，我所划分的四种权利可以划分为两大类型：第一种类型是公民权利和政治权利，第二种类型是社会权利和参与权利。前两种权利很大程度上与经济不存在直接的关联，而后两种权利则与经济领域存在着密切的关联，主要体现在参与经济管理和获得经济收益上。具体地说，参与权利主要指经济控制的权利，但我决定给它取一个更好的名字，因此命名为"参与权利"（participatory rights）。我想随着劳动大军中的人们越来越得到更好的教育，他们会越来越希望能够了解企业或者工厂里的运转。例如，当有些人处于非常贫困和低文化水平状况的时候，许多人会说，这些人最好不要被赋予政治权利，他们不应当拥有投票权。但是，随着人们文化水平的提高，他们也能做出更好的政治决定。这种情况在工作领域也一样。随着人们文化水平的提高，他们希望自己能对企业施加更大的影响，能更好地保护自己的工作和权利。最好的例子或许是德国的工人协会（worker's councils）。协会的主要职能在于保障工人具有参与权利。在德国，每一个工厂都必须建立工人协会，工人必须选举自己的工会代表，并通过他们来保护工人在工厂中的权益和进行政治表达。由此可见，参与权利实际上是保护工人权益的重要组成部分。必须说明的是，我所说的参与权利主要指的是经济层面上的参与权利。例如，面对金融危机，公民有权保护自己的利益免受损害，那么，他们有权向政府表明它有责任采取适当的措施来控制金融领域的某些方面。马歇尔、吉登斯曾经强调过"工业公民身份"（industrial citizenship）概念，即工人有权参与工厂管理、有权举行罢工等，参与权利与这些权利类似。

郭忠华：　以公民身份作为研究视角，您试图在公民身份与国家政体之间建立起某种联系，或者说通过公民身份来区分不同的政体。但这仅仅是问题的一个方面，因为作为联系文明社会与政治国家的纽带，公民身份实际上扮演着双重角色：一方面，不同的公民身份形式形成不同的国家政体；另一方面，不同的文明社会形态又形成不同的公民身份形式。您能否就公民身份、文明社会和国家政体三者之间的关系作一总体描述？

雅诺斯基：　一方面，每一种政体都与不同的公民身份权利联系在一起，我试图通过不同的公民身份权利来区分不同的政体。另一方面，在每一种政体内部，公民身份权利又与义务存在着特定形式的平衡。当然，我没有说两者之间就是一种完美的平衡。我可不想陷入功能主义的陷阱，说这种平衡是一种功能性要求。但其中的确存在着这样一种趋势：如果你纳税不多，那么你所享受的社会权利也就相应不会太多；如果你缴纳了大量的税收，那么你将享受到更多的社会权利。因此，在不同的政体形式下，公民身份权利与义务之间的组合也不同，由此形成的公共领域的制度形式也不相同。作为结果，有些类型的政体在公民身份权利与义务之间更加趋于平衡，有些则不那么平衡，这种差异有时甚至还相当明显。社会民主主义国家的公民身份与自由主义国家的存在很大差别，而后者的公民身份又与社会主义国家差异迥然。在美国，公民享有广泛的政治权利，但较之于社会民主主义国家，他们所享受的社会权利和参与权利却要少得多。社会民主国家的公民不仅享有广泛的社会权利和参与权利，而且享有广泛的政治权利。但在社会主义国家，公民的民事权利和政治权利可能大不相同，但他们享有的社会权利相对要高很多。我所著的《公民与文明社会》一书探讨的对象主要是民主国家，没有把中国考虑在内，因此昨天有一位教授说我没有考虑中国的情况。他说得对！我在书中所讲到的许多有关民主国家的情况在这里可能行不通。但是，当我在论述文明社会的时候，我的确谈到了社会主义国家的情形。社会主义国家的国家领域非常庞大，占据着大部分公共空间。此类国家包括苏联以及其他传统社会主义国家，这是国家空间与公共空间重叠最大的一种类型。但是，对于社会主义国家的公民身份，我没有做过多的分析。中国目前已发生了很大的变化，国家领域从市场领域和公共领域中大规模退却，尽管没有完全退出，但这种退却程度还是相当大，这使市场领域、公共领域得到快速成长。

郭忠华：我最后想问您一个有关世界主义与公民身份的问题。世界主义与公民身份是我们此次研讨会的基本主题。您在昨天（2010年12月11日）的研讨会上作了"世界主义与公民身份：'世界性'（Kosmos）与'民族性'（Nationes）之间的妥协"的发言。也就是说，在您看来，世界主义的发展将导致"世界性"与"国家性"之间的妥协，使公民身份围绕着两者的中间点向前发展。这意味着世界主义将使公民身份在一定程度上超越民族国家的界限，朝着超国家的方向发展。我不太同意您的观点。针对您的观点，我作了"世界主义与公民身份：用'世界性'包围'民族性'"的发言。我的意思是，世界主义的发展并不会减少国家公民身份的意义，它催生了许多国家公民身份之外的其他公民身份，如环境公民身份、性别公民身份、文化公民身份、欧洲公民身份等。这些公民身份尽管与国家公民身份存在各种各样的张力，但更多是与后者形成互补，即形成以国家公民身份为主导，其他公民身份为补充的多元公民身份格局。因此我才会提出用"世界性"包围"民族性"的观点。但是，尽管如此，您能否就世界主义与公民身份的问题再谈谈您的看法？

雅诺斯基： 有时，我想世界主义理论下了一个太强势的判断，比如约翰·基恩对于 NGO 和媒体的观点。NGO、媒体的确做着各种各样的事情，比如媒体的批判等。但是，公民的身份权利真的发生变化了吗？权利需要有些永久性的制度保障，民事权利通过法院而得到保障，政治权利通过议会得到保障，社会权利则通过教育、医疗等制度得到保障。所有这些制度的到来的确使公民的权利发生了变化。NGO 或许做了某些事情，媒体或许做了某些事情，但是，它们并没有上升到制度层面，从而使公民身份权利发生变化。它们只能影响公民身份权利，但如果要改变它，那就必须进入国家领域，形成相应的制度安排。有些 NGO 或许会为了公民的权利而诉诸法院。在美国，有一个 NGO 的确非常强大，那就是"公民自由联合会"（American Civil Liberties Union），很少有哪个国家的 NGO 能够如美国的公民自由联合会那般强大。它可以接收你的案子，但是，至于你的权利是如何被侵犯的，它们的做法诉诸法院，代替你把案子起诉到法院。它们或许可以替你打赢官司，你的权利从而得到改变。但是，如果有 NGO 或者媒体说事情在它们这里发生了改变，这是不准确的，仅有它们的力量是不够的。它们可以影响法院，可以影响福利机关，可以影响你权利受到侵犯的那个环节，但不能使公民身份权利发生实质性变化。

郭忠华： 关于您对 NGO 和媒体的看法我没有意见，它们的确以现有的制度安排作为基础，它们不能改变公民身份权利而只能带来某些影响。但是，在您的论文中，您似乎不是这样说的，你不但肯定世界主义的发展，而且认为世界主义将使公民身份沿着世界性与民族性之间的中间线发展，这也是我刚才所提的问题。我想，NGO 尽管是世界主义现象的一部分，但不能代替对问题本身的回答。

雅诺斯基： 在我的论文中我的确重点论述了世界性与民族性之间的妥协问题。我想你可以想象 NGO 和媒体的强大，但民族国家还是必须存在下去的。世界主义者经常说民族国家将消失，我可完全不相信这种说法。民族国家会没有影响了吗？或许他们所说的是形成变化的"世界性"力量来自这些世界性非政府组织。但真正使公民身份形成改变的却是民族国家，比如法院、官僚机关等。从某种程度上说，如果你考察的是世界主义力量的影响，我完全同意。但如果你说民族国家将不再存在了，我完全不赞成这种观点，事情根本就不是这样的。

讲到民族国家的消失，还存在着另一种与之类似的论调，即民族国家主权的终结。两者不是同一回事。前者讲的是民族国家不再存在，后者讲的则是民族国家的转型、国家主权的消失。对于后者，日本学者大前研一曾经写作过一本《民族国家的终结》的著作，讲的就是民族国家主权的终结。这种观点隐含了一个前提，即在全球化到来之前，民族国家的主权是完整的，民族国家可以为所欲为。这使我想起了有些人对于自由国家的看法。比如，在美国，人们常说，我生活在一个自由国家，我有权做我希望做的任何事情。但是，你真的能做你希望做的任何事情吗？你是家庭中的一员、是共同体中的一员、是工作单位中的一员，你承载着各种各样的限制，因而只具有有限的权利，你不能随心所欲、为所欲为。对于民族国家来说也一样，它拥有主权，那是否意味着它可以为所欲为，比如像牙买加那样的小国是否完全可以做自己希望做的事情？答案肯定是否定的。每一个国家都受其他国家的限制，有些国家比其他国家拥有更大的权力，有些国家非常弱小，有些国家则非常强大。比如，哥斯达黎加、洪都拉斯等中美洲小国都是民族国家，它们是否能通过该国的食品机构控制本国的食品？从国家主权的角度来看当然可以，但它们却无时不受美国国家食品政策的影响。这些食品机构尽管以民族国家为基础，但在全球化时代，它们之间相互影响，甚至扩及全球。在我看来，民族国家并没有终结，国家主权终结理论反映的或许只是民族国家在一个时期所发生的变化。

郭忠华： 是啊，如果我们不走极端，不像某些学者那样把世界主义看作一种与民族国家相对立的力量，而仅仅把它看作一种影响力量的话，在您看来，世界主义影响下的公民身份将会呈现出什么样的走势？

雅诺斯基： 实际上，正如我们俩在这次研讨会期间所谈到的那样，在美国，来自政治理论和社会学界的知识分子主要讨论的是全球化、全球公民社会、全球正义等主题的内容，很少提及世界主义理论。与欧洲国家相比，从经验社会学探讨这一主题的知识分子也相对有限。当然，这并不是说世界主义理论在美国就完全没有市场，它只是变换了一副面孔而已。美国知识分子所讨论的前述内容与欧洲知识分子所探讨的世界主义有着许多重叠之处。

在我看来，世界主义的发展主要得益于三种力量的推动：第一种是始于20世纪60年代，在20世纪80年代变得更加便宜的航空服务，它使旅行所受的约束明显减少，旅行发生了革命性变化。第二种是20世纪80年代集装箱运输的出现，极大地降低了大宗货物长途运输的成本。第三种推动力始于因特网的出现，它或许是所有推动力当中最强大的一种，它使观念、数据等的全球交换变得可能。在这三种力量的推动下，服务供给发生了革命性转变，同时，边界的概念也越来越趋于模糊。

在世界主义力量的影响下，民族国家不再是全球思想和行动的有效集装器（containers）了。现在，存在着许多运作于跨国层面的跨国公司、非政府组织以及国际政治组织等，民族国家对它们难以进行有效的控制。但是，面对这种情况，民族国家并不是无能为力，如果民族国家一意孤行，硬要通过关税或者其他控制手段对它们加以控制的话，将对自身产生难以估量的负面后果。民族国家尽管难以控制它们，但它们可以调节或者促进跨国公司的发展和扩张。在这种背景下，世界主义就有了其存在的空间，并要求我们的思维方式摆脱原来的束缚，从比较和全球的角度来进行社会科学分析，如从分散的角度、社会网络的角度、多层级的角度和模糊分析的角度进行分析。

世界主义给传统公民身份所提出的挑战是，它要求公民身份超越民族国家的界限而从分散、多元的角度来审视公民身份。但在我看来，以民族国家为基础的公民身份并不会消失。如果公民身份指的主要是公民所拥有的权利和义务的话，那么，权利和义务的落实必须建立在相应强制力的基础之上，这些目前在超国家层面还是无法想象的。这不是说联合国和其他一些国际性组织无足轻重，相反，它们对于许多弱势群体的权利和责任来说非常重要。正因为如此，我才会说，公民身份需要相遇在世界主义和民族国家的中间线上，因为前者以世界政府和国际公民社会作为取向，后者则局限于民族国家内部，是公民身份权利和义务的坚强后盾。从两者关系的角度来看，民族国家是既存公民身份权利和义务的实施者，世界主义则表现为一种开拓机制，为公民身份开拓新的内容和层级，同时纠正民族国家违反公民身份和人权的行为。

恩靳·艾辛

恩靳·艾辛（Engin Isin），土耳其人，现为伦敦玛丽女王大学（Queen Mary University of London）和巴黎伦敦研究院大学（University of London Institute in Paris）教授，曾任职于英国约克大学和开放大学，曾长期担任开放大学"公民身份、认同与治理研究中心"主任。其核心研究主题为公民身份、全球移民等，代表性著作包括《没有公民的城市》《公民身份与认同》《民主、公民身份与全球性城市》《成为政治：公民身份的谱系》《公民身份行为》等。1997年，恩靳·艾辛与布来恩·特纳（Bryan Turner）共同创办《公民身份研究》（*Citizenship Studies*）期刊，并担任主编之职至今。2013年，郭忠华与艾辛教授曾共同举办中英博士联合培养与科研合作项目"东方社会的公民身份"（Citizenship in Oreintalized Societies），双方共同培养博士、博士后研究人员多名。

公民身份实际上并非指成员身份，尽管它被建构成作为政治共同体或者国家的成员身份，同时，它也不是指权利的组合……公民身份的本质存在于关系当中，存在于别的地方，它是一种斗争的模式，是一种支配和赋权的制度。

——恩靳·艾辛

公民身份的理论内涵与视角转换
——对恩靳·艾辛的访谈

背景介绍：公民身份是现代政治的核心主题，与古典和封建时代不同，现代社会个体已普遍拥有民族国家的公民身份。但公民身份并非表面看上去那么简单。何谓公民身份，是何种动力推动公民身份制度发生变革的？公民身份可以表现为哪些维度？东方社会的公民身份已具有哪些独特特征？针对这些基本问题，郭忠华教授对公民身份研究专家进行了专访。本次访谈分为对公民身份概念的理解、公民身份的行为和东方社会的公民身份等三个主题，它们均为艾辛教授近年来集中研究的主题。

恩新·艾辛与郭忠华

（2009 年 12 月 8 日于英国开放大学）

一、研究背景与概念内涵

郭忠华： 非常感谢您接受我的专访。您对于公民身份的研究为全球学术界所熟知，您所创办的《公民身份研究》（*Citizenship Studies*）不仅凝聚了一大批具有实力的研究人员，而且在引领公民身份研究方面也发挥着风向标作用。但是，从我们以前的交谈中得知，您并不是一个出生和成长于西方国家的公民，而是土耳其人，然后去了加拿大，并曾经沦为难民。因此，能否首先请您谈谈您的成长背景，这些经历对您聚焦公民身份研究有何影响？

艾辛： 我首先以对你的感谢作为开始。非常感谢你认真阅读我的著作，并且提出了许多非常有意义的问题。首先，从我个人生活轨迹的角度而言，我要说的是，如果仅从我个人经历的角度来解释所有这些有趣的事情是不完善的。个人经历非常重要，但同时，我的知识发展历程几乎也同样重要。

就你刚刚提到的问题而言，我出生于土耳其，在 20 岁的时候去了加拿大。为了使自己能够待在那里，我改变（anew）了自己的公民身份，并为此曾在军队中服役数年。因此，在加拿大的前几年，我成为一个没有国家（stateless）的人。我必须每年重新登记（renew）自己的公民身份才能待在加拿大。那一段时期，我完成了自己的博士论文，并于此后获得了加拿大公民身份。除个人经历之外，还有其他许多有关公民身份的有趣故事。例如，我的父亲出生于塞浦路斯，因此，我有资格拥有北部塞浦路斯的公民身份，这也意味着我拥有欧洲公民身份。因此，我拥有北塞浦路斯土耳其的公民身份，我拥有加拿大公民身份，还拥有欧洲公民身份。你可能会认为，所有这些因素都是促使我感兴趣于公民身份的原因，情况或许如此，但实际情况远多于此。

后者或许必须从我的第一本著作即博士论文说起。我的博士论文是从政治社会学角度研究北美英属殖民地的城市政府，这些城市政府处于传统英属北美殖民地中，具有英国的司法传统。论文的题目是《英属北美的现代城市的诞生》（The Birth of Modern City in British North America）。这是一部从福柯的谱系学角度来研究城市的著作。当我出版该书时，出版商说，书的题目有点太严肃了，可能会影响销售，问我是否可以取一个更能吸引人眼球的题目。当我写作论文的时候，我一直考虑的事情之一是，如何建立不带有北美殖民地标志的城市，尤其是从北美政府的角度来看。作为结果，他们的想法是：建立没有公民的城市。这一词汇解决了我的问题，因此我就把我的书命名为《没有公民的城市》（Cities Without Citizens），书就这样得到了出版。只有从那时起，我才真正开始从以前所不具备的理论视角来思考公民身份问题，就像书的题目所意味的那样，我变得非常兴奋。一旦我以该词汇命名我的著作，它也就开始走向概括化，开始敦促我思考它的涵义，因为我开始受邀到处进行讲演。我首先被要求作出回答的问题之一是：题目表达的到底是什么含义？我被迫对此做出解释。这使我对公民身份的思考越来越深入。因此，只是在1991年和1992年前后，我才开始以我所写的东西为基础思考并探究公民身份涵义。因此，作为对你问题的回答，我认为第二种因素或许更加可信。从思维结构的角度来说，这些问题给我施加了知识上的影响。它们或许与我争取公民身份的经历有关，但即使如此，那也是无意中形成的结果。

郭忠华： 按照威尔·金里卡的说法，在 1978 年之前，公民身份在政治思想家那里是一个并不怎么流行的概念，此后却成为一个炙手可热的研究主题。实际上，按照我的理解，尽管有关公民的论述可以追溯到久远的历史，但公民身份作为一个研究主题的兴盛实际上是在 1949 年，当马歇尔发表《公民身份与社会阶级》演讲之后。由此出现的两种情况是，一方面，公民身份的概念史极为短暂；另一方面，公民身份已成为当今学术界极为重要的研究主题。在您看来，促使公民身份研究兴盛的原因主要是什么？

艾辛： 在我看来，要对正在发生的事情打上单一的标签是非常困难的。但毫无疑问，你是正确的。我们正在经历着人类历史或者至少政治史上非常重要的一个时期：由于民族国家政治制度的重建和重组（reconfiguration），公民身份变得极为重要。的确，那是整个共同体制度的重组。当然，由此导致的结果是整个世界政治的重组。正如许多学者已经指出的那样，国家，尤其是民族国家，是一种产生于欧洲的现象，它产生于远古时代的古代世界政治或者国际政治中。许多人仍然同意，这种说法仍然有效。当然，这并不必然是以"一战"前或者"二战"后，或者两次世界大战之间的方式来重构国家自身。20世纪所发生的情况似乎是各个民族国家、各种文化和各大社会之间彼此更大程度的联合。我不认为晚近出现的全球化和移民浪潮是导致这些现象的原因。它们尽管对这些联合发挥了很大的作用，但是，自两次世界大战以来，尤其是"二战"以来，我们可以看到，有许多原因促进了国家、文化、社会之间的更大联合。在我看来，"包容性认同"（contain identity）已不再可能存在。我之所以使用"包容性认同"一词，是因为现代民族国家的最重要作用被看作容纳认同，限制其居民、成员和公民所能具有的认同，为他们提供可能的形式。我们所讨论的认同和公民身份都局限于民族国家的范围之内。但是现在，情况似乎不再如此了，把认同局限于地区层面或者说在民族国家之内不再可能了，因为现在已不再可能维持"一国一族"的神话。民族被界定为公民民族（civil nation）和种族民族（ethnic nation）两种。无论哪一种情况，既定国家范围内都不可能只有一个民族。同样，认同也不可能在这种交错的边界当中得到维持。象征性的或者物理性的边界开始大量衍生。面对这种情况，那些处境贫苦的人们开始跨越边界以从事交往（interactions）和交易（transactions），并由此形成新的隶属、认同、忠诚和归属关系。因此，个体尽管生活在一个民族当中，但却形成各种各样的体验。这些体验之间不是没有问题，甚至存在相互抵消的趋势。有些人说，"看，我们现在的边界变得越来越无力了！"但是，必须看到，现在到处也正在形成新的壁垒。的确，各种各样的壁垒。建立一个新的壁垒或者形成一条新的边界不能脱离下列事实，即这些壁垒或者边界试图去容纳那些认同已然变得非常稀薄的人们。因此，这些趋势和反趋势一直在发生着。在大战期间，有一种身份总是使人浮想联翩，那就是公民。因为那一时期可以维持一种包容性公民（contain citizen）的神话，那个时候，公民所建立起来的认同和归属或许相对简单——尽管我们有必要探讨是否真的可以作如此简单的假设。

当然，这或许压根就不是一个简单与复杂的问题，而是那一特定时期由于存在着主导性规范和规则所形成的主导模式。这种模式开始表现得简单，但现在已不再如此，以前能够被支配的群体现在变得不再能够被支配了。事情现在不再变得如此简单了。用什么来取代以前的认同和归属，公民的认同和归属是如何被重构的，这些都是有待回答的问题。联系你所提出的问题，这正是我认为公民身份之所以得以保持和变得兴盛的原因。回到我前面所说的《没有公民的城市》一书上来，那里着力探讨的问题也是政治生活的核心问题。那里探讨了公民的身份以及何种机构表达了这一身份。我们在取得这种身份时采取了何种行动，什么力量使我获得了这种身份？所有这些都是使我强烈着迷的问题。现在既然各种边界已变得更加彼此交织在一起，那么，在我看来，回答公民是如何被重构的问题也就变得具有更加重要的意义。

郭忠华： 公民身份看上去似乎是一个非常简单的概念，但一旦深入却发现它实际上无比复杂。根据排斥与包容、权利与义务、平等与差异、地位与实践、当代与后代、人类与自然等标准，每一条标准都塑造了公民身份的不同面相。公民身份从最初专指公民与国家之间的关系，延伸到家庭领域、性别领域、文化领域、生态领域、未来子孙等。有些时候，我甚至产生了一点怀疑，公民身份是否真的是一个如此具有包容性的概念，公民身份是否的确有所指。因此，为了给我们后面的讨论打下基础，我非常乐意听听您对公民和公民身份这两个概念的理解。

艾辛：　实际上，数月前我曾发表过一篇有关公民身份的文章。该文写作的开始非常有趣。一位百科全书的编辑联系我，问我是否有兴趣写一篇有关公民身份定义的文章。当我坐下来开始写作的时候，我发现自己实际上无法按照大家一致接受的公民身份定义来进行写作。因此，我就联了那位编辑，对他说："你知道我可以给你什么样的公民身份定义，我无法给你那种大家都一致接受的公民身份定义，因为我不赞成那种定义。你到底是想要我的定义呢还是想要那种一致接受的定义？"令人感激的是，他回答我说："不，我感兴趣的是你的公民身份定义。"我于是坐下来，并写道："公民身份实际上并非指成员身份，尽管它被建构成作为政治或者国家的成员身份，同时，它也不是指权利的组合……"我认为，我的定义有助于抓住公民身份的本质。在我看来，公民身份的本质存在于关系（relationship）当中，存在于别的地方。它是一种斗争（struggle）的模式，必须从这一角度来加以定义。你知道，我无法写得太多。我只是写了公民身份的定义，并把它发给了那位编辑。后来，另一位编辑联系我，说她或者是读过我的公民身份定义，或者是听说过它，因此非常有兴趣让我把它写成一篇文章来加以解释。我最终完成了这篇文章。① 因此，两者实际上都是对于编辑的一种回应，都是对于公民身份的一种表述（statement）。开始我认为自己难以写出这篇文章，因为实在太难了。一方面，我知道强迫自己写一篇表述公民身份的文章是非常有益的；另一

---

①　即 "Citizenship in Flux: the Figure of the Activist Citizen," *Subjectivity*, 2009, Issue 29: 367-388。

方面，我也非常担心，当把公民身份界定为成员资格的时候，这种封闭的界定方式将取消（take away）公民身份的所有可能性和潜能。当你把公民身份看作民族国家的成员资格以及与之相联系的权利和义务的时候，这种界定方式也的确取消了公民身份的所有可能性。而且，当你以这种方式来界定公民身份的时候，你也丧失了以创造性的方式来思考公民身份的所有可能性，变成把公民身份的表面现象当作其本质，但实际上却并非如此。

我对于公民身份的界定可以追溯到马克斯·韦伯。例如，他也是从争取的角度来看待公民身份的。他说道，公民身份是这样一种身份，它既类似身份，但又不是身份。公民身份是二者的中介。实际上，当你把自己的身份完全看作男人、女人、种族文化共同体的成员等时，你似乎是一个纯粹而单一的公民。但是，我们必须质疑，是否真的存在着这样一种作为纯粹而单一公民的个体。在我看来，公民身份实际上总是意味着和充斥着其他的身份。当主流群体寻找其身份的时候，它以其自身的道德（virtue）定义取代了其他的身份，然后把这种定义说成是公民身份的普遍性理念。因此，我便提出了这样一种公民身份定义：在所有戴眼镜的人当中，实际上只有百分之五十的人成为公民，同时呼吁其他人同化到你所认定的公民意象中来。我想你理解我所要表达的意思。在我看来，这就是公民身份的真实涵义。它要求不同社会团体为权力和支配而战，较之于其他社会群体，那些积累起更多资源和资本的群体更能够给公民身份注入体现自身经济和道德的含义。这就是公民身份的本质涵义。但是，当我在各种研讨会上说起这种涵义的时候，我发现它太容易引起争论。人们喜欢赋予公民身份以一种规范性的定义，而不希望这种规范性定义受到质疑。他们把公民身份定义为一种善（good）的东西，看作一种公共的善（common good），因而不想弃之而去。如果你愿意，你可以把这种定义称作自由主义和自由共和主义的公民身份定义，或者是社群主义的公民身份定义。但那不是我的公民身份定义，我不想把自己与这种定义联系在一起。因此，我的定义如我在那篇文章中所说的那样。让我们从一种最小化的公民身份定义出发吧。公民身份是一种支配（domination）

和赋权（empowerment）的制度。同时，公民身份指的是维持这种支配和赋权制度的特殊权力——不论这种定义可能引发多大的争议。这种制度是如何运作自身的？这是一个需要研究的问题。在进行分析之前，你无法对它做出任何解释。这或许也正是人们感到这种定义难以接受的原因。

郭忠华： 我认真读过您刚才所说的那篇文章（即《变动中的公民身份》），并且留下了深刻的印象，尤其是当您把公民身份看作存在于关系当中，表现为支配和赋权的时候，这对于传统公民身份定义的确是一个重大的转变。您能否更具体地说明公民身份的这种涵义。它似乎与我们通常所说的政府与市民社会存在关联。在论述公民身份时，当您谈到支配的时候，后面所隐含的实际上是政府一方；当您谈到赋权时，我们一般指公民社会一方，即公民以各种方式争取权利。尽管在您的文章中完全没有提到政府或者公民社会，但我还是想听听您在这方面的看法。

艾辛： 我从来不使用公民社会之类的概念，我也不认为那是一个很有用的概念。我对这一概念持非常批判的态度，但却没有对它花太多的时间。在我看来，争取界定社会关系的斗争发生在各种政治、社会、文化制度和背景当中。在这些背景下，一方面，人们持有正义、平等、公平等理想，通过这些制度建立起国家，因此我们珍爱这些理念和理想；另一方面，通过这些制度形式，人们之间又产生出斗争（struggles）。这是一些既争取支配又反对支配、既争取赋权又反对赋权的斗争。各种场所中出现的斗争都是如此。必须认识到，在任何有限的领域（delimited field），总是存在着各种相互斗争的力量。它们处于一种相互锁定的状态，锁定在特定的斗争（battle）中，锁定在通过各方参与而让这一领域得到界定的领域中。那种领域和语言正是我们思考公民身份的出发点，而不是通过既存的正义语言来理解公民身份。如果你通过后者来理解公民身份，那么，你已经知道谁在提供正义了，那就是国家、法律等。如果这样做的话，对于公民身份的分析也就失之千里。因为法律有些时候也会以反对自身的方式运作，正义有些时候也会以反对自身的方式运作，即以反对正义定义的方式运作。理解这些现象是如何发生的，什么时候发生的，哪些行动者在促使这些现象发生，再次强调一下，这些都是有待分析的、具有重要意义的问题。在我看来，当代政治理论和社会理论大部分都以许多被认为是理所当然的假设作为开端。但我却宁愿提出某些在既存范畴中尚不存在的话语（languages），同时对既存的范畴提出质疑。我们具有诸如此类的传统思维方式，但我却要揭露这些思维方式的真相。

郭忠华：　大多数公民身份文献都把公民身份权利作为其基本内涵，尤其是马歇尔对于公民身份权利的经典划分之后。但我相信，权利并不是理解公民身份的唯一视角，我们还可以用其他方法对它做出完全不同的理解，比如您上次在谢菲尔德大学（the University of Sheffield）的演讲"创设欧洲的公民身份"（Enacting European Citizenship），就是一种从动态或者行动的角度来理解公民身份的尝试。您能否从总体上总结一下公民身份概念的解释方法，尤其是您自身的解释方法？

艾辛：　马歇尔在盎格鲁-美国的政治理论和社会理论中极为重要，他表明了思考公民身份的一种方式。我想他产生了重大的影响，也做出了重要的贡献。同时，迈克尔·曼（Michael Mann）与布来恩·特纳（Bryan Turner）之间的那场争论，即公民身份到底是统治阶级的策略还是争取权利的草根性运动，也具有重要的意义。从某种意义而言，当我研究不同的公民身份斗争时，我遭遇到了马歇尔式的公民身份概念。他把18世纪看作民事权利（civil rights）的发展时期，19世纪是政治权利（political rights）的发展时期，20世纪则是社会权利（social rights）的发展时期。就这种观点而言，他实际上转移了公民身份的讨论，预先假定了一个并不那么明确和确定的公民身份模式。从边界交叉的角度衡量，这种界定方式马上会招致危险。比如，你可以说，有些时候是一种统治阶级的策略，有些时候则是一种草根性运动。它既不是民事权利的化身，也不是社会权利的化身。这种解释模式试图覆盖所有的社会层面，它试图提出一种具有普适性的、作为一种制度和社会形式的抽象公民身份概念。

但是，在我看来，要做到这一点是不可能的。正是由于这种看法，我的第一反应是，公民身份既可以是一种统治阶级的策略，也可以是一种草根性的运动。它可以同时是这两者。因此，我们为什么要去讨论公民身份是民事权利、政治权利还是社会权利的问题。它不可能是那种连续演进的。的确，我相信的是一种带有各种修饰词的复杂公民身份（complicated citizenship）概念，例如，职业公民身份（career citizenship）、性公民身份（sexual citizenship）、世界公民身份（cosmopolitan citizenship）、全球公民身份（global citizenship）等。这些公民身份变体从来没有使我感到焦虑，并且每一次都是以一种充满信心的方式对它们加以言说，尽管在不同的场合，我每一次都会被问及相同的问题：如果我们把公民身份贴上如此多的标签，那么公民身份是否具有某种实质性的内容？这种问题从来不会使我感到焦虑，而且从来没有使我感到焦虑过。之所以能够如此，在于这样一种事实：公民身份得到广泛地扩散，这表明进行不同权利运动和具有不同权利要求的各种社会团体正在给公民身份注入各种新的内容，因此出现了性公民身份、职业公民身份等。它们恰恰反映了公民身份中存在的某些非常本质的东西。因此，当所有这些事情实际上都表明，公民身份是一种制度，通过这种制度，人们可以给公民身份注入自己的内容时，我为什么要去感到焦虑？我从来没有试图去理解人们所拥有的这份焦虑，也没有试图去理解迈克尔·曼与特纳之间的争论，即公民身份是一种统治阶级的策略，还是其他什么东西。因为这是有待研究的问题。但在进行研究的过程中，我们需要提出不同的公民身份理解路径，提出不同的话语。这不是某种普遍抽象的话语，而应当是具体背景下的提升。也就是说，它能够使我们针对特定的情境而提出特定的问题。如果我们所思考的方法有助于我们提出这样的问题，那么我就赞成这种方法。如果这种方法把我们排斥在这些问题之外，那么，我认为它在政治上是危险的，在知识上则是无趣的。

郭忠华：有关公民身份发展动力的争论由来已久。比如，马歇尔倾向于把它看作一种自上而下的授予模式，而吉登斯则提出公民身份是斗争的结果。关于这一问题，甚至还出现了迈克尔·曼与布来恩·特纳之间的争论。前者把公民身份视为一种统治阶级的策略，后者则把公民身份看作社会运动的结果。两种观点显然都存在其合理之处。但我还是想听听您对于公民身份发展动力的见解。

艾辛： 你的问题把我带入了"创设公民身份"（enacting citizen-ship）和"公民身份行为"（acts of citizenship）这两个政治词汇。它们并不是指同一件事情，而是公民身份的落实。我想要做的事情是：把讨论的重点从对既存制度的强调转移到对人们所做的事情的强调上来。前者体现在既存的权利和义务等方面，后者则尤其体现在人们对正义和公民身份的要求等方面。我把这种转移称作本体论的转移（ontological shift）。而且，这的确是一种本体论的转移。因为它不再关注公民身份的制度结构，以及这种制度结构如何规定人们必须如何行动。相反，我感兴趣的是，人们实际是如何行动的。因此，我不关注法律和政治是如何规定人们的行动的，而是人们的公民性举动（citi-zenly conduct）所导致的意外后果（unintended consequences）。我把这种"举动"（conducts）称作"行为"（acts）。要把公民身份行为进行充分概念化，我还得花费很长的时间，使之能够与其他诸如习惯（habit）区分开来。

郭忠华： 我记得您曾写过一篇文章，专门将"公民身份行动"（action of citizenship）与"公民身份行为"（acts of citizenship）区分开来。那么，您又是如何来区分两者的呢？

艾辛： 我知道，我的确曾写过这样一篇文章，把你说的这两者区分开来，但我仍然还有很长的路要走。这种区分给我提供和创造了某种思考的动力，即从一种动态（dynamic）和关系（relational）的角度来加以思考。各种事情是如何彼此联系在一起的，人们是在何种条件下行动的？这当然是一种存在制约性的条件，这一问题要问的，不是人们如何归属于某种条件而不考虑其制约（constraints）。尽管存在着一个由法律、政治、文化等因素所构成的完整的"大厦"（edi-fice），这一"大厦"对人们的行动进行了限制，但是，人们并不会完全按照限制的方式行动。同时，也正是因为人们不会按照指定的方式行动，从而又产生了另一些用以规训人们的"大厦"。这种现象告诉我们，理解人们从事某事的"行为"具有非常重要的意义。因此，这也是一种转换。我想要实现的，实际上是从制度向行动的转换，从而理解公民身份行动的基础。

郭忠华： 我理解您的意思，即不能把公民身份看作一种已经实现的东西，把它看作一种自上而下或者自下而上地实现的东西。它是通过人们的公民性行为而得到创立的。您把研究的重点从"既存"转移到了"争取"，把人们争取正义的行为以及由此体现出的关系模式看作公民身份。

艾辛： 的确如此。以你所说的欧洲公民身份为例，这就是一个非常恰切的例子。"欧洲公民身份的创立"（Enacting European Citizenship）课题就是建立在思考这种动力和关系的理念基础上，而不是要去研究欧盟及其成员国在法律或者政治的层面是如何界定欧洲公民身份的。如果是这样的话，那将是一种非常令人感到厌烦的研究。甚至不仅仅是使人感到厌烦，而且是一项已经完成了的研究。因为有大量著作和论文已经对此做出了论述，相关的法律也已经制定了出来。在我看来，真正有趣的东西必须绕过有关欧洲公民身份的规定，把目光聚焦在人们如何不以规定的方式行动，而以其自身发明的特定方式行动上。因此，使我着迷的是行动过程中人们的创造能力（inventiveness）。在我看来，即使是最普通的人们，他们都具有比我们所能意识到的更大的创造性。正是这种创造性，影响了他们对公民身份的理解并赋予其意义，影响了他们对于公民身份的实践方式。我发现这种做法令我感到兴奋，并且从中学到了很多。例如，通过我们正在从事的这一研究项目，我们知道了作为欧洲公民的拉脱维亚年轻人是如何行动的，土耳其公民作为欧洲公民是如何行动的，在柏林的罗马人作为欧洲公民又是如何行动的。在大量有趣故事的基础上，我们逐渐提出了我们的研究报告。我不知道其他人是如何想的，但在我们的研究项目中，我们非常感兴趣于考察行动者有时显得非常零碎的行为，他们所进行的许多偶然性行为富有大量的启示意义，从他们的日常创造性当中可以学到大量的东西。

郭忠华： 在公民身份的思想发展史上，存在着一些重要的、无法绕过的重要人物，如马歇尔等。我不知道您会列举哪些人物作为公民身份思想史上的经典人物，他们对公民身份的发展分别做出了何种独特的贡献？

艾辛： 把马歇尔与其他对公民身份研究做出决定性贡献的人放到一起考察，那是很有益的。我以 20 世纪早期马克斯·韦伯对于公民身份及其与城市的关系的历史社会学思考作为开始。在我看来，韦伯的思考对于思考我们时代的公民身份仍然具有基础性的作用和重大的意义。接下来，马歇尔也非常重要。但我们必须记住，马歇尔的公民身份观点是非常盎格鲁-美国式的，非常盎格鲁中心主义的，尤其是他对于公民身份的进化论观点，从韦伯的观点来看是有问题的。在我看来，他把公民身份看作历史斗争结果的论述比其进化论的观点具有更加重要的意义。但重要的是，我们必须记住，他演讲的题目是《公民身份与社会阶级》。我深受其"阶级"一词的影响，但却不是以他对于阶级的理解来使用它，公民身份与阶级的关系也见之于我的研究项目中。我对于阶级的理解深受法国社会学家皮埃尔·布迪厄有关社会团体之间的关系，以及社会团体如何成为阶级的观点的影响。他的观点在某种程度上是对马克思阶级观的修正。尽管如此，马歇尔仍然不失为一个重要的人物。除此之外，我还要加上其他两个人。其中之一是塔尔科特·帕森斯。他对于美国公民身份的理解具有重要的意义，而且他还从司法的角度就美国公民身份写作了具有原创性的作品。那的确是一篇非常重要的论文，通过这篇论文，他提出了非常好的公民身份概念。这种观念深受韦伯和马歇尔观点的影响。

郭忠华： 请问帕森斯论文的题目叫什么？

艾辛： 我记不清完整的题目了，有点类似"美国公民身份与法律问题"（American Citizenship and the Legal Problems）。那的确是一篇非常有趣的论文，因为我们实际上不再具有 19 世纪所清晰使用的语言，但他却在这种意义上对公民身份与认同、群体公民身份进行了很好的探讨。我要添加的另一个人则是布来恩·特纳。我想他与韦伯、马歇尔和帕森斯拥有同样重要的地位。在 20 世纪，更准确地说是在 1986 年，他出版了著作《公民身份与资本主义》。在 20 世纪 90 年代，他又建立起各种公民身份理论，内容涵盖权利、人权，以及公民身份与人权等诸多问题。我想，特纳的上述著作和论文对公民身份研究也做出了重要的贡献，同时，对我也产生了巨大的影响。除此之外，我还要加上米歇尔·福柯。他是话语分析的奠基人（discursive founders）。他把研究的重点转向了话语。从公民身份的角度而言，他同时又以 20 世纪的传统作为基础。在我看来，他与韦伯、马歇尔、帕森斯、特纳处于同一层次。在 20 世纪 90 年代以前，我们可以举出许多重要的人物。但在 20 世纪晚期和 21 世纪初，不存在许多思想家式的人物，但却出版了许多重要的著作和论文。例如，艾里斯·杨（Iris Young）的"差异政治"（Politics of Difference）。这是一篇写于 1989 年的论文，一年后，她出版了一本同一主题的著作。在我看来，这的确有着重要的意义。她转变了我们整个一代人有关公民身份与认同的思考。此后，露丝·李斯特（Ruth Lister）专注于女性主义的公民身份。

我要提及的最后一个名字你或许不熟悉，在我所遇到的许多人中，都说没有听过他的名字，那就是保罗·贝利·克拉克（Paul Berry Clarke）。他写作过一本名为《深厚公民身份》（*Deep Citizenship*）的著作。里面存在大量很好的想法。在我看来，那的确是一本很好的著作。接下来是罗杰·史密斯（Roger Smith）。他出版过一本名为《公民理想》（*Civic Ideals*）的著作。它在探讨美国公民身份方面做出了重要的贡献。除此之外，还有舍温-怀特（Sherwin-White）的《罗马公民身份》（*Roman Citizenship*）、汉娜·阿伦特的《极权主义的起源》等著作。总之，在 20 世纪晚期，很少出现类似韦伯、马歇尔、帕森斯、特纳那样的做出过重要贡献的人物，他们主要集中于某些特定的领域。

郭忠华： 20 世纪晚期发生了一系列意义深远的社会变迁，如全球化的加速，前社会主义阵营的瓦解，新社会运动的发展，国际移民的增长等。所有这些浪潮都对公民身份的传统假设带来了挑战。您能否概括一下公民身份概念在这些潮流的冲击下所出现的新的发展趋势？

艾辛： 这是一个非常棒的问题，但此时此刻，我们却无法做出回答，因为在某种程度上，这正是公民身份所要研究的问题。就像我们在开头的时候所谈到的那样，考虑到近年来发生的深刻社会变迁，我们试图描绘出公民和公民身份的形象，描绘出伴随着社会变迁而产生的公民身份的重构。设想公民的主要义务是纳税、服兵役、投票等，作为回报，他们又获得了某些公民身份权利是容易的。这仍然是公民身份的重要因素之一。但是，由于社会、文化、经济之间的相互渗透，由于符号边界和物理边界的力量越来越变得虚弱，我们尚无从知道这些变化到底将形成何种公民身份素描。当然，已经形成了各种情境性的、彼此竞争的公民身份形象。例如，世界主义的公民身份、全球公民身份等。它们都是当前已经得到讨论的形象。例如，世界公民身份、环境公民身份等被看作人们对处于自己触手可及范围之外的人们或者事物的承诺和投入，这还是一种对话。我们还不知道公民到底将如何被形塑。在我看来，最关键的是，我们必须应用我所说的场所（sites）、范围（scales）等语言对这一问题做出分析。目前，我们对这一问题还所做甚少。我们必须探讨当今世界出现的诸多事情：什么样的群体支配是正当的，这些群体在社会、文化、法律等方面是如何构成的，这些群体是如何形成各种相异性（otherness）、包容性和排斥性的？对于这些问题，我们已经有所思虑，但却仍然不为我们所知。

二、公民身份的行动

郭忠华： 与静态地对待公民身份不同，您似乎非常注重于从动态的角度来研究公民身份。因此，接下来，我更想从这一角度与您探讨公民身份的形成。首先，您能否就"公民身份的行为"（acts of citizenship）、"公民身份的创设"（enacting citizenship）和"公民身份的行动"（action of citizenship）三个概念之间做一简单的区分，"公民身份行为"的划分标准主要有哪些？

艾辛： 谈论"公民身份的行为"，是因为我想把注意力从对法律规定我们应当如何行动的关注中转移。我们日常生活中的举止可以划分为两种类型：一是出于习惯性的行为。这是一种出于习惯、无需多加思考就能实施的行为。我们日常生活中的大部分行为都是由它们所组成的。有点类似直觉性（institution）的行动。做这种事情由直觉就可以知道，这是我们出生以来就继承了的东西。但是，这个世界同时也在发生着变化，我们对于环绕在我们周围的世界的理解和价值也在不断发生着变化，它们处于持续变动的状态。这意味着，尽管我们已经建立起了特定的思维模式、做事的习惯等等，但同时我们也在不断打破着这些模式和习惯，在不断弃之而去。在你的生活中，你从事了许许多多的行为，各种不同的行为。其中的许多行为你可能无从解释，但你却在某一特定的时间做出了决定。例如，我将离开中国，在别的什么地方待上一段时间，以便继续我想要提出的问题。这就是一个行为。因为这无法以你的历史来加以解释，尽管在你的生活轨迹中可能存在着某些很好的理由（去这样做）。某些情形使你相信，自己不能再这样例行常规性地生活，必须引入某些行为，而不仅仅是循规蹈矩、因循守旧。我们生活中所做的某些事情属于行动。你知道你将长大，你穿上鞋子，你经常淋浴，你穿上衬衣，你离家而去，你记得带钥匙……对于身体来说，它们都是一些例行性的（habituated）行动，是一些例行性的和生理性的行动。它们表现为各种形式的动作、各种形式的运动。它们可能对你的情感产生影响，但仍然是一种例行性的行动。这就是行动。每一种行为都会涉及这样的行动。但是，当你偶尔说道"我已经做出了某一决定，我必须实施它"的时候，而且你还实际改变了例行性轨道的时候，那么，这就是社会变迁的关键所在。我要说的是，行为与行动的区别就在于此。这也是我们区分公民身份行为的关键所在。

　　并非所有的行为都是公民身份行为。对于这一点，我们必须具有某些区分标准。标准之一是它必须能够带来某些断裂（rupture）或者变化，因此它实际上能引入某些不为我们所知的东西。标准之二是它提出某种要求（claim）。在我看来，这是非常重要的一点。要能够成为公民身份的行为，那就必须形成对于某一权利的要求。这种权利可能已经存在，也可能尚不存在。对于某种尚不存在的权利提出要求，这一点具有社会重要性。我打一个比方来说，同性婚姻（same-sex marriage），具有这种性取向的公民提出，他们必须拥有同性结婚的权利。他们以某一权利为基础提出这一要求，但不是以已经存在的权利作为基础，而是在创设某种已然出现的权利。因此，它是二者的结合。如果出现这种情况，那就是公民身份的行为。我们必须理解使公民以某种特定的方式行事的东西，那就是行为所带来的变化。

郭忠华： 当我们把公民身份的行为局限于"破坏"（rupture）、"使动"（enable）、"创造"（create）上，而不是看作对特定行为模式的遵守时，实际上会使我们的注意力转向比如外国人、陌生人、环保主义者、女性主义者、同性恋者等社会边缘群体。因为正是这些受到正统公民身份歧视的群体，才会努力采取行动来争取公民身份的地位或者开拓公民身份的领域。已经享有公民身份地位的"公民"的行为在您的分析视野中实际上已经不再属于"公民身份行为"。这是否出现了一种悖论，即公民的行动（如纳税、服兵役等）不属于公民身份的行为，不属于公民范畴的人（non-citizen）的行为（如头巾行动、外国人的争权行为）却属于公民的行为。更加可怕的是，有时甚至把种族大屠杀也纳入公民身份行为的范畴。

艾辛： 在你所参与的那次讲演中①，我举了一个 20 世纪 30 年代德国国家社会主义政府的例子。通过这一例子，汉娜·阿伦特谈论道，为了把犹太人送往灭绝营，德国人首先剥夺了他们的德国公民身份。因为他们怀有这样一种理念，即德国公民是不能被送往灭绝营的。德国政府不能把德国公民大规模送往灭绝营处死，因此它首先剥夺了他们的公民身份，然后才把他们送往灭绝营。众所周知，对于这一点，汉娜·阿伦特做出了特殊的解释。但在我看来，这是一种公民身份的行为。从这一术语所具有的最为中性的、最为理论化的角度来看，它的确属于公民身份的行为。就这一行为而言，它至少具有两方面的含义：德国议会首先必须通过一个公民身份的法案，它体现为一种法律制定和法律行为；同时，它也表示实际上已经实施了的行为。

---

① 指 2009 年 10 月底艾辛在英国谢菲尔德大学所作的"创设欧洲公民身份"讲演，当时笔者有幸听取了该次讲演，并与艾辛就德国的种族屠杀问题能否归结为公民身份行为的问题展开探讨。

两者经常彼此不加区分地交合在一起。

从这种技术的角度来看，它属于公民身份的行为。我通常认为，公民身份行为不能与某种在道德规范上表现得积极的价值联系在一起，不应当这样来看待公民身份行为。公民身份行为只是人们分析的对象。人们可以把德国种族大屠杀之类的公民身份行为看作或者界定为悲剧性的、恐怖的公民身份行为，一种应当被避免和永远不应重复的公民身份行为。现在你明白了吗？我这样说不是要去拯救某种公民身份制度，而是要拯救某种特定的解释，一种我极愿参与其中的解释。那种公民身份行为是一种种族大屠杀式的、不可接受的行为，是一种永远不能再重复的公民身份行为，我愿意尽我的一切所能来使这种公民身份行为不再得到实施。但是，无论如何，它都属于公民身份的行为。

对于公民身份行为，不存在内在积极或者消极的取向。只是我们作为分析者、作为行动者、作为解释者，才会采取措施来对它加以解释。俄国哲学家、理论家巴枯宁告诉我们，在解释行为的时候，首先必须学会让自己进入这一行为。当我在解释某一行为的时候，我具有自己的立场，但我不隐藏在作为积极规范性价值的公民身份概念后面，认为德国国家社会主义政府违反了公民身份的行为。相反，它没有违反，它实施的是公民身份行为。从司法理论的角度来看，它具有充分的合法性，它是一种合法的行为。它是一种公民身份行为。我没有感到必须去维护公民身份，因为它既是一种支配，也是一种赋权，而且是一种绝对的支配与灭绝行为。这就是我的解释方式。这也正是我们为什么必须去做出解释的原因，对过程加以解释，而不是预先加以解释。

郭忠华： 从能动（agency）与结构（structure）的关系角度来看，公民行为的分析显然集中在对"能动"的强调上。行为的本质在于能够创造差异（make a difference）。但创造差异显然不能脱离另一个分析维度，即"结构"（structure），毕竟每一个人的行为都是发生在特定的社会结构之中。但您有关"公民行为"的分析似乎对这一面的关注并不多。如果把公民看作正义的要求者的话，他们并不是什么时候都能心想事成，结构（如既定的制度等）对公民身份行为时刻在发挥着制约性作用。因此，不知您会如何评价后者在"公民身份行为"中的地位和作用？

艾辛：　我不想在行为与结构之间做出清晰的区分，认为它们可能是相互对立的双方。我想或许可以用另一种方式来看待这两者，而不必对它们做出区分。这种方式就是，你可以以某种方式把行为看作结构化（structuring）。如何来做到这一点呢？以慷慨（generosity）为例，作为一个行为主体，我们如何使自己清楚地意识到慷慨这一类事情，并且在适当的时空条件下学会施舍？完成这一转变，我们实际上在使自己成为一名慷慨的行动者，进入这种场景，然后执行慷慨的行为。这就是慷慨的行为，一种我们已经做过的特定行为。它与其他行为或许不同，但是，它们都是我们针对特定结构和情境而传承下来的一种行为。因此，与其去思考行为与结构之间的对立，毋宁说我更愿意去思考行为与行动之间的对立。

但是，尽管如此，我也理解你问题所隐含的真义。那就是在思考人们的行为、举止等方面的时候，我们应当如何来处理这些行为方式与其法律、政治背景等之间的关系。对于制度之类的东西，我们可以有所为，但也有所不能为。这些问题其实也是我所要思考的问题。因此，当我们思考行为的时候，我们提出这样的问题，例如，存在着什么样的支配模式或者社会法律结构，它们或者使人们的行为产生问题，或者不是产生问题，而是再生产了它们、重复了它们和使它们不断合法化。通过提出诸如此类的问题，每一种行为都与某些支配模式、与某些社会法律制度和结构联系在一起。当环保行动主义者建立起气候变化营（climate camp）的时候，他们对警察结构产生了怀疑，不是在话语上对警察产生了怀疑，而是对他们所做的事情。环保行动主义者的所作所为吸引我们也参与其特定的行为中。他们迫使我们思考比如这样的问题：当他们提出世界上所有的政府、所有国家的政府都在造成气候变化的时候，警察为什么要把他们当作罪犯一样看待。因此，他们的行为促使我们思考警察作为特定国家政治、法律力量的结构化方式。通过提出气候变化的问题，他们也正以另一种方式使世界结构再秩序化。总之，每一种行为都既是一种创造，因为它带来了新的法律；同时也是一种破坏，因为它使不同层级的社会法律体系的结构和模式遭到怀疑。我们必须同时对这两方面做出研究。

郭忠华：　从历史的角度来看，不同公民身份传统的发展通常以特定的历史性事件作为标志，如法国大革命等。在当今世界，同样发生了各种重大的事件，如"1989 年事件""9·11 事件"等。我不知道您将如何从"公民身份行为"的角度解释这些重大的事件？尤其是晚近所发生的几个重大历史事件。

艾辛：　当我乍一看到这个问题的时候，我感觉这是一个非常棒的问题。我越是思考这个问题，我就越发现这个问题的重要性，因为以前我从来没有思考过这一问题。但是，你也知道，这是一个非常难的问题。你的问题迫使我反思我自身的成长轨迹，什么样的事情使我思考公民身份。对于这一问题，没有任何小聪明可以耍。但要做出回答，真的是很不容易。

我想提及的一件事情是，我现在已经长大了。我是在对第一、第二、第三世界划分坚信不疑的环境下长大的。我是以这种方式长大的。第一世界被看作自由世界的前沿和领导者，是所有变革和发明的场所，是民主、自由、权利等得以落实的地方。第二世界则被看作权威主义的世界。它封闭、堵塞、黑暗，并且富有权威主义的色彩。第三世界则是前两个世界的牺牲品，是前两个世界彼此争夺的场所。整个少年时期，我对前两个世界一直有着某种变动性的投入（investments）。首先，我成长于斯的国家可以被划分为第三世界，因此我是在第三世界国家长大的。我对第一世界国家有所妒忌，对第二世界国家则有所向往。这种向往来自对马克思著作的阅读，在知识上成为一个社会主义国家的年轻人。你也知道，不论是社会主义国家还是资本主义国家，实际上都存在着各种使人困惑的类型。所有这些在我的潜意识层面都成为无法理清的范畴、成为情感上无法最终解决的竞争者。我就成为这样一个人。

随后是 1989 年。对于 1989，我当然已经形成了某种意识来面对它。那时我刚完成我的博士论文，几乎没有时间来思考这个世界所发生的大事。因为我那时正全心从事着自己的研究，一头扎入其中而不能自拔，对外界的事物完全无知。但是，1989 同样是一桩非常有趣的事件。1989 不是 1999，也不是 2009，因为那时我们尚没有因特网，尚不存在网络，不存在可以随时提高你意识的媒体。所有这些东西我们都不拥有。但是，尽管如此，我还是开始对 1989 展开思考。正是在这一时期，我开始环顾世界，并且意识到那个曾经伴随着我成长的世界正离我而去。我不再能够怀有同样的假设：第一世界是民主能够得到落实的场所，然后是对于第二世界的假设，最后对于第三世界的假设……所有世界现在似乎都整合在了一起，站在了同一个层面，并且再一次开始裂变为成千上万个不同的世界。这一体验同时告诉我，什么是公民身份的行为，我们是如何创设公民身份的。这种事件给精神领域带来了重大的碰撞。它们给我们的世界带来了从来没有预料到的断裂（rupture）。对于它们，你无法预先做出计划，也无法为它们提供脚本（scripts）。尽管我们原先存在着各种脚本，存在着各种预测，但所有这些假设都发生了断裂。没有谁可以理直气壮地说："我说过会这样。"

此后，还发生过类似 1989 年其他各种事情，我想"9·11 事件"就是其中之一。除此之外，2008 年也不失为重大。在那一年，金融信用崩溃了。数以百计的书籍说道："没有谁知道会发生这种事情，从来没有谁预料过会发生这种事情。"但也有数以百计的著作说道："我们的确知道这种事件将会发生。"从本质上说，没有哪一方是正确的。因为你的确可以在某个时期说道："资本主义将把我们拖入危机。"但这仅仅是一种一般化的观点。2008 年的确是发生了这种情况。把所有这些事件与 1989 年以前所发生的各种革命联系在一起，我在想，它们是否都与我所说的公民身份行为联系在一起。我的确是这样看待的，但我也不是太确定，你的问题把我推向了这种思维方式。

郭忠华：　我现在更想转向您正在从事研究的领域，即"欧洲公民身份的实施"（Enacting European Citizenship）。欧洲公民身份的兴起和发展在公民身份研究领域有着历史性意义，不知您会如何从"公民身份行为"的角度解释欧洲公民身份的兴起和发展？

艾辛： 对于这一问题，我可以以一种非常抽象的方式、非常抽象的语言来加以回答。在我看来，公民身份在国家的层面是简单的，欧洲公民身份则仅仅是一种试验，没有谁真正知道，这种公民身份将会发展成什么样子。这项工作本身是以一种非常富于想象的方式、以一种试验性的方式进行的，没有谁知道它是不是一项好的试验。1992年，一个特定的术语被引入，即"欧洲公民身份"，随后制定出了相应的法律。这一类的事情应当被看作公民身份的动态表现。欧洲公民身份是否能够以不同的方式得到实施，对于这一问题没有谁可以承担得起。

"欧洲公民身份的实施"项目是要真正研究欧洲公民身份的实施情况。因为如果你不研究人们如何对待和使用欧洲公民身份，那么，你对于欧洲公民身份就仅仅停留在叙事的层面，那么，它就成为一种分裂的公民身份。一种分裂的公民身份也就是你没有进入其中并且使其得以实施的公民身份，除非你拥有其成员国的公民身份。只有在你拥有成员国公民身份的条件下，你才拥有欧洲公民身份。这一点从法律的角度来看是对的，但从社会、政治的角度来看，它却是多么的狭隘啊！这种狭隘的公民身份定义现在支配了所有有关欧洲公民身份的文献，但是，它却是一种存在着民主赤字的公民身份。在我看来，欧洲公民身份是一种试验，我们并不知道它将去向何方。通过这一试验，我看到了两种前景。其中之一令人鼓舞，另一种则使人感到危险。危险的前景在于，它试图把欧洲公民身份建设成为类似民族国家的公民身份，赋予它类似民族国家公民身份的象征和肖像，比如旗帜、国家认同等，把欧洲公民身份界定为种族、文化等公民身份。把欧洲公民身份建设成为成员国的公民身份，建设成为民族国家的公民身份，这种做法是危险的。在政治上，我将在我的领域范围内尽我所能来阻止欧洲公民身份朝着这个方面发展。思考欧洲公民身份的希望之路在于提出下列问题：作为一种试验性制度，我们可以为之做些什么，使之超出成员国的公民身份概念，超出民族国家的公民身份概念？从而形成某种新的、不同的公民身份。这是令人鼓舞的一面。如何来做到这一点，目前我尚不清楚。在我看来，"欧洲公民身份的实施"研究项目就在于这一点上做出贡献。在我们看来，什么是欧洲公民身份的重新概念化，如何做到这一点，我们是可以找到途径的。

郭忠华： 在民族国家依然是公民身份的"集装器"（container）的今天，欧洲公民身份的发展却似乎在打破民族国家的政治樊篱。诚如我们刚才所谈到的，欧洲公民身份与其成员国的公民身份存在着各种各样的问题。您甚至把它看作一种危险的发展趋势。我不想往下谈地区公民身份与国家公民身份的关系，而想集中探讨当今出现的跨国公民身份（transnational citizenship）趋势。地区一体化似乎是当今时代的发展潮流。对于这一发展趋势，在您看来，欧洲公民身份可以带来哪些启示性意义？

艾辛： 这也是一个非常好的问题，但现在对它做出回答仍然是一个问题。一方面，我们存在着有关世界公民身份的古老讨论；另一方面，我们也在讨论如何建立起跨国公民身份，其中欧洲公民身份或许是其中最为先进的形式。之所以说最先进，是因为它的确提供了特定的权利和义务，形成了这一区域中的文化和社会权利。它能否在别的地方得到重复？我们是否相应地相信它能够在别的地方得到重复？我想它们都是非常好的问题。我对于这些问题目前尚没有答案。但我的确认为，可以建立起这样一种世界，在这一世界中，存在着例如美洲公民身份（American Citizenship）的发展空间。也就是说，整个美洲大陆、北美、南美以及中美洲都可以共享同一种公民身份。是否能发展出一种超越所有边界和各种公民身份的美洲公民身份呢？是否能够存在这样一种公民身份？我提出这样一个问题，即公民身份能否只以大洲的方式界定？这种以大洲的方式来界定显得非常有趣。因为它们不仅是各种不同文明的板块，而且在地理上它们也是各个真实的世界——至少现在的各个大洲是如此。以非洲大陆为例，它意味着什么？当谈到非洲的时候，它当然意味着文化和社会的不同建构。是否该存在例如非洲公民身份？我认为这的确是一个很好的问题。我们现在正在进入这一问题，我想我们可以就这一问题做更多的探讨。

三、东方社会的公民身份

郭忠华： 当我们谈论东方公民身份（orientalized citizenship）的时候，显然存在一个概念适应性的问题。这是一个无法回避的问题，即公民身份这一起源于西方社会的概念在多大程度上能够适用于东方社会。我不知您是如何看待这一问题的？另外，在您看来，在研究东方社会的公民身份的时候，我们应对公民身份概念把持一种什么样的原则？

艾辛： 东方公民身份可能是一个有问题的范畴，但它却的确能够推广（popularize）某些特定的东西，而且既然公民身份是一个起源于西方社会的概念，推广东方公民身份概念的确也存在某些好处。这种公民身份是东方主义的。从历史的角度来看，对这种公民身份加以研究的人可以追溯到马克斯·韦伯。在他看来，公民身份概念起源于西方社会，是一种持续存在于西方的现象，东方社会缺少这一现象，它们无法发展出这一概念。

对于我来说，我想做的工作在于：韦伯的上述观点意味着什么，为什么东方社会不能够发展出公民身份概念？当人们说东方社会"不能"发展出公民身份的时候，他们所谈论的到底是什么？韦伯说东方社会不能发展出公民身份，他指的主要是奥斯曼土耳其帝国的城市。但问题在于，印度也有城市，中国也有城市，而且这些城市都发展起了某种自治和合作。但是，它们却从来没有发展出某种公民身份概念。我一直想找到其中的原因，但是，当然，我无法以某种开创性研究（first hand research）来破解这一难题，我无法把韦伯的观点置于拷问的境地。在各种文献中，也存在着类似的焦虑，即公民身份的东方概念问题。因此，自 2000 年开始，我花了 9 年的精力尽可能去解决这一问题。这也正是我为什么会把眼光转向奥斯曼帝国，并开始提出我试验性问题的原因。如果我延用一种实用的公民身份概念（practical conception of citizenship），我也就不可能找到一种作为实践的公民身份概念。你可以把公民身份看作一种特定法律和政治背景下的权利和义务，那是一条魔鬼定律（devil law）。对于一个有组织的社会来说，我发现自己很难相信这一点。你可以说印度、中国、伊斯兰文化从来没有发展出某种公民身份概念。这些社会可能不存在公民身份概念，但却存在公民身份的"实践"。这就是我给自己提出的问题。

那么，这些实践存在于什么地方？我能否找到其中的某种实践？面对这些问题，解决的方式当然是取道于文化的视角，从与我最相关的社会着手，因为我不能说："好吧，让我首先从对中国历史或者印度历史的研究着手。"没有谁会这样干。我诉诸奥斯曼帝国的历史，把它与公民身份的实践联系在一起。这并不是由于语言的缘故——通过这一语言，可以追溯奥斯曼帝国古老而迥异的历史——而是因为文化的亲和性。因此，我开始提出有关奥斯曼帝国的问题。作为结果，我不仅感兴趣于从实践的角度考察所谓的东方社会，而且感兴趣于提出一套话语，通过这套话语，对这一公民身份实践进行实质的研究。我能达到自己的目标吗？这的确是一个问题。因为这是一项非常雄心勃勃的研究计划。让我非常感激和惊讶的是，欧洲研究委员会（European Research Council）对我的研究项目给予了资助，研究的对象同时还包括印度和中国。可以肯定，再过 10 年，对于这些问题我会形成某些答案，20 年之后我将能够完全做出回答。

郭忠华： 我知道您曾以土耳其为例就东方主义之后的公民身份问题进行过写作。请问在您看来，东方主义与西方主义的对比主要体现在哪些方面？前者对于东方社会的公民身份发展主要起到了什么样的作用？

艾辛： 我对这一问题目前尚没有答案，我想这是我的研究所要提出和解决的问题，我只能提出一些临时性的想法。我非常感兴趣于伊斯兰制度中的一个词语"waqf"，我们可以把它译作英语中的"trust"。奥斯曼帝国发生了什么？它不拥有公民身份的语言。我们能期待欧洲历史上发展起来的公民身份带来了什么？不论它所指的是社会权利、民事权利还是政治权利。我们能期待它带来什么？它给人们带来了某些权利，他们通过这些权利可以提出某些要求——如果我们把问题转换成权利的术语的话。因此，如果你问奥斯曼帝国的历史上是否存在特定的权利，从而使人们能够提出各种要求的话，答案当然是肯定的。它体现在一种信任体系上。通过这一体系，富裕或者不太富裕的人们以其部分财富来提供社会服务，如图书馆、施舍处（soup-kitchens）、清真寺、学校以及其他教育设施、公园、浴场以及市场等，它们是一些通过施舍金钱而建立起来的一种信任体系。在这一体系中，人们获得了某种权利（entitlement）的感觉，同时也可以提出某些要求。我想在有关奥斯曼帝国的解释历史上，我是第一个以这种方式来加以解释的。我前面说过，我将把它们看作公民身份实践。对于研究奥斯曼帝国的历史学家来说，他们有些不喜欢这些解释方式，有些则认为这是一种非常不错的观点。但撇开他们的意见，我决定把它们看作公民身份实践。当然，这样做的时候，就涉及方方面面的事情。但无论如何，韦伯及其追随者的观点都不再使我信服了。那种观点就是：在像奥斯曼帝国这样的东方社会，不存在着一系列使权利得到分配的制度化实践，通过这套制度化的实践，个体得以把自己转化成权利的要求者。这就是我想做的事情，目前我还没有把这些想法记录成文。对于印度、中国以及其他内生型社会，我也想采用同样的研究方式。一旦我实现了自己的目标，我就可以回答你的问题，即对于作为权利要求的公民身份来说，东方社会、东方文化和东方文明对于它的发展做出了什么样的贡献。

郭忠华：如果这样做的话，我想您将是韦伯之后第一个对东方社会的公民身份进行系统研究的人。按照韦伯等人对于西方公民身份的解释，城市在公民身份的兴起中发挥了根本性作用，认为城市中的同业公会、行会、自治组织、契约主义等是现代公民身份兴起的基础。请问您将如何看待城市尤其是东方城市在公民身份发展中的作用？

艾辛：对于中国、印度历史上的城市，我还说不上太多。我也不知道当地原住民（endogenous people）的思想观念将会给我的研究带来什么样的问题。从规范意义上说，原住民并没有建立（build）城市，如果这样的话，我们又如何能谈论其公民身份的实践？对于这些问题，我的确不太清楚要怎么做。但如果具体到奥斯曼帝国的城市，我想我可以回答你的问题。在我看来，奥斯曼帝国的城市并不是以韦伯所认为的方式享有相当大的自治权，但它们却从事着了不起的公民身份实践。现在存在的一个问题是，奥斯曼帝国历史的研究者们仍然以韦伯的方式来理解当时的城市以及城市与公民身份的关系。从这种立场出发，他们进行深入的研究，然后得出结论说："是的，它们不存在公民身份这回事。"他们从来没有进行过转换——那种我前面说过的转换。

如果我们忘记韦伯及其假设，何种实践我们可以称之为公民身份实践，何种制度又是其中最为重要的制度？从奥斯曼城市实践公民身份的例子，我现在已得出这样的结论，那就是存在着实践公民身份的其他制度，它们不是以韦伯所认为的方式从事公民身份实践。如果有足够的人采纳我的假设，把它作为一种普遍性的术语，并且作进一步的研究，以这些研究作为基础，我们就将处于一种能够提出下述问题的立场，即能够对东方社会就公民身份概念的贡献问题，得出我们的结论。这种公民身份所寄寓的世界将不再是西方世界——一种公民身份现在厕身其中，并且使我们习以为常的世界——而将是我所说的"Oecumme"。"Oecumme"是一个古希腊词汇，它表示有人居住的世界，或者说我们居住于其中的世界。我用这一词汇来代指我的研究项目。因此，我想提出一种我们居住于其中的世界的公民身份概念，这种世界不存在东方和西方的划分。当然，我们现在还没有到达那一步。

郭忠华： 当我们谈到东方主义和东方社会的时候，它指涉的显然是一系列内部存在明显差异的社会，例如，韦伯的宗教社会学曾经以儒教、印度教、伊斯兰教等不同宗教作为研究主题。如果说西方公民身份在其历史上曾经形成了不同的理论传统的话，在您看来，从比较的视野来看，东方社会是否也存在着某些明显不同的公民身份的发展路径和理论范式？

艾辛： 这正是我想要探索的问题。我还不太肯定我们是否能称之为"奥斯曼模式的公民身份"或者"公民身份的奥斯曼发展（模式）"。但显然，我可以把奥斯曼版本的公民身份看作伊斯兰公民身份，因为 "waqf" 是一种伊斯兰制度。但是，在奥斯曼帝国时期，waqf 制度的运作又不同于伊斯兰世界的其他文化。因此，waqf 制度又存在着某些差异。因此，如果说存在着伊斯兰公民身份的话，那么，这种公民身份当中至少存在着一种变种，这种变种可以被称作是 "奥斯曼公民身份"。依此类推，如果存在着奥斯曼公民身份的话，那么，我们也可以提出同样的问题，即是否存在儒家公民身份、印度公民身份等公民身份的问题。我现在的确对这些问题很感兴趣，我想向像你这样的学者，以及来自印度和其他伊斯兰文化的学者求教，并且让我们共同来探索这些问题。

郭忠华： 非常感谢！看来我们之间的确存在着许多共同的兴趣，我也盼望将来我们能有机会就东方社会的公民身份问题共同探讨。实际上，中国公民身份是我近年来非常关注的问题。从上世纪梁启超发表《新民说》到现在的一百多年时间里，中国公民身份的主体、主题、场所、范围、行为等都发生了明显的变化。从您的角度来看，不知您对中国公民身份的发展总体上持一种什么样的立场？对于中国公民身份的特定研究在公民身份总体研究中所能发挥的作用，您有何期待？

艾辛： 这的确是非常有趣的问题，因为迄今为止，我们谈论的仅仅是中国的历史。然而，当我们谈论最近 20 年所发生的重大事件时，戏剧的主人公之一便是中国。它被界定为第二世界国家——一种独特类型的社会主义国家。但最近 20 年来，世界对于中国的看法又发生了改变。对于当代中国，我们必须问的是，它是如何以其自己的方式和自己的语言来对待 "公民" 这一形象和这一主体的？上次我曾给你一篇有关中国公民身份的论文①。除这篇文章之外，我还没有读过任何有关中国公民身份发展、公民身份的中国概念或者当代中国公民身份实践的著作，尤其是毛泽东之前或者之后有关公民身份的伟大转变的著作。中国是一个极为复杂的社会，它有着各种极为复杂的关系。我们无法假定可以继续用那种极为简单的公民身份概念来分析中

---

① 指 Peter Harris, "The origins of modern citizenship in China", *Asia Pacific Viewpoint*, Vol. 43, No. 2, August 2002, pp. 181-203。

国这种极为复杂的社会。没有谁曾经这样做过，也没有人能够这样做。我们无法做出这样的假设，即人们完全可以被国家所支配而没有有关公民身份的知识。如果我们不能做出这样的假设的话，那么，我们又应当如何去恢复（recover）中国的公民身份，去发现（discover）中国的公民身份，去重新激活（re-enact）中国的公民身份？有一个曾经对米歇尔·福柯产生过重大影响的哲学家，他常常使用"被支配的知识"（subjected knowledge）一词。这是一种受压迫、受奴隶和受支配的知识，人们常常找不到表达他们自己的地方。我的问题是：在当代中国，这种有关公民身份实践的被支配的知识是什么？我非常有兴趣去发现，这一高度复杂的社会和国家是如何运转的，公民这一扑朔迷离和高度复杂的形象又是什么样子。

露丝·李斯特

　　露丝·李斯特（Ruth Lister），英国著名社会活动家和著名学者。1971—1987 年在"儿童贫困行动团体"（Child Poverty Action Group）工作，并长时期担任该团体的负责人。后转入布拉德福德大学（University of Bradford）应用社会研究系担任教授、系主任。2005—2007 年作为唐纳德·德沃尔访问教授在格拉斯哥大学（University of Glasgow）工作。后转入拉夫堡大学（Loughborough University）社会与政策研究系任教，直到 2010 年。2010 年成为英国上议院议员。由于其在高等和继续教育领域的杰出贡献，2005 年获女王纪念奖。其出版的著作主要包括《公民身份：女性主义的视角》《贫困》《西欧的性别公民身份》《理解社会政策的理论与概念》等，其代表性理论主张包括"差异的普遍主义"和"女性友好"（women-friendly）公民身份等。

　　女性主义公民身份把性别置于公民身份的核心，代替传统以阶级为核心的公民身份，并尝试改造或重构传统公民身份理论。它以"差异的普遍主义"作为基本原则，打破公共领域与私人领域的传统划分，站在多元主义的立场上，旨在实现"女性友好"或者"性别包容"模式的公民身份。

——露丝·李斯特

公民身份：女性主义的视角
——对露丝·李斯特的访谈

　　背景介绍：从 20 世纪中后期开始，公民身份的发展明显呈现出复杂化趋势。受全球化和新社会运动的影响，公民身份在层级和内容两个方面突破传统公民身份的樊篱。首先，受全球化及其带来的地方化影响，公民身份的层级表现出复杂化趋势，除民族国家层级之外，公民身份的地域范围出现上下拉升，形成"超民族国家"公民身份和"亚民族国家"公民身份同步发展的趋势，前者如欧洲公民身份和世界公民身份的出现，后者则如城市或特别行政区域的公民身份等。在内容方面，除民事权利、政治权利和社会权利等马歇尔意义上的传统内涵之外，还出现女性公民身份、环境公民身份、文化公民身份、亲密公民身份、企业公民身份、性公民身份等范畴，以曾被排除在公民身份言说范围之外的主题开始堂而皇之地成为言说的主体。同时，义务、德性等要素也更受到重视。本次访谈以"女性主义公民身份"作为主题，考察女性主义者对于公民身份的主张。

郭忠华： 20 世纪中后期，我们见证了一个公民身份含义明显复杂化的过程。除马歇尔意义的公民身份之外，还兴起了诸如文化公民身份、环境公民身份、企业公民身份、女性公民身份等。您在女性主义的公民身份领域有着广泛的影响。您的著作《公民身份：女性主义的视角》为公民身份研究增添了新的视角。同时，该书也已被纳入我与我的同事肖滨教授一直主编的"西方公民理论书系"中，行将在中国大陆出版。我今天的访谈将主要围绕女性主义的公民身份展开，探讨女性公民身份的特殊性以及您对于女性主义公民身份的再思考。但在正式开始讨论这些问题之前，我还是希望了解一些背景性的知识。能否首先请您谈谈从事这一研究的背景，有哪些因素促使您从事这一主题的研究？

李斯特： 我首先从对您的感谢说起。感谢您对我的研究的兴趣，同时也感谢您把我的著作介绍给中国读者。其实，我数年前曾经指导过一个来自中国的博士生，我们共同从事这一主题的研究，并使我对中国的女性主义有了某些了解。说到背景问题，我对于这一主题的研究其实并不是源于学术背景。在我工作生涯的前半段，我曾就职于一个名为"儿童贫困行动团体"（Child Poverty Action Group）① 的运动组织（campaigning organization）。当我工作于这一组织的时候，公民身份是隐含其中的一个主题——哪怕这一主题在当时并不是特别明显——那就是为穷人争取权利。1990 年，我写了一篇短论，纪念这个组织成立 25 周年，并回顾在围绕贫困问题所展开的工作中公民身份是如何得到体现的。随后，我成为一名学者，并在早期受邀去作一次名为"埃莉诺·拉思伯恩纪念讲座"（Eleanor Rathbone Memorial Lecture）的讲座。埃莉诺·拉思伯恩是 20 世纪初的一位著名运动领袖，

---

① 英国最著名的慈善团体之一，主要追求消除儿童和家庭贫困。

她致力于为家庭，尤其是为母亲争得各种家庭补助，并著有著名的《破裂的家庭》（*The Disinherited Family*）一书。她在书中使用了公民身份这一说法。

在当时的英国，保守党政府也开始使用公民身份一词，它以一种相对保守的方式来表达积极的公民身份。但是，当我着手考虑讲座主题的时候，我惊讶地发现当时有关公民身份的政治话语完全忽略了性别的因素。于是，我就把它作为该讲座的切入点，并开始对这一主题产生浓厚的兴趣。一位名为乔·卡普宁（Jo Campling）的女士鼓励我就这一主题写一本书，当时她是一名编辑，很遗憾她现在已经去世。我认为这正是我想要写的东西。但是在当时，我没有意识到这一主题已经存在着相当多的理论。但一俟如此，我就必须全身心地投入到这一领域中去，自学各种政治理论以超越自己。这就是我从事此项研究的背景。

郭忠华： 因此，该书的目的实际上并非出于学术的目标，而是出于对实践的认知。但我猜想，如果对这一理论缺乏足够的理论准备的话，写作的过程将会显得异常漫长和艰难。

李斯特： 您说得太有道理了。我开始的确没有想就这一主题写一本书，有的只是一些实践经验，理论是后来才形成的。我花了非常长的时间来写这一本书。实际上，我想当时我几乎都快要放弃了，因为甚至过了两次最后期限却还没有开始写作。我原来打算写的内容与现在的内容存在较大的差别。原来的版本具有更多的实证经验，探讨的是在英国，女性在各个方面都被排斥在公民身份之外的表现，或者说在英国女性只拥有"二等公民"身份的表现。然而，就在我意识到它将要影响出版的时候，我的研究获得了进展，于是我写了一个完全不同的版本。我认为它比原来的要好得多。

郭忠华： 显然，女性主义公民身份是由两大关键概念组成的，即"女性主义"和"公民身份"。数天前，我曾对恩靳·艾辛教授进行过专访，他写了一篇《变动中的公民身份》，专门讨论公民身份概念含义的问题，它使我意识到要定义公民身份并非易事。我想您或许也有相同的体验。接触的理论越多，越会感到难以下手。但为了给下面的谈话打下基础，我还是想提出这一问题，即您是如何来定义"公民身份""女性主义"和"女性主义公民身份"这三个概念的？

李斯特： 我想在这一阶段，我对女性主义公民身份的理解很可能是从其他问题中产生的。因此我将首先谈一下"公民身份"，然后再谈"女性主义"，最后我们再回到"女性主义公民身份"上来——尽管这一概念目前并不是太清楚。你或者从我的书中已经注意到，我没有对公民身份作出自己的定义，我只是像大多数其他学者那样采用了马歇尔的公民身份定义，我所做的只是指出公民身份的关键因素（我在教学中也强调这样），把公民身份看作个体在共同体中所拥有的成员身份。我认为你也可以从"厚薄"（thick and thin）的角度来看待这一概念。"薄的"公民身份仅指作为共同体的成员，"厚的"公民身份则还包括个体对共同体的认同感和归属感，同时还包括由这一成员身份所引申出来的权利、义务以及平等的地位。这些都是公民身份的关键因素。然而正如你所说的那样，我也把公民身份看作一种地位，尤其是由这一地位所形成的正式权利和义务，这一点很重要。同时，公民身份也是一种实践，这种实践不仅体现在政治领域，而且体现在更广泛的领域里作为一名公民而行动。

此外，女性主义甚至更难理解。现有很多不同的女性主义视角。有的把女性主义看作一种分析工具，即把性别分化作为分析的核心。从这一点来看，最早的公民身份理论把社会阶级作为其分析的核心（尤其是马歇尔），女性主义的公民身份则把性别作为其核心。另一种视角则把女性主义看作一种政治，它是对女性的从属地位、被压迫、被歧视以及女性的二等公民身份地位的挑战，试图赋予女性以完整的公民身份地位。

郭忠华： 我明白您的意思，女性主义者试图从性别的角度来理解公民身份，即置换公民身份的阶级核心（马歇尔意义上的）而替之以性别的核心，专门从性别的角度来考察公民身份的是非和得失。

李斯特： 正是，女性主义公民身份把性别置于公民身份的分析核心。说到这里，我还要把前面对背景问题的回答加上一点，即我的女性主义的背景。我是一名长期而坚定的女性主义者，从 20 世纪 70 年代开始，我就积极地参与各种反对歧视妇女的运动。我还写作有关"公民身份与贫困"的著作，在这一著作中，性别也是一个重要的分析视角。正是这种女性主义的背景，使我容易选择从这一角度分析公民身份。

郭忠华： 接下来的一个问题可能会是非常大的问题。我想请您就女性主义公民身份的主旨作一个简单的归纳。具体地说，女性主义的公民身份所针对的问题是什么？它旨在达到什么样的目标？

李斯特： 这的确是一个大问题。在我看来，女性主义公民身份本质上要解决的问题是公民身份在理论和实践中对女性的排斥。如今，从日常的公民身份看来，女性虽然没有被完全排斥在公民身份之外，但很多女性仍然遭受着"二等公民"身份的待遇，她们仍不是全面和平等的公民。当然在不同的社会程度会有所不同。我提倡的女性主义公民身份是试图揭示和让人们理解这种情况是如何产生的，以及对此我们如何能够改变它。因此，在理论上，女性主义公民身份关注的是对公民身份的重新解读，它不具有性别的偏见。我的意思是公民身份应该具有普遍性，但实际上它是一种传统男性至上的概念，仅伪装为具有普遍性而已。女性主义公民身份的分析正是试图揭示这一点，并以更加友好、更加包容和更加多元的方式对待女性和重新解释公民身份，这点我后面将会谈到。从政治的角度来看，我认为女性主义公民身份旨在为女性提供一项个人或者集体性的政治工具。因为对我来说，理论必须与实践联系在一起，希望这一理论能够对女性提供帮助。

郭忠华： 在公民身份领域，排斥与包容、权利与义务、赋权与支配等被看作经典对立的范畴。当公民身份与性别问题关联在一起的时候，平等与差异则是其中至关重要的问题。在您重新界定的公民身份概念中，您较多谈到了排斥与包容、平等与差异的问题，同时也把女性主义公民身份建立在权利的基础之上。那么，就一种理想的意义而言，请问您是如何看待义务在女性主义公民身份中的地位的？尽管在公民身份的历史上，乃至当下，女性承担的主要是义务而非权利，但正如新保守主义在批判传统福利国家的时候所指出的那样，传统社会公民身份过于重视权利而导致了对义务的忽视。我想，女性主义公民身份作为一种重建的公民身份理论范式，该不会重新陷入公民身份的历史循环中去吧。

李斯特： 当我看到这个问题的时候的确感到有点吃惊，因为我在书中的许多地方谈到了义务和责任的问题。我认为其他女性主义的公民身份理论在一定程度上更注重批判一些传统关于义务的想法，或者说，至少在很多情况下，女性主义公民身份理论更多谈及的是权利问题。我想起了莉恩·富尔特（Ryan Foat）所写的一本书，她提倡把政治义务置于公民身份的核心，其他一些公民共和主义的女性主义者也认同这一点。在我看来，很多女性主义的公民身份理论都尝试在权利与义务间找到平衡。那么，这种平衡应当是什么样子呢？它们应当是互惠性的（reciprocal）还是条件性的（conditional）？新保守主义者更多倾向于认为两者是条件性的，而目前的大部分女性主义者（并非所有女性主义者都讨论义务，但有些确实如此）则认为两者是互惠性的。从她们围绕"照护"（care）在公民身份中的作用的有关讨论可以看出，"照护"既体现着公民身份的义务属性，也体现出公民身份的权利属性。这是一个很有趣的问题。在英国，有一本名为《公民身份》的书。在该书中，作者提出，女性主义公民身份理论只关注权利而不关注义务问题。我认为这完全是一种胡说。现在，女性主义的公民身份理论中存在着许多有关公民身份义务的观点以及有关权利与义务两者平衡的论述。

郭忠华： 我知道其实您在著作中也大量谈到了公民身份的义务问题。我之所以提出这一问题，主要是从您刚才对公民身份的概念界定的角度来提的。您从马歇尔主义的角度界定公民身份，把公民身份看作一种地位以及与之相联系的权利，因此我便好奇地询问您对于公民身份义务的看法。

李斯特：　原来如此，但愿通过刚才的解释之后，您不会觉得我是忽视公民义务的女性主义者……

郭忠华：　公民身份理论在其历史上大致经历了共和主义和自由主义两大公民身份传统。两者都提倡某种普通主义，但从性别的角度来看，不言而喻，两者所讨论的都主要是男性，从而形成对女性的歧视。这也是女性主义赖以进行反抗和提出其理论观点的基础。但是，作为女性主义的外行，我还是真诚地想听听您的观点，即您是如何看待这两大传统对于女性的歧视的？

李斯特：　您的问题使我想起了古希腊公民共和主义的起源。在那里，公民身份是一个具有积极意义的概念，它强调政治公民身份以及作为公民的政治义务。然而这种积极意义是有限的，由于当时的女性是奴隶，她们负责照顾家里的一切，而男性则能够以公民的身份在外面活动。同时，在自由主义传统中，对女性的歧视主要体现为法律规定，已婚女性在法律上从属于她们的丈夫。从这点来说，丈夫成了家庭事务中的公民首领（citizen heads），而已婚女性则未被看作具有权利的个体。无论共和主义还是自由主义，根据它们如何区分性别的方式来看待公民身份的实质，它们对于女性的歧视都可谓根深蒂固。男性的特征被看作为公民的首要的、必备的条件，此外还包括他们在公共领域中的理性、独立性以及其他超越于身体的东西（above-bodily things）。相反，女性则被看作感性的、非理性的、身体的及私人性的。因此，女性不具备成为公民的资格。我认为在共和主义和自由主义两种传统中都强调了这一点，这很大程度上源自理性与非理性、公共与私人等二分法。因此，对于公共与私人、固化（fixed）与分化（divided）等二分法的挑战无疑是推动女性主义公民身份理论发展的主要动力。

郭忠华：　针对传统普遍主义的公民身份观，您站在一种辩证的立场提出，必须建立一种"差异的普遍主义"或者说"分化的普遍主义"（differentiated universalism）。的确，我也承认，传统的普遍主义是一种建立在男性白人、异性恋、非残疾人等基础上的普遍主义，这种普遍主义对女性来说实际上是一种歧视。在"分化的普遍主义"模式中，您希望把女性的"差异性"与公民身份的"普遍性"结合在一起。但是，这两者之间无疑是存在张力的。请问您对这一概念的具体设想是什么？或者说，分化的普遍主义必须坚持一种什么样的原则，使之既能够照顾到女性的差异，又能产生公民身份的普遍性？

李斯特： 这的确是一个不容易理解的模式，但却有助于人们接受不同的观点。"差异的普遍主义"尝试解决公民身份的普遍主义与差异性之间的矛盾。我们不能完全抛弃公民身份的普遍主义价值，因为它非常重要。回顾我的著述，很早以前我就已经提到了道德承诺的普遍性，它与平等以及处理人们之间的矛盾密切相关。因此，对于平等价值的普遍认可是十分重要的，但是，我们同时还必须认识到我们之间依然存在着巨大的差异。问题的关键在于，你在坚持普遍主义原则下的那些重要承诺时，如何承认这些差异。"差异化的普遍主义"正是试图做到这一点。一方面，它从普遍主义的立场出发承认人与人之间的平等、团结等原则；另一方面，它又从多元主义的立场出发，意识到和承认人与人之间的差别。这一模式同时容纳了两种对立的观点，旨在把两者结合在一起，同时承认两者之间存在着永恒的张力。我在教学中引用的一个例子是，我向学生播放关于残疾人维权运动的录像。像残疾人所说的："我们想要平等，我们值得拥有平等，我们想要被平等地对待；但同时我们又为我们的差异而感到自豪，我们想要你们承认我们的差异，我们并不需要成为健全的人才能获得平等，甚至成为平等的公民。"因此，这一例子表明，他们希望获得的公民身份既有普遍性，也具有差异性。那些残疾人也为他们的差异而感到自豪，而且希望这种差异能够得到承认。我认为残疾人的例子很好地解释了这一点。

郭忠华： 的确，当我们谈论"普遍主义"的时候，追求的是平等、一致。但社会生活中从来就不存在什么抽象的普遍主义，任何普遍主义都是建立在既定的社会政治现实的基础之上。在传统社会，由于男性一直处于支配地位，这种普遍主义从而以男性的标准作为基础，对女性具有明显的歧视性。但是，一旦当我们把差异置于重要的地位时，既定的普遍主义就必须做出一定的让步。因此，我说两者是具有张力的，很难找到一种模式，一方面既满足了普遍主义的要求，另一方面又满足了差异性的要求。

李斯特：　的确如此。但是，普遍主义与差异之间并不是一种绝对排斥的关系。普遍当中包含着许多"特殊性"（particulars）。不能把普遍主义看作一种存在于那里的、既定的东西，它存在于特殊当中，普遍是从特殊当中抽象出来的，因此关键在于在普遍与特殊当中找到一种适当的平衡。不能因为普遍性就忽视了特殊性，或者认为重视特殊性就必须放弃普遍性。我的学生在理解这一点时也通常提出诸如此类的问题。

郭忠华：　根据"差异的普遍主义"原则，您提出了"女性-友好"和"性别-包容"型公民身份模式。其实，两个小时以前，在拉夫堡大学的学联书店，我再次读到了您写作的一篇相关文章，它讲的也是同一主题，即建立"女性友好型公民身份"。从女性主义的角度来看，这是一种什么样的理想图景，尤其从与传统公民身份模式相比较的角度来看，这一公民身份模式有何突出的差异和优点？

李斯特：　在某种意义上，我的目的是尝试再一次综合我所说的性别中立模式和性别差异模式。前者遵循普遍主义的观点，后者则提倡女性应具有一种不同的公民身份。这两种模式各有所长。因为我们一方面不想失去平等，另一方面我们希望女性在生活中的差异能得到认可。尤其是当考虑把"照护"容纳到公民身份的理念中时，许多女性主义者认为这是发展"性别-包容"公民身份模式的关键。公民身份的含义和内容已经扩展至包括一些女性做的事情（或者说更倾向于女性做的事情），如照顾家庭，一些非正式的政治领域。

与此同时，还有第三种公民身份模式——我所说的性别多元主义的公民身份模式。例如，在女性间存在很大的差异，我们不能在她们之中再造一种新的普遍主义，说女性都是一样的。因此这一模式与差异的普遍主义有点类似，它尝试把彼此间存在张力的不同东西结合起来。我所说的"女性-友好"和"性别-包容"的公民身份模式就是由这些不同的因素构建而成的。"女性-友好"也是一种公民身份，它指的是，在这一模式下，政策经常能注重男性和女性在生活需求以及他们各自情况的差别性。它区别于以男性劳动模式为基础的福利国家，或者以男性劳动模式为基础的社会保障体系。因此，在我所说的新公民身份模式下，公民可以享有同样体现着女性生活和劳动模式的社会保障体系或公民身份的社会权利。具体地说，你将享有一个更注重兼职劳动者需求的社会保障体系和公民身份社会权利。尽管在英国现有的社会保障体系下，兼职和全职劳动者都享有一定的福利待遇，但兼职劳动者在现有模式下仍然处于相当不利的状况。"女性-友好"的公民身份可以体现在广泛的社会生活领域中，而不仅仅是政治领域，但主要体现在公共政策领域。这一概念源自斯堪的纳维亚。在那里，人们讨论着"女性-友好"型福利国家。我从这一点中获得启示，所以"女性-友好"在某程度上更多的是一个政策性概念。

郭忠华： 与男性世界存在着众多差异性一样，女性世界同样充满了差异性。比如，白人女性、亚洲女性、黑人女性、异性恋女性、同性恋女性等。请问您在建构女性主义公民身份的概念时，您主要是以哪些女性作为参照群体？是否有考虑到比如黑人女性、亚洲女性等群体的存在？因为如果没有考虑到这种复杂性的话，您所说的"差异的普遍主义"中的"差异"实际上仍然有限，在没有进入您的视野的女性看来，您所建构的"差异的普遍主义"实质上仍是一种"虚假的普遍主义"。

李斯特： 我的写作围绕的是西方发达工业社会的背景，所以我参照的群体是这种社会中的女性。对于不同类型社会中女性的情况值得在理论上作进一步探讨。我想强调的是，我认为女性是一个多样化的群体，有时候黑人女性的需求会与白人女性有很大差异。或者说，残疾女性、同性恋女性、年长的女性、年轻女性等都会有十分特殊的需求。在写作的时候很难兼顾到所有群体，但认识到不是所有女性都和我一样这点确实十分重要。但我认为，个别政策只能在福利国家的背景下探讨才有意义。如果不是在福利国家，那么将不会出现我书中最后一章的讨论。但我希望一些普遍性的理论必须适用于具体的情况才可能具有价值。我和来自欧洲不同国家的九名同事一起写作过一本书。在书的一开头我便指出：公民身份是一个非常情境化的概念。这一点始终贯穿全书。回想起您来自的国家，我从很多我教过的中国学生中得知，他们确实很难把其中的一些理论与他们国家的具体情况联系起来。我知道我的书即将出版中文版，我希望中国的学者和行动者能把这些理论运用到中国，并与中国的国情相结合。

郭忠华：　回到您所提出的"human agency"概念上来，您集中于从作为权利的"地位"和作为行动的"参与"的角度建构女性主义的公民身份。但是，正如前一问题所讲的差异一样，即使在白人女性群体内部同样充满了差异性。有些人很积极地投身于争取女性公民身份，有些人则不那么积极，有些人甚至认同传统的公民身份模式。因此，请问您是如何看待女性在争取公民身份运动中的同质性问题的？

李斯特：　我认为这当中并不具有同质性。女性通常不需要以公民身份的语言来争取公民身份权利，她们可以通过不同的方式来实现不同的需求。女性主义运动向来存在着很大的差异，不同的女性群体有着不同的侧重点，不管她们是在争取更加平等的公民身份，还是强调政府应对家庭母亲提供更大的支持。在 20 世纪初的英国，工人阶级女性和中产阶级女性以各自不同的方式争取权利，两者的关系甚至曾一度紧张。在 20 世纪末期英国的女性主义运动中，在不同的种族、性取向，以及某种程度上的阶级，甚至是残疾妇女群体之间存在很大的分化。女性有时候以女性的身份进行权利争取运动，但有时候则以残疾妇女或黑人女性的身份出现。我认为，"行动者"的提法就像是要把大家团结起来，作为统一体行动那样。政治行动者在这一过程中发挥着极为重要的作用，这体现在它不仅使女性意识到自己是具有影响力的公民，而且还能强化女性的公民身份。但实际上这里存在着两种不同的情况：女性有时候以女性的身份团结起来，她们之间的差异被暂时搁置或作为次要考虑的东西；但有时候，女性是以哪一种身份进行权利争取运动显得更加重要。

郭忠华： 女性主义运动听起来是一个具有高度同质性的运动，但里面实际上存在着不同的范畴，追求的目标可能也会迥异……

李斯特： 的确如此，我们不能因为听说是女性主义的运动就以为所有女性主义运动追求的都是相同的东西，当然，也不能反过来，强调女性主义运动的差异性就忽视它们之间存在的共通性。两者都走得太远。女性内部尽管存在着很大的差异，但如果你所强调的不是不同种类的女性之间的差异的话，就不会有太大的困难把妇女作为女性而团结起来。就如我前面已经说过的那样，新普遍主义的做法是危险的，因为它试图代表所有女性的声音，似乎所有的女性都是一样的。

郭忠华： 差异与平等是女性主义公民身份建构过程中非常难以逾越的问题。一方面，女性希望享有与男性完全平等的权利；另一方面，又希望能够保留女性的差异性。对于女性主义的公民身份应当建立在"正义伦理"还是"照护伦理"基础上的问题，您试图走一条中间道路，即将"性别中立"和"性别差异"结合在一起，也就是前面所说的"女性-友好"模式。您能否再具体谈一谈打通两者对立的有效途径，或者举一个例子来加以说明？

李斯特： 当然，平等与差异是对立的两极，问题在于如何把两者综合起来。我认为没有一种简单的方法可以解决两者之间的差异。举一个例子来说，这也许也跟其他的问题相关。正如我所说的，照护是一个很关键的问题，谁应承担起照顾的责任？我认为要解决差异的关键是改变劳动的性别分工。我们要更加强调男性应做什么，而不是女性应做什么。与其说女性将像男性一样，还不如说男性将变得更像女性一样。长久以来，关于妇女产假、育婴假（parental leave）的政策鼓励着人们承认照护，因为它体现了差异所具有的价值。但同时，照顾家庭的责任不应该仅由女性承担，更不应由此导致女性仅能获得二等的公民身份。

郭忠华： 由于这两个概念在您所建构的女性主义公民身份中是如此重要，以致我想了解得更加详细一点。您能否以英国为例，说明在英国政府的公共政策中有何解决平等与差异问题的有效措施？

李斯特：　我想围绕育婴假的政策是其中一个重要的方面。在英国，政策关注的是保障妇女的产假以及延长产假的问题。这带来的问题是，一方面它增强了女性作为母亲从而具有的差异性的地位，另一方面它却削弱了女性在劳动力市场中的地位。这一点最近在英国引发了许多争议。雇主不愿意雇用即将休产假的女性，而且当女性休完产假返回工作岗位时，她们也会发现自己很难跟上工作节奏。因此，如果女性休了产假的话，她们的一生将会受到很大的影响。然而在斯堪的纳维亚和北欧国家，他们强调的是育婴假，而且尝试鼓励男性休育婴假。所谓的"奶爸假"政策正是其中的例子之一。在冰岛，父亲享有一两个月甚至三个月的产假，如果他们不休假，就当他们放弃了假期。我认为这种政策意识到照护的价值所在，同时它又尝试避免照护所产生的负面效果。因此，这正是我如此强调这种政策工具的原因。它是一种试图改变劳动的性别分工的重要政策工具。有证据表明，如果男性休产假，他们随后也会参与照顾孩子。

郭忠华：　与公民身份的性别问题联系在一起的还有公共领域与私人领域划分的问题。长期以来，公民身份与公共领域联系在一起，妇女的工作则由于其从事家庭照顾的性质而与私人领域联系在一起。请问您是以一种什么样的方法，使妇女既能保持其女性的特征，又能参与公共领域，充分享受公民身份权利？还有就是您为什么认为妇女处于公共领域与私人领域的缝隙之中？

李斯特：　从某种意义上说，问题第一部分的答案与最后我们刚刚讨论过的那一个问题的答案类似。解决的关键在于男性的改变，而非女性的改变。正如我之前提到的，这种公共-私人领域的划分其实是理解古典公民身份的支点。总的来说，在公共领域和私人领域发生的情况都与此相关。女性主义的重要贡献之一就是提出了两种观点：一是认为公共与私人领域的划分并不是固定的，两者会相互竞争而发生变化，而且在不同社会两者的划分也不一样；二是认为私人领域发生的现象对公共领域也会产生很大的影响。例如，在家里谁干什么，谁负责家务，谁照顾孩子都将不同程度地暗示着谁能成为公共领域的公民，以及谁能够进入政治体系和劳动力市场。这正是公共-私人领域划分问题如此重要的原因。正如我之前所说的，这一问题将导致人们考虑什么是拥有公民身份的必要资格。

至于我所说的妇女处于公共领域与私人领域的缝隙之间的问题，其实是关于公共领域与私人领域在哪里交汇的问题。这在地方社群和公民社会引起了广泛的关注。在一些贫困的地区，女性经常参与维权运动，但她们不仅是为了争取某项东西而抗争，她们通常是为了她们的孩子以及女性在私人领域中肩负的责任而抗争。这些维权运动把她们带进了公共领域，使私人领域与公共领域得到联结。在我曾参与过的"儿童贫困行动组织"，有一项关于女性行动主义者的研究发现，女性主义运动是从厨房和餐桌开始的，这些私人领域正是她们开展维权运动的起点。与男性相比，在女性身上更能体现公共领域与私人领域之间的紧密关联，因为女性既扮演着公民的角色，也代表着她们孩子的利益。

郭忠华： 我能理解您的意思，同时也同意您的观点。实际上，公民身份自产生之始，例如在古希腊，尽管在那里存在着泾渭分明的公共领域与私人领域，只有男性公民才能进入公共领域，但实际上他们仍然脱离不了来自私人领域的支持。只有依赖于女性（包括妻子）、奴隶等在私人领域的工作，男性才能走出私人领域而进入公共领域。

李斯特： 的确如此。我还要补充的一点是，他们没有把私人领域与公共领域有机地联系在一起，相反，他们是在两个领域之间划下清晰的界线，妇女仅仅被限定在私人领域中。

郭忠华： 让我们再回到家务劳动上来，这些事情尽管看起来很琐碎，但对于女性主义公民身份来说却是至关重要的。在人类历史的大部分时间和世界的大多数地方，妇女都是家务劳动的承担者。妇女的这种角色影响了她们成为完全的公民。妇女倘若要获得完全的公民身份，家务劳动势必要在性别之间做出适当的调整或者赋予它们不同的价值。我不知道您是如何看待这一点的？

李斯特： 家务劳动与照护工作密切相关，但两者又相互区别。为了阐明这一点，我们需要回到之前我所提到的关于育婴假的讨论上来。我认为关于工作时间的政策在此非常重要。英国经济生活中，人们工作相对长的劳动时间，也就是说，人们期望男性工作更长的时间。男性为了获得工资而必须长时间地工作，这使他们难以兼顾家务。如果女性承担起照顾家庭的责任，那么她们就不能工作同样长的时间以获得工资，否则她们就不能兼顾工作和家庭，除非她们相当富裕能够雇佣其他女性帮她们做家务，这是条件好的夫妇的做法。然而如果能够缩短工作的时间，这就可以鼓励男性和女性一起完成工作、照顾家庭和进行家务劳动，我认为这是最好的方法。荷兰人曾讨论过这一方法，他们制定了一种折中的方案，但却未能有效执行。尽管如此，在荷兰，从事兼职工作的男性比其他大多数国家都要多。

郭忠华： 在亲密关系领域，您提出了"性公民身份"（sexual citizenship）和"亲密公民身份"（intimate citizenship）两个概念。显然，从传统公民身份的角度来看，这完全是一种创新，因为性、亲密关系等完全是被作为私人领域的事情来看待的。因此，您能否谈一谈对于这些公民身份的设想，性公民身份、亲密公民身份主要体现在哪些方面？

李斯特： 我必须说明的是这些都不是我创造的术语，目前已有很多人使用"性公民身份"的概念。我更多地是沿用了戴安·理查森（Diane Richardson）和杰夫里·维克斯（Jeffery Weeks）的研究成果。至于"亲密公民身份"则是一个叫肯·普卢默（Ken Plummer）的人提出的概念。亲密公民身份的内涵要比性公民身份更加广泛，因为性公民身份只是亲密公民身份的一种形式。关于性公民身份有两个方面的问题：一方面需要认识到性是公民身份权利和义务分配的一个决定因素，但是与权利相比，义务与性的问题更容易被人们忽略。这里，我十分赞同戴安·理查森的观点，她指出了三种不同的性权利要求：第一种是她所谓的基于实践的性权利，也就是具有特殊形式的性活动的权利；第二种是基于认同（identity）的性权利，即获得认同的权利，如果同性恋夫妇在公共场所牵手、拥抱和接吻被看作另一种正式的性行为的话，那么，他们拥有在公共场所从事这些性行为的权利；第三种是基于关系的权利，类似同意的权利、同性恋者结婚的权利。尽管很可能大部分讨论针对的是同性恋者、双性恋者和变性人，但它们并非与普通人的性权利无关，也许只不过是性少数群体会更多地提出性公民身份的理念而已，因为这对于他们来说是最有价值的。关于性公民身份的另一方面是，它拓展了我们对于公民身份的理解，使我们认识到性是公民身份的一个重要方面。这一点更加明确地体现了性公民身份与亲密公民身份两者之间的联系。

关于亲密公民身份，我认为很难透彻地理解它，或者说很难具体地把握它。肯·普卢默写了一本关于亲密公民身份的书，我不能以一两句话来概括他的观点，只能说亲密公民身份丰富了公民身份的内涵和外延。我想他将同意我的观点，即你的私密生活并非独自封闭的，你在其中承担着公民的角色。这是具有法律效力的，它是公民身份议程的一部分。因此，如果有人对其伴侣实施性暴力，这是一个法律上的公民身份问题。

郭忠华： 那么，我们是否可以认为亲密公民身份与其他公民身份类似，指的是一些少数群体为争取平等地位而形成的一种公民身份？

李斯特： 不，我不认为亲密公民身份是为少数群体而设的。它关系到每个人的个人生活、私密生活，它可能在某些方面上与公民身份有一定的关联，这点我们可以讨论，但我想这不是很具体。

郭忠华： 从政治公民身份的角度来看，按照马歇尔的经典界定，它指的是"公民作为政治权力实体的成员或者选举者，参与行使政治权力的权利。与政治权利相对立的机构是国会和地方议会"。请问女性主义对于政治公民身份的目标是什么？是要使女性沿着既有的政治公民身份的路径上发展，如争取有更多的妇女成为议会、政府官员等，还是要使政治公民身份的性质发生变化，使女性的工作成为政治公民身份的内容？

李斯特： 尽管不同女性主义者所强调的重点是不一样的，但这一点却是所有女性主义者都强调或首要考虑的方面。广泛地说，这部分关系到让更多的女性能进入拥有政治权力职位的问题。有时候，它体现的是平等。女性占总人口的一半，所以她们应该拥有一半的政治权力，这是平等的地位。同时，人们需要认可不同形式的政治活动所具有的重要性，并视它们为政治公民身份，这是我所说的非正式政治。有时候女性自己根本不会想到政治，但是正如我们之前提到的，在地方社群中要把一些事情做好，非正式政治是很重要的。我在书中也提到，要尝试把正式政治与非正式政治两者对接起来，这样，正式政治就能以更开放的态度接纳非正式政治。一些女性根本就没想过要成为政客或者参加政党，除非她们想改变现状。我想这点在一些像苏格兰这样的小邦中更容易实现。我们将发现这种情况经常发生在苏格兰议会上，但很难出现在像中国、英格兰这样的大国里，因为在地方层面上更容易教育人们。公民身份存在着超越马歇尔政治权利的第三个方面。

郭忠华： 但我仍然不是很明白，我知道您说的前两个方面：一方面是关于平等的问题，即女性与男性一样在政府和议会中拥有相同的地位；另一方面指非正式政治领域。但您刚才提到的第三方面是什么？

李斯特： 第三方面就是尝试为这两方面建立起新的联系。从来不打算成为议会成员的女性在非正式政治中却表现得非常积极。因此，非正式政治能够对正式政治产生影响，这就是第三个方面。

郭忠华： 从社会公民身份的角度来看，请问您是如何评价传统福利国家对妇女的社会公民权利的影响的？在"公民-工人"（citizen-the worker）与"公民-照护者"（citizen-the carer）这两种模式之间，您提出了"工人-照护者"的模式，您能否对这种模式的愿景做一些具体的描述？它主要在哪些方面超越了传统福利国家模式？

李斯特： 传统的福利国家模式对女性具有积极的意义。它为女性提供了一些她们从未享受过的社会权利，如社会服务和政治空间。

它鼓励女性自力更生，离开不满意的婚姻关系以及独立抚养孩子——尽管它在做这些事情的时候可能存在何种缺陷。同时，这一模式也为女性提供更多的工作机会，许多女性在福利国家获得了工作。但与此同时，这一模式主要是以男性劳动或男性作为养家糊口之人的劳动模式作为基础的，男性代表女性去挣钱并且代表女性获得社会权利。因此，传统的福利国家模式导致许多女性在经济上对男性具有严重的依赖性，这导致女性经常受到歧视而仅能获得二等公民身份。在一些国家里，这种情况得到改善，尤其是在欧洲。目前欧盟对社会保障政策中的性别歧视持明确的反对态度。这些国家的情况逐渐获得改善，我们已朝着更大的"工人-照护者"模式发展，尽管在这一方面可能还说不上完善。但是这种"工人-照护者""公民-工人"和"公民-照护者"模式的理念其实是为挣钱而工作的公民服务，因为照护者也要工作，这回到之前所提到的一点，即要尝试创造能使女性和男性分享照护工作和收入的福利国家和劳动力市场。因此，无论是男性还是女性，她们都既是照护者，同时也是挣钱者。与现在的情况相比，这更容易在两者间实现平衡。这就是我所谈到的工作时间政策、育婴假等问题。我认为这种模式对女性有利，它能使女性获得更好地进入劳动力市场的机会，而不需要以牺牲与孩子相关的事情为代价。在这些政策下，男性将得到更多与孩子相处的时间，体验照顾孩子的乐趣。这对孩子来说同样有好处，因为她们能和父母双方相处，就像吉登斯"亲密关系的民主"理念那样，它能带来更多的民主，它与传统福利国家模式下出现的父母一方依赖着另一方的情况完全不同，我认为传统的模式效果并不好，希望新的模式能使父母有更多的时间与孩子相处。

郭忠华： 现在我想超越民族国家的政治空间，从民族国家和全球政治之间关系的角度来思考女性主义的公民身份。请问女性主义在民族国家与世界政治问题上持一种什么样的立场？

李斯特： 我认为，不同的女性主义者对此问题的看法可能会有点不同，但大部分女性主义者都赞同全球化的视角是十分重要的。女性运动，从过去到现在都是一种具有国际性的运动。在强大的国际主义力量的推动下，平等和团结等价值成为女性主义的主要价值。从公民身份的视角来看，当我们从全球的范围谈论义务时，就会考虑到在落后国家妇女的权利现状以及容纳移民、难民和寻求庇护者的能力。一些女性主义者会基于各种理由认为，公民身份根本是一个没用的概念，而事实上，公民身份是和民族国家相连的，它在一定程度上不可避免地具有排他性。

郭忠华：　女性主义作为新社会运动的一部分，显然，与其他社会运动存在着关联，尤其是环保主义。在公民身份领域，生态公民身份同样有着重要的影响。请问您是如何看待女性主义公民身份与生态公民身份或者其他新型公民身份之间的联系的？

李斯特：　你说得对。生态女性主义显然是女性主义中的一个流派，但它不是女性主义的主流，而是相对边缘的流派。这个问题很可能与前面提到的问题相关。生态主义是全球公民身份中一个十分重要的维度，它有助于人们理解全球正义的问题。经济发达的国家逐渐意识到应该对落后国家的气候变化承担责任。因此，我认为在某些方面，环保主义与女性主义关于正义的理念是关联的。我认为围绕有偿工作、照顾等问题，一些福利国家的理念与女性主义的理念有很大的相同之处，环保人士所写的东西与上述两者所关注的问题也有很大的契合之处。因此，我认为它们之间的互相配合并非偶然，而是具有内在的关联性。使我感兴趣的是，我曾经参加过一个名为"新经济基金会"（New Economic Foundation）的环保组织，前不久我还去和他们讨论工作议程。他们试图从环保主义的视角反思社会政策，并邀请我对此谈一些诸如工作周、劳动的性别分工等关于性别方面的问题。

郭忠华：　女性主义运动具有悠久的历史。请问站在今天的角度来看，女性主义运动的成就主要体现在哪些方面，尤其是那些与公民身份相关联的方面？时至今日，它所表现出来的问题又主要有哪些？

李斯特：　对于这个问题的回答取决于你把重点放在哪里。我认为女性主义已经取得了巨大的成就，但是其中的大部分成就通常都不是在女性主义的旗号下取得的，而是通过代表女性的女性运动和抗争获得的。当然，在不同的国家情况会有所不同。在英国，女性通过抗争在理论上获得了平等的政治权利、民事权利和社会权利。但在实践中情况却通常不是这样。毋庸置疑的是，每个女性都见证了英国的女性主义运动。如果你忽视了这一点，女性公民身份抗争者所取得的成就便会失去其应有的价值。但这同时也会带来危险，有人说如今是后女性主义的时代，因为女性已经获得了所有的成就。但这种说法是没有道理的，因为在实践中我们显然还没有达到这一点。

我认为，目前仍存在一些特殊的问题，譬如我之前提到的有偿工作和照护工作两者的关系。我在一篇文章中把它们称作是摇摆不定的政治。我们从一个极端出发，为许多女性而抗争，为她们争取在劳动力市场中获得平等，这在当时是一股巨大的浪潮。然而人们却很快发现，女性所进入的仍然是一个有利于男性的劳动力市场，女性必须承担与男性一样的劳动时间和劳动强度等。于是，我们又回到照护这一关键问题上来。女性主义者提出，有偿工作实际上是对女性的一种欺压，我们应该争取让女性留在家里照顾孩子。与之相对的是，过去我们提倡女性不要留在家里照顾孩子，因为这会导致女性失去全面的公民身份。由此可见，我们前后不一致，摇摆不定，这确实是有问题的。这也是目前英国社会保障政策的一大问题。只有男性发生改变，问题才能得以解决，摇摆政治才可能走向平衡。否则，我们将会纠缠于有偿工作与照护问题之间而不能前进，因为照护家庭通常被看作女性的责任。

郭忠华： 您的著作《公民身份：女性主义的视角》主要是站在英国，尤其是您自身实践经验的基础上提出的主张。与中国的情况相比，尽管其中存在许多普遍的东西，但差异之处同样存在。因此，我还是想听听您对于中国女性主义或者女性主义公民身份的见解。

李斯特： 我不清楚中国是否存在强烈的女性主义运动，也不知道中国女性会不会把自己称作是女性主义者，因为我知道在一些国家，人们不愿意使用"女性主义"这一西方化术语。虽然我从邮件中得知中国的情况已发生了很大的改变，但是从我接触到的中国学生中可以看出，中国女性似乎对公民身份概念没有多少了解。

郭忠华： 最后，能否请您就女性主义公民身份的理论观点，再作一非常简要的概括？以便读者对这一理论领域形成清晰的理解。

李斯特： 从根本上说，没有一种单一的女性主义公民身份，因此我的书只是提供一种女性主义的视角，即使这样也不能包括所有不同的女性主义视角。首先，我认为女性主义公民身份理论本质上是关于尝试改造或重构公民身份理论，所以它对女性来说是一项有用的分析性政治工具。为此，正如我们之前讨论到的，女性主义公民身份试图促进体现"女性-友好"或"性别-包容"模式的公民的发展，这些模式强调的是女性的情况和需求，反对把女性和男性看作一样的假设，因为这些假设将造成这样的效果，即男性的需求和情况成为塑造公民身份模式的主导力量。

此外，这些模式也是为了更好地实现平等，平等是公民身份的主要内涵，因此公民身份必须包含性别平等。当然，性别平等也会带来一定的危险，男性成为标准，于是女性不得不表现得像男性那样才能获得平等。其次，我们必须考虑性别差异化的公民身份，特别要意识到这样一点，即女性总体上仍旧对照顾家庭、照顾孩子和老人负有主要责任。再次，女性能以不同的方式参与政治实践或政治公民身份的实践，这点是必须被认可的。需要强调的是，传统的公民身份意味着公共领域和私人领域两者严格区分，其中公共领域的公民身份由男性享有，而私人领域则是非公民身份的。我们承认私人领域仍具有一定的意义，但公共领域与私人领域两者并不存在不可逾越的鸿沟，因为私人领域发生的情况对公共领域的情况有着重大的影响，反之亦然。这就是女性主义公民身份理论最重要的观点，你必须把公共领域放到私人领域中才能使人们理解两者之间的关系。最后，我认为大多数女性主义公民身份理论都具有多元主义的色彩，因此我们必须把女性的特殊情况纳入多样性的考虑之中。

从左至右：埃里克、吉登斯、郭忠华

（2009 年 4 月 22 日于英国上议院）

在气候变化问题上，不要指望能达成所有国家一致同意的协议，国家之间的双边协商或许更是出路。同时，即使能达成一些协议，问题的实质也不在于是"什么"，而在于"如何"上，即如何使这些协议得到执行。

——安东尼·吉登斯

气候变化问题的行动困境与政治解决
——对安东尼·吉登斯的访谈

背景介绍：现代社会的发展给人类带来了巨大的福祉，但也给人类生存带来了巨大的考验。站在 21 世纪第二个十年的终点回望现代社会的历程，可以发现，现代社会在其发展过程中隐含着巨大的矛盾性。生活在当今社会的我们已不能再如欧洲启蒙思想家们曾经乐观期待的那样，人类终将凭自身的智慧和能力而过上确定、丰裕和自由的生活。不仅威胁人类生存的传统因素没有消除，如疫病、地震、海啸、飓风等，而且还由于人类自身原因而制造出威胁更大的人造风险（manufactured risk），如全球气候变暖、全球恐怖主义、全球金融危机等。2009 年 3 月，著名思想家安东尼·吉登斯出版专著《气候变化的政治》，并迅速在全球学术和政治界形成广泛影响。美国前总统比尔·克林顿称其为"一项里程碑式的研究"，"敦促每一个人阅读它"；著名思想家乌尔里希·贝克称其为"一项深刻而高度原创性的贡献"。鉴于气候变化问题的当代重要性以及本书的影响，访谈者选择了"气候变化的政治"主题对吉登斯进行专访。

一、气候变化问题的"吉登斯悖论"

郭忠华： 能否首先请您谈谈从事此项研究的背景。我们知道，当今世界面临着各种各样的问题，核武器、恐怖主义、生态灾难、克隆技术所带来的伦理问题等，某种程度上说，其中有些甚至比气候变暖更直接，您为何单独选择全球气候变暖问题作为研究对象，在您看来，它具有何种特殊的意义？

吉登斯： 的确，当今世界存在着许多问题，有些从表面上看似乎远比气候变化问题显得重要。实际上，我对这一问题的兴趣主要来源于一本书的主题，那就是《全球时代的欧洲》。一方面，在当今全球化时代，欧洲处于各种政策调整的领先位置，气候变化政策是其中极为重要的主题。那本书的写作使我思考欧洲与气候变化的关系。另一方面，也与我本人的学术研究有关。既然我已写作了有关全球化的主题，写作了有关风险的问题，写作了有关欧洲的问题，气候变化主题似乎是把所有这些主题串联在一起的问题。但是，当我真正着手研究这一主题的时候，令人吃惊的是，实际上并不是很多人探讨过这一主题。的确，科学家对这一主题进行过大量的讨论，对技术感兴趣的人们对这一主题进行过大量的讨论，生态主义者和国际组织也对这一主题论述良多。但我发现，他们实际上并没有真正明白气候变化的社会学意义和政治学意义。我的意思是，他们可能从科学的角度探讨过气候变化的问题，但迄今为止，没有从政治学的意义上探讨过气候变化问题。这就是我给自己许下的抱负，要理解气候变化的政治学意义。《气候变化的政治》即源于此。它不是一本有关"气候变化"的著作，而是一本有关"气候变化的政治"著作。

郭忠华： 的确，在阅读本书之前，气候变化问题对我来说也是一个"事后思考"（back-of-the-mind）的议题，您的著作很有说服力，通过阅读，它在我的意识当中也逐渐成为一个"事前思考"（front-of-the-mind）的问题……我想大多数人都如此，因为还没有接触到这一主题，因此都是一个"事后思考"的议题。

吉登斯： 哈哈！的确，气候变化问题对大多数人来说不会是一个"事前思考"的议题，在大部分时候、绝大多数地方都如此。

郭忠华： 是的，阅读本书之后，我至少产生了三种体会：一是发展中国家与发达国家在气候变化问题上的比较问题。对发展中国家来说，可能最重要的议题在于如何发展经济，就如您在书中所提到的某一个国家的领导人所说的那样，"我们国家的核心任务在于发展经济，改善人们生活"，言下之意是，气候变化作为一个更惠及子孙的问题是更次要的问题。相反，这一问题在当前的西方发达国家似乎更得到充分重视。二是气候问题解决的难度问题。在解决这个高度公共性问题的过程中，存在着太多的工具理性计算和"搭便车"情形，包括国际舞台上的民族国家同样如此。这一问题的存在使气候变化问题的解决总是显得说得多、做得少。三是您思想的连贯性。我阅读本书的时候，可以明显体会到这是一个新的研究主题，但从更大的层面来看，它似乎又与您刚说到的风险、全球化等问题存在着明显的相关性，而且都秉持了一种"乌托邦现实主义"的立场。关于本书与您此前的学术关联问题，我们稍后再谈，我们现在谈一个更一般化的问题。如您所言，围绕气候变暖问题，已经形成了各种各样的观点，如悲观主义的、乐观主义的、环保主义的等等，实际上，各种观点都存在其合理性，都存在自身的理由。您是如何看待围绕气候变化问题所形成的这些观点的？

吉登斯： 你说得没错，围绕气候变化问题，至少存在着两种鲜明对比的观点，即悲观主义的态度和乐观主义的态度。环保主义的观点实际上更是一个稍微不同的问题。一方面，你知道，气候变化是一个非常特殊的问题，它涉及的实际上主要是风险、不确定性问题；另一方面，它与其他问题不一样，不像在战场上打仗，具有明确的敌人，气候变化问题不容易直接成为人们生活必须直面的问题。正因如此，针对这一问题形成不同的态度和应对方式也就是自然的了。但无可置疑的是，世界上有许多科学家对未来气候变化的严重性进行了很有根据的估计，近年来由于气候问题所导致的灾难也有目共睹。正是针对这一客观性事实，形成了两种根本不同的观点：一是我在书中所说的激进主义者的观点，把气候变化的严重性说得有如世界末日一般。二是怀疑主义者的态度，认为世界气候从来就没有停止过变化，今天的变化与几千年前的变化没有什么两样，同时还认为，即使今天的气候真正发生了如科学家所说的问题，人类科技终究能够找到其解决之道。相比之下，激进主义者更与科学家的观点保持一致。近年来的一项调查显示，在发达国家，有大约40%的人站在激进主义的一方，同意全球气候变暖问题的严重性。怀疑主义者的观点则更与乐观主义者联系在一起，这种观点在社会科学研究者那里也很有市场。从我个人的观点来看，我感觉完全站在哪一边都不可取。

就绿色运动而言，它是一个不同的问题。绿色运动在把环境和气候问题推到公共讨论的前沿方面做出了较大的贡献。但是，在应对气候变化的第二阶段，我们显然不能依赖于绿色运动。这部分是出于生态运动的关怀，他们出于对生态的保护，骨子里想要建立的是一个"没有发展的社会"，同时他们对科学、进步总是持怀疑的态度。另一方面，他们主要是作为一种公民社会运动而存在的，但今天，在应对气候变化方面，我们需要的实际上更是一种"主流"（mainstream）的考虑，即把它纳入正式政治的考虑日程。这不仅在发达国家需要如此，包括中国在内的发展中国家同样需要如此。我不认为生态主义者仅仅强调"保存"的态度对全球气候变化问题的解决会有很大的帮助。

郭忠华： 的确，气候变化问题的解决最终还是需要走上政治的日程，依赖于政府的推动。这一点我完全同意。但您为什么说在应对气候变化问题上存在着一种"吉登斯悖论"（Giddens Paradox）。您能否简单地概括一下"吉登斯悖论"的主要内容？

吉登斯： 我说的"吉登斯悖论"主要指这样一种困境：气候变

化问题尽管是一个结果非常严重的问题，但对于大多数公民来说，由于它们在日常生活中不可见、不直接、不具体，因此，它们在人们的日常生活计划中很少被纳入短期考虑的范围。悖论之处在于，一旦当气候变化的后果变得严重、可见和具体，后果非常严重。从实践的角度来看，一旦处于这样的情况，我们已经又不再有行动的余地了，因为一切都太晚了。相同的情形还出现在印度的气候变暖上。当然，我不是说我们现在就处于这样一种悖论中，我是说如果我们再不把气候变化问题有效地纳入政策议程，那真的将会出现这种悖论的情形。

解决气候变化问题不能依靠对民众的恐吓，而必须依赖于实际的政府政策。可以把气候变化政策与其他政策，例如我所说的经济融合，结合在一起，形成气候变化政策与经济竞争性之间的相互拉动机制。这样，我们就可以从气候变化的问题当中取得良性的结果。这对于中国来说也一样。中国经济尽管增长很快，但其环境污染问题也非常严重。如果再不采取措施，这将开始反过来削弱经济增长的潜力。但如果能把气候变化政策与经济增长结合起来，那么，将不仅获得经济的竞争性，还可以获得长期增长的潜力。

郭忠华： 因此，"吉登斯悖论"实际上表明的是：当尚有采取行动的余地的时候，却不采取行动；一旦必须采取行动的时候，却没有行动的余地了。

吉登斯： 的确，因为气候变化问题不像一个什么物件，你可以把它存放起来，放在房间的某一个角落，然后计划说一个月之后或者更久以后来处理它。气候变化问题却不能这样，它会不断积累和恶化。这也正是为什么"吉登斯悖论"在气候变化政策方面如此重要的缘故。它不仅针对普通的公民，而且针对政府领导人，尤其对后者而言显得更加重要。我们都知道，作为一名领导人，很容易说到2050年我们将做一些什么，但很难说未来5年我将具体做一些什么。把目标定在遥远的将来是容易的，但在不久的将来具体化却不容易。

郭忠华： "吉登斯悖论"让我想起"奥菲悖论"（Offe Paradox）。后者表明的是一种社会的结构性悖论：资本主义"不能"没有福利国家，但资本主义又不能"与"福利国家共存。资本主义与福利国家既相互联系，又彼此对抗。但从"吉登斯悖论"的表达方式上看，似乎更是一种心理悖论。在您看来，这种悖论产生的原因主要有哪些？

吉登斯： 是的，这里面当然存在很大的差别。奥菲主要从一种系统论的角度来思考福利国家，同时它也非常侧重于理论的角度。它主要指当代福利制度在面临经济危机时所处的一种困境。从理论的角度来看，它显然是一种非常有力的悖论，但现实政治却是不断变化的，并没有陷入这样一种不可解决的悖论当中。回到气候变化的问题上来，气候变化显然是一个非常现实的问题，它容不得我们去做非常理论和逻辑化的思考，而是必须从政策的层面，以一种非常系统化的方式来思考这一问题。例如，处理气候变暖问题需要有相应的科学技术，但我们不知道应当如何来形成这些技术。把资本主义、福利国家、市场在理论上关联在一起当然是容易的，但要应对一个高度实践性的政策问题，我们就必须有更多经验的思维。

郭忠华： 理论上强有力的悖论在实践中未必如此，经验上很实用的东西在理论上则可能会显得不合逻辑。这从某种程度上表明了理论与经验之间的差异。但我还是想回到"吉登斯悖论"产生的原因上来，那就是为什么大部分人对于气候变化问题总是持一种事后思考的态度？我读过鲍曼的《现代性与大屠杀》，也读过奥尔森的《集体行动的逻辑》。他们似乎为"吉登斯悖论"提供某种解释的方式。前者表明当屠杀犹太人的过程被分解成一个个细小的环节，每一个人都只需完成其中一个很小的环节时，由此产生的心理负疚感将大大降低。尤其当受害者远离了实施者的视线或者不直接接触屠杀的现场时，或者实施者被煽动起某种仇恨时，更是如此。一方面，用在气候解释上，那就是气候变化问题尽管后果严重，但因为在大多数人的当下生活中看不见、摸不着，故人们也就总是感觉可以高枕无忧——毕竟在现实生活中有更多更直接和更重要的问题。另一方面，奥尔森则表明了公共产品问题上的集体行动逻辑。如果不存在外部强制，理性经济人与公共产品的结合，总是会导致"搭便车"的后果。

吉登斯： 你的解释的确存在合理的地方。一方面，对于大多数人来说，这是一种自然的倾向，总是容易把不直接、不可见、不具体的重大问题置之脑后，对那些持怀疑主义态度的人来说就更是如此。另一方面是你所说的大量"搭便车"的问题。以欧盟为例，作为一个共同体，它依赖于成员国的共同努力才能有效应对气候变化问题。但是，如果中国、美国置之事外，那就导致了巨大的"搭便车"问题。这一局面使国家之间处于不同的现实之中，付出不同的成本，它们就属于"搭便车"者。因为它们享受了其他国家气候治理政策所带来的成果却没有付出成本。实际上，从一般公民到国际层面，气候变化政策上的"搭便车"现象非常严重。其典型表现是"除非你做了我才这样做"。就气候变化问题而言，"搭便车"现象有其更直接的经济原因，尤其是发展中国家，这也是我在书中提出"发展要务"（development imperative）原则的原因，它表示发展中国家必须拥有同等发展的权利，这不是出于道德上的考虑，而是因为它们变富了可以减少人口，因为人口与世界社会的可持续发展、与资源的可持续性直接相关。当然，中国、印度的情况又有所不同，中国尽管发展很快，但我认为其不具有一套发展的规范与之相适应，这也是我为什么强调"经济融合"政策对于这些国家的重要性的原因，因为如果不这样的话，这些国家的发展也就不可能长久持续下去。

郭忠华： 一般来说，既然是一种悖论的话，那就将是一种被彼此"锁定"的状态，很难被解开，即两个方面既彼此关联，又彼此违抗，至少在逻辑上必须如此。如果这种悖论能够被解开的话，它也就不是一种逻辑上非常完善的悖论。您一方面提出了"吉登斯悖论"；另一方面，您又建构了"气候变化的政治"试图解决这一悖论，这种做法在逻辑上是否本身就表明了某种悖论呢？

吉登斯： 从逻辑和理论的角度来看，你的说法有道理。但我前面已经说过，我侧重的是策略层面，而不是要追求理论的抽象。因为全球气候变暖依靠学术上的理论抽象不可能得到解决，关键在于政策的议程，进入完全不同的领域。因此，就这一点而言，我们实际上所处的是两个不同的领域。从实践和政策的层面来看，或许你所说的悖论就不存在，至少不会感到严重。

二、气候变化的政治

　　郭忠华： 我们现在转向"吉登斯悖论"与"气候变化的政治"之间的关联好吗？您在文中明确提出："气候变化的政治旨在解决'吉登斯悖论'"。如您所说，"吉登斯悖论"的基点在于人们的"事后意识"。我仔细分析了您提出的"气候变化的政治"框架，加上"可持续性"（sustainability）和"污染者买单"（the polluter pays）两个概念，它一共有 12 个概念，所有这些概念基本都集中在"公共政策"领域，侧重于民族国家的政府。您对这种侧重也给出了理由，那就是自下而上的解决方式无法长期有效地解决气候变化问题，市场则存在其"外部性"。那么，我想了解的是，在强调大众意识的"吉登斯悖论"与强调公共政策的"气候变化的政治"之间，如何做到您所说的"气候变化的政治"主要在于解决"吉登斯悖论"，两者之间不是存在着某种不对称的关系吗？

　　吉登斯： 啊，但是"气候变化的政治"也旨在应对一种事实。我想两者之间尽管表面看上去属于不同的领域，但实际上彼此联系在一起。气候变化的"事后意识"在大众社会领域不可能得到解决，而必须借助于公共政策领域。这一点我前面已经讲过。依靠自下而上的解决方式，依靠市民社会或者市场的解决方式，都不可使气候变化问题得到真正的解决。问题的解决还必须借助于自上而下的方式，即政府权威，才能有长远的保证。对于气候变化的政治，我提出了 12 个概念，社会科学领域实际上并没有发明这些概念来应对这一问题。这就是我为什么提出"政治融合""经济融合""发展要务"等一系列概念的原因，我想对于气候变化的问题，我们需要有一套政治上的概念框架。你或许记得，如我在书中试图强调的那样，它们的首要关注点不是"气候变化"，而是"气候变化的政治"，意思是使社会、经济变迁与气候变化政策携手同行。我想我这样做是一个起点，即在社会科学领域以一种系统化的方式来应对气候变化的问题。我有一位同事做过一项普遍性调查，令人吃惊的是，只有大约 1% 或者 1.3% 的文章是有关气候变化方面的。考虑到这一问题的重要性，这的确是一项非常令人吃惊的结果。的确，在我看来，我们还没有强化这一议题的理念，还没有一整套概念来应对气候变化问题。无论如何，我提出的所有这些概念都想使它们成为应对这一问题的出发点。

郭忠华： 的确，"气候变化"问题与"气候变化的政治"是两个完全不同的问题。在大部分国家，可能对气候变化的问题做过很多探讨，但从社会科学领域，即从气候变化的政治角度来看待这一问题的，我想的确稀少。您所提出的"气候变化的政治"概念框架涉及政治、经济、社会等诸多维度，似乎显得彼此重叠。请问您对这些概念是否具有一幅总体的图景或者蓝图？能否描述一下这一蓝图？在这众多概念后面，是否又存在某种最基本的理念？

吉登斯： 我想这里面有两个最基本的概念：一个是"政治融合"，另一个是"经济融合"。首先，从经济融合讲起吧，经济融合指的是将气候变化的政治与其他经济政策整合在一起，既获得经济上的竞争性，又获得技术革新的动力。在我看来，这是最关键的一种政策。对于政治融合来说情况也一样。不论是欧洲还是中国的煤炭工业，都具有同样的特征，它们都是化石燃料，都是高排放的工业，这种工业对于气候变化有着非常重要的影响。我们还可以以汽车为例，美国拥有世界上数量最多的汽车，汽车同样是全球气候变暖的最主要因素，而且数量众多的汽车看似给人们带来了很大的方便，但实际上还造成交通拥堵。在这种情况下，国家如果能够形成某种政策，发展高科技的公共交通，那么，它将不仅能够减少排放，而且还可以使交通变得顺畅，方便人们旅行。所以，政府把气候变化政策与公共交通政策融合在一起，不仅能够减少排放，而且还有助于制定长久的政策。气候变化政策尤其需要有长远的思维，因为在过去二三十年里，在那一"非管制化"（deregulation）的阶段，气候变化政策被搁置。

我们现在需要有一种长远的思维，需要将政策"打包"（package）在一起，以便使未来气候不至出现灾难性的结果，我们必须在国家、国际层面上将汽车等政策融合在一起。

美国前总统奥巴马说过："等着瞧吧，我们将改变美国，我们将创造一种低碳经济，我们将改变经济的性质。"我想这是一种"管制的途径"（regulate approach）。我还可以说，欧盟采取的也是一种管制的方式。这种政策实际上更没有与一般的公民联系在一起。我们需要把所有的事情捆绑在一起，进行系统化的考虑，而不只是考虑我们应当如何来发展低碳技术，我们应当如何来减少化石燃料的使用，我们应当如何来发展风力发电。这些问题尽管重要，但把它们拆开来分析与把它们总合在一起进行系统化考虑，那是完全不同的事情。可以说，我在《气候变化的政治》中尽管提出了一系列的概念，我没有意思说这就够了，它们能够解决气候变化的问题，因为这里面的确是一个非常复杂的问题。

郭忠华： 在我看来，您整个理论框架想要做到的无非是两条：充分利用好现已发生的气候变暖，充分准备好气候变化问题的解决平台。在我看来，您的理论框架表现出两个方面的特征：一是高度理性化的策划，如政治融合、经济融合、百分比原则、重视积极面等。二是一种非常精致的平衡，如既要解决气候变暖，又要有市场的竞争性；既要有政治民主，又要有气候变化机构的权威。但正如您在提出结构化理论时所说的那样，行动者的确是无论什么时候都是理性的行动者，但还存在其他两个因素：行动未被认识到的条件和行动的意外后果，而且这些后果会反过来成为下一步行动的条件。而且从政治运作的角度来看，要一直保持一种极为精致的平衡是非常艰难的，毋宁说政治一直是动态的。您的气候变化政治框架的确非常重视政府的理性策划一面，不知您对行动未被认识到的条件和行动的意外后果这两个方面有没有考虑？

吉登斯： 这的确是非常重要的问题，但我认为理性化行动与你说的行动未被认识到的条件和行动的意外后果之间并不矛盾。我说的是把它们作为一种指导性原则，在公共政策领域，总是以政治融合、经济融合作为行动准则，总是朝着改变人们对于气候变化的态度的方向迈进。我们的社会需要有某种乌托邦的思维，它引导我们迈向我们希望建立的社会，它使我们看到机会和积极的一面。

郭忠华： 从理想的角度来看，这的确非常可取。但对于一个大国来说，尤其是像中国这样的大国来说，它存在着众多层级的政府，中央政府具有高度的自主性，可能出于您所说的理性化行动与理想性展望而制定良好的气候变化政策。但对于地方政府来说，由于政府的层级太长，经过层层过滤以后，到最基层以后一种愿望良好的政策可能变得面目全非，甚至完全服务于 GDP 增长的需要。

吉登斯： 有许多大国具有多层级的政府，但并不是说地方政府就总是不重视气候变化的问题。据我所知，有许多国家的城市政府也非常重视气候、环境问题，它们甚至反过来成为促使中央政府制定环境和气候政策的力量。美国也同样存在着这样的情况。城市政府对于城市区域有较大的管制权，它们对于本区域的汽车等管理可以发挥较大的作用。20 世纪 90 年代初的北京都还是一个自行车遍地的城市，但现在的北京已经成为一个高度汽车拥堵的城市。这对气候变暖有很大的影响。但是，北京这几年也制定了一些很实际的政策来控制汽车的使用。这都是地方政府能够做到的事情。实际上，世界城市之间还存在着一个网络，中国的部分城市政府也加入了这一网络，这对气候变化政策来说可以起到一种联动的效应。美国在布什政府期间曾经否认气候变化的问题，对低碳技术、世界气候变化的协议采取抵制的态度，但是，这不妨碍有些州政府对气候变化问题的重视。

郭忠华： 是的，在气候变化问题上，地方层面和国家层面实际上可能各有千秋。很难说哪一个层面就一定会做得更好。在您的"气候变化的政治"框架中，存在着一个非常重要的概念，即"保证型国家"（ensuring state）。它在该框架中居于首位，而且您还谈到，它不同于"赋权型国家"（enabling state），您能否简单谈谈这两个概念之间的区别？在气候变化的政治中，"保证型国家"主要应当发挥哪些重要的作用？

吉登斯： 我在《全球时代的欧洲》一书中就曾经使用过"保证型国家"概念。我想，对于气候变化问题来说，赋权型国家是一个显得太弱的概念，它的含义是加强（energize）各种社会团体在解决集体问题上的能力，这些团体主要以一种自下而上的方式运作。我不否认，当代公民社会的确可以做很多的事情，他们有着各种各样的信息，在帮助老年人方面尤其可以发挥很大的作用，社会的自治实际上还是依赖于公民社会本身的。但我不认为这个概念对于气候变化问题来说足够有力，因为它对于后果问题考虑得很少，它没有看到国家本身所具有的重要作用。

气候变化是一个后果非常严重的问题，国家当然不可能把事情全部做好，它依赖于与公民、其他社会组织的合作。但是，国家在这种合作中有着更重要的作用，它必须监督和检查，必须进行长远的策划，这些是公民社会本身所无法做到的事情。但是，保证型国家可以做到这些方面。保证型国家比赋权型国家更强，意思是它履行着更强的功能。例如，它有责任监督公共目标，并且以一种可见和可接受的方式实现这些目标。就如当前的经济危机，保证型国家与赋权型国家的区别同样适用于这一问题。金融市场并不是一个能够自我管理的领域，这就要求国家能够从长远的角度对金融市场进行调节。在当今全球化时代，我们需要的更是一种保证型国家。当然，我没有意思表明我们要迈向一种"自上而下"的体系，这种自上而下控制的政府在当代世界同样是不可能成功的。但是，我们的确需要某种实质性的国家调节，甚至是国家计划，尤其是在气候变化这一问题上。

郭忠华： 这意味着这两个概念的差别在于，赋权型国家的重心主要集中在公民社会身上，通过公民社会来实现公共目标，而保证型国家的重心则主要在政府那里，尽管它不忽视公民社会的作用，但更重视政府的主动性和监督职能。

吉登斯： 的确，你说得非常有道理。气候变化问题不可能依赖于自下而上的公民社会得到解决，它们无法做到从政策上进行长远的策划，也无法以一种系统化的方式制定政策的目标和进行监督。

郭忠华： 当然，公民社会由于其多元性而无法像政府那样进行理性策划。我刚才在路过议会外面的时候，看到很多抗议者在向政府示威。这使我想起了一个问题，那就是讨论已久的政治自主性问题。您的方案认为政府具有高度的自主性，是完全理性的筹划者。但从国家与社会的关系而言，国家的自主性在大部分时候受到公民社会的制约。一旦政府的所作所为惊醒了公民社会那只"睡着的狗"，它可能就不那么自主了。

吉登斯： 没有错，门口有很多抗议者，他们是斯里兰卡人在抗议英国政府对斯里兰卡局势的不作为。对于你所提出的问题，我的意见是，我们需要有强大的市民社会来实现包括气候变化在内的各种公共目标，我们需要有强大的市民社会来保护经济企业等的发展。使它们与政府携手合作，与经济组织携手合作。这与我所说的保证型国家之间并不矛盾。因为我已说过，保证型国家不是要退回到那种自上而下的权威主义模式中去。在保证型国家中，国家必须与公民社会密切合作，也必须与私人经济领域密切合作。保证型国家主要是与赋权型国家的比较而言，而后者显得过弱，仅依赖于公民社会。保证型国家则既重视公民社会、经济领域，同时也注意发挥国家的自主性。这一点是可以做到的。

郭忠华： 我现在明白"保证型国家"的主要意思了，在应对气候变化方面，我们的确需要更加强化国家的作用。在您批判环保主义者和您自己提出的概念框架中，有一点令我印象深刻，那就是认为环保主义的"预防原则"（precautionary principle，或者简称"PP原则"）只看到风险的负面作用，在您提出的概念框架中则有一条"重视气候变化的积极面"。通过阅读您以前的著作，我也记得您持有这样的观点，即风险不完全是负面的，它还有积极的一面。具体到气候变化问题上来，气候变暖所带来的风险显然属于您所说的"人为风险"。那么，您认为在这种人为风险中，存在着何种积极的因素？

吉登斯： 在气候变化和其他环境问题方面，"预防原则"之所以不可取，在于它的保守性。这一原则的内在含义是"安全总比遗憾好"（better safe than sorry）。在自然方面，这一原则要求不要干预自然，应当采取措施使自然免受潜在的威胁。问题在于，我们生活在这个地球上，怎么会不干预自然呢？如果把这一原则用在气候变暖问题上，它产生的是一种极坏的后果。好了，我们现在生活在一种全球气候变暖的条件下，但按照预防原则，我们不能采取任何干预措施，这不是反而造成危害了吗？在风险方面，预防原则只看到风险的一面，那就是风险的负面性，或者说有害的一面，认为我们干预自然的过程必然导致有害风险的出现。但问题在于，风险还有积极的一面。不论我们面临什么样的风险，危害有多么大，根据成本—收益原则计算，它总是具有积极的一面。因此，在我看来，我们必须用另一种"PP原则"取代生态主义的"PP原则"，那就是"百分比原则"（percentage principle）。我的意思是，我们要根据成本—收益原则来分析各种风险，而不只是一味地预防。当然，在引入这种新的"PP原则"时，我们不但要普通大众广泛地参与讨论，而且还要认识到所有的风险估计都是情境性的，不是千篇一律，无比准确。

至于你说到的气候变化风险具有哪些积极的一面，我想这一问题的答案非常清楚。解决和防止气候变暖，我们需要发明新的技术，这会使环境技术取得进步。按照我刚才所说的"经济融合"和"政治融合"，为了解决气候变暖问题，气候变化政策与经济政策和其他公共政策融合在一起，这可以使经济获得新的增长点和动力，同时气候问题在以后也可以获得持久的解决。同样的道理还体现在人们的思想意识方面。这些都是气候变化风险可以产生的积极效果。

郭忠华： 好，现在我们具体来谈谈您所提出的新"PP原则"，即"百分比原则"。在我看来，这一原则至少存在两大问题：一是气候变暖将会无限地延续下去，因为这一原则压根就没有要从根本上解决气候变暖的意思。例如，建立一个发电厂，根据气候变暖的风险评估，积极面是51%，消极面是49%。根据理性选择的原则，它应当建立。但我们知道，它仍然带来了巨大的负面后果。二是按照您早年建立起来的结构化理论的基本原则，行动者总是在行动未被认识到的条件下行动，同时行动总是伴随着"意外的后果"。把上述两个方面结合在一起，我们可以看到，一方面，百分比原则永不可能使气候变化问题得到解决；另一方面，具体条件下的百分比计算不可能是准确的，即使按照预算有较大的收益，但由于"未被认识到的条件"和"意外后果"的影响，收益也可能大打折扣。出于这种考虑，您能否具体谈谈百分比原则在公共政策领域中的操作设想。

吉登斯： 我的意思是，你不能把"百分比原则"当作是一个具体的计算公式，同时，我也没有要为政府决策提供一个具体的、普遍适用的公式的意思。我的意思主要是一种思维方式，即在公共政策制定的过程中，总是要从这两个方面出发进行思考。我可以举一个例子，以通用集团为例，这个集团对当地的生态环境具有潜在的影响，但其他一些人则说，通用集团的环境对食物等影响不大。这就涉及风险评估的问题，并以此作为政策制定的依据。就我而言，通用带来的风险可能远大于其所带来的收益。无论如何，它仅仅是一种原则，不是一种具有普遍适用性的公式。你说得一点都没有错，没有认识到的条件，行动的意外后果，它们都是政策执行过程中必然产生作用的因素，有时候它们产生良性的作用，有时候则是负面的作用，但这不妨碍把百分化原则作为一种指导思想来使用，因为如果不这样，我们可能根本就无法行动。

郭忠华： 关于"发展要务"的问题，您强调的是发展中国家必须拥有经济发展的权利，哪怕是这种发展在短时间内极大地增加了温室气体排放量和增强了温室效应。从某种程度来说，许多国家现在所走的就是您所说的"发展要务"之路，但这种发展路径至少造成两方面的严重后果：一是使发展中国家成为全球气候变暖的主要促进者；二是使发展中国家以后的气候变坏，治理成本增高。因此，您能否谈谈发展要务与气候变化之间的关系，我的意思是，发展中国家经济发展了，如何就解决全球气候变暖的问题了呢，或者换一种方式来说，发展中国家的经济发展与气候变化政策之间是何种关联？

吉登斯： 发展中国家显然不能走发达国家已经走过的老路，他们要以我们前面已经谈到过的经济融合和政治融合的方式谋求发展。发展要务原则主要指发展中国家具有经济上取得发展的权利，经济发展是解决发展中国家贫穷的唯一可行之路。没有经济发展，也就不可能使这些国家的气候问题最终得到解决，尽管就目前而言，发达国家仍然是全球气候变暖的主要造成者。发展中国家在谋求经济发展的时候，可能会比目前造成更多的排放，这要从两个方面来看，一方面是这些国家在发展，他们的经济总量在增加，一个经济停滞的国家当然温室气体排放会少；另一方面，这些国家的经济发展会是解决其气候变暖问题的基础。因此我说，发展要务在气候变化的政治中具有重要的地位，并且哪怕这一发展过程在短时间内造成了温室气体的提高，都要谋求贫困国家的发展。

但另一方面，发展中国家目前已经形成了某种协作机制，尤其是在科技协作方面。当然，发展中国家在谋求发展的时候，还是必须注意要从一开始就把经济政策和气候变化政策整合在一起，这或者又回到了我们刚才讨论的经济融合问题上来了。融合是一种理想的类型。例如，中国目前的发展速度的确很快，但是，我也强烈建议，它必须充分考虑这种融合。在未来十到十五年内，中国准备建立 35 座核电站，我从报纸上看到，中国政府开始把它们与各种气候变化的目标联系在一起。的确，我们需要有这种融合。如果从我们的文明的可持续性角度来考虑，我们要发展的也必须是那些低碳经济，促进低碳技术的发展。我很希望看到，在工业化的下一个阶段，中国成为低碳技术的先锋。在这方面，韩国倒是一个先锋，这不是说韩国的科技比中国发达，或者说比中国具有更多的资源，实际上这一个非常不幸的国家，是一个造成了环境巨大破坏的国家。但是，韩国突然发生了巨大的转变。我希望这种情况也会突然出现在中国，尤其是在地方层面。中央政府良好的政策目标，在经过层层官僚制过滤之后，不会变成地方经济或者 GDP 的考虑，而是注意其他一些更加无形、更加惠及子孙后代的气候和环境。当然，要改变这种情况不容易，这里也没有什么简单或者普遍的先例可循，但却是必须考虑的问题。其实，现在中国的发展就已经出现了很大的问题，如北京出现了令人吃惊的肺病数量和汽车拥堵等。发展所导致的功能紊乱（disfunction）在中国已经变得非常突出。实际上，这些都是我们刚刚讲到过的悖论的具体化。使用汽车给你带来方便，但又给你带来交通堵塞、气候变暖。

郭忠华： 中国的气候、环境问题的确存在诸多问题，但也在迅速发生改进。我还是想回到您框架中的最后一个问题上来，即您所说的"前摄适应"（proactive adaptation）。它似乎在气候变化的政治框架中非常重要，您不仅用了整整一章的篇幅来论述这一概念，而且在文中也说过：本文前面所介绍的大部分概念都与"适应"有着直接的关联。的确，适应似乎成为应对气候变化的关键，您理论框架中的其他概念似乎都不过是适应在各个维度的展开而已。但在您早期的著作，尤其是《历史唯物主义的当代批判》一书中，您对"适应"一词似乎非常厌恶。您在批判进化论的时候提到：出于理论和经验方面的理由，我想把"适应"概念（或者其任何同义词）从社会科学的词汇表中彻底删除。因此，我想问的是，您现在为什么反过来反而如此强调"适应"概念了呢？这两者之间是否存在某种差别？在我看来，"适应"一词尽管在联合国等非学术机构中得到广泛的使用，但我觉得从学术研究的角度来看，它似乎的确如您早年所说的那样，过于忽视人类主体的"能动性"或者说"创造性"。人类历史应当是自主创造与结构制约两方面合力作用的结果。

吉登斯： 这是一个非常重要的概念，因为"吉登斯悖论"就针对这一背景。气候变化的政治概念框架所涉及的大部分概念都既适用于"适应"，也适用于"减轻"（mitigation）的情形。前摄适应的含义在于，认识到气候变化问题在未来不可避免地会变得更加严重，我们在采取措施减少气候变化的同时，还必须在政治上积极去适应由此将带来的问题。前摄适应要求以一种长远的思维考虑未来气候变化将给我们带来的后果，从而积极采取预防的措施。除气候变化外，积极适应措施可能也适用于其他方面。例如，在住房建设方面，我们可以建立低能源消耗的住房，这种住房在屋顶和正面（façade）都安装太阳能面板，使之能充分地利用太阳能，减少化石燃料的使用，同时有效地减少火灾。政府在长远政策规划和资金安排上必须充分考虑这些方面。对于未来十到十五年的潜在风险，政府必须在今天就着手进行预防，尽可能限制可能出现的风险。以中国为例，成千上万人的生活依赖河流，那么，中国政府可以建设更多的水电站以防止水灾频发的问题，这对于中国来说或许还是非常重要的一个问题。前摄适应的含义在于不是等到风险已经出现以后才着手应对，而是必须有超前和长远的思维，尽早着手，建立相应的责任机制。这一点在应对未来的极端天气状况方面非常必要。近几年来，总是有些地方出现极端的天气，如飓风、台风、冰雪、海啸等等，它们是一些很可怕的天气现象。

前摄适应不是仅仅依赖于政府，它涉及其他的方面，尤其是保险业。从某种程度上来说，保险对前摄适应是最为重要的方面。政府有责任进行长远的规划和预防，但极端天气所带来的灾害每年总是会发生，那么，为了减少由于灾害所带来的损失，那就必须使保险业尽可能覆盖所有的领域。在这一方面，尤其要重视私人保险所能发挥的作用，某种程度上风险构成了私人保险存在的最后保障。这又回到我们前面所说的"经济融合"问题上来了。简单来说吧，前摄适应要求政府进行长远的规划，并且建立一种经济和财政秩序，使私人保险业尽可能覆盖所有的灾难。

郭忠华： 那么，您在《历史唯物主义的当代批判》等早期著作中对"适应"概念的猛烈批判，与您今天对"适应"概念的高度重视，这种转变您又是如何看待的呢？

吉登斯： 这是两种不同的适应。进化论所使用的"适应"指人类个体如何适应其生存环境，气候变化政治中的"适应"则更强调技术创新的含义。前者完全忽视了人类个体的能动性，把个体的生活看作与其他动物一样，是一种对自然环境的适应活动。我们都知道，人类生活实际上并非如此。行动者具有自己的目的，能够按照自身的目的去改造其生存环境，而不仅仅是"适应"。我在《气候变化的政治中》使用"适应"这一概念，实际上基于两种理由：一方面是"适应"在有关气候变化的文献中已经得到广泛的使用，的确，你已经无法抛弃这一概念而另创其他概念；另一方面，我所使用的"适应"不像进化论那样，忽视人类个体的能动性，而是非常强调超前思维和主动应对，就像我刚刚讲"前摄适应"时所强调的那样。适应可以划分为两种情形：一是事后适应，二是对可能未来的适应。从我对概念的使用你就可以知道，前摄适应指的是后一种情形，进化论的"适应"则基本上指的是前一种情形。

三、气候变化问题的国际之维

郭忠华： 气候变化问题是当今社会的一个重大问题，但它与军事问题等不同，它不完全限于民族国家。民族国家具有清晰的领土边界，但全球气候却是一个整体。气候的这种性质决定了全球气候变暖问题的解决不完全取决于单个民族国家，国际合作至少与民族国家内部的努力同样重要。但在当今民族国家体系中，由于两方面的原因：一是国家之间的利益和文化冲突；二是联合国等国际组织的决议取决于民族国家的权力，使得全球气候变暖问题的解决在国际层面比国家层面显得更加复杂和困难。我想要了解的是，您所建立的概念框架在多大程度上能够应用到国际的维度，您认为从国际维度来看最大的障碍是什么？

吉登斯： 你可能也知道在丹麦，将再一次举行"地球峰会"。这是继里约、约翰内斯堡、京都、哥本哈根等地曾一再举行"地球峰会"，这是民族国家聚集在一起商讨气候变化的问题。民族国家之间的协商对于气候变化问题的解决具有非常实际的意义。例如，美国与中国之间的双边协商，对于未来气候变化问题或许能够起到非常重要的影响。这些在哥本哈根会议上是可以期待的。但是，从现实主义的立场出发，我的确对这些会议不抱太大的希望，它们不可能一劳永逸地把所有问题都解决了，这是很困难的。因为其中涉及 200 多个国家、国家集团，每一个国家和国家集团都具有各自的利益。另一方面，即使我们期望可以达成一些协议，也涉及你到底应当如何来执行这些协议的问题？历次会议都一样，发达工业化国家总是在其中扮演着最主要的角色，但是，这里面还是涉及国家、地区等利益的分歧。因此，如果从超越国家的层面来看待全球气候变暖问题，事情将变得更加困难。国家利益、地缘政治成为协商解决这一问题的主要障碍。在解决气候变化问题的旋律中，同时还夹杂着资源争夺的杂音。

出于这一现实背景，我的结论是，国家之间的双边协商或许更是出路，不能指望那些国际会议能达成所有国家都普遍同意的协议。但我所说的"双边"不仅仅指单个国家之间，而更指国家集团之间，尤其是中国与美国之间的双边协议。因为这两个国家目前已占世界排放总量的一半以上，它们如果能走到一起并且采取实质性行动，无疑将对全球气候变暖问题做出巨大的贡献。我非常高兴地看到，中国领导人表达了在国际舞台上将扮演更多领导的角色的愿望，这要求中国不是完全根据国家利益而行动，而且要顾及国际利益。作为美国一方，如果中美双方能够走到一起并达成如科技转让等协议，将会是非常重要的一步。工业化国家之间，尤其是欧盟内部，所有国家都必须积极行动起来，密切合作。因此，国际层面的协商对于全球气候问题的解决的确至关重要。中国、俄罗斯、中东国家、欧盟、美国等，所有这些国家或者国家集团都必须从资源争夺战中走出来，这对于气候变化问题的解决将会非常有益。当然，这些在你听起来可能是一些非常幼稚的想法，尤其是经历了《京都议定书》之后。但我们还是要有怀有一种理想，发展所有可能的合作。在气候变化的问题方面，人们在谈论 G2（中国和美国）或者 G3（中国、美国和欧盟）的问题，这些国家或者国家集团占世界排放总量的绝大部分，这三大国家集团必须凝聚起来，但出于极为明显的原则，这又是极为困难的事情。

郭忠华： 是啊，讲到气候变化的国际维度，会使我们感觉倍加艰难。但无论如何，事情总是在不断取得进步。从里约到约翰内斯堡，再到京都和哥本哈根，无数次挫折，但又总是能够一次次地聚集在一起，总是能够达成一些协议，或许事情就只能这样以一种点点滴滴的方式推进。

吉登斯： 这可以说是一种进步，但也难说是一种进步，因为它没有对民族国家的政策构成实质性的影响。即使这次会议达成了一些协议，关键的问题不在于是"什么"（what），而在于"如何"（how）上，即如何使这些协议真正得到执行，因为无可置疑，它们的执行还得依赖于民族国家的权力。在这一方面，中国对于世界社会的未来的确显得太重要了。

郭忠华： 既然讲到中国的问题，能否请您更具体地谈谈，在处理全球气候变暖问题上，您认为中国应当扮演什么样的角色。

吉登斯： 我希望中国在世界舞台上能够扮演一个更负责任的角色，作为平等的一员，与美国、欧盟携手并肩，制定更加透明的生态政策，认识到只有这样才是对世界社会的未来做出贡献。但讲句实话，天知道这些愿望如何才能得到实现。但是，正如我在《气候变化的政治》一书的最后一章所说的那样，世界社会最后说不定变成了"索马里"，各个国家围绕着资源在进行你死我活的争夺。你经常可以看到，各次峰会，实际上是围绕着非洲等地的丰富资源在进行争夺，世界各主要国家或者国家集团则是其中的主角。这也正是我致力于主张"协调政策"（coordinating policy）的缘故。中国对此应当承担更多的责任。在应对全球经济危机方面，G20 会议非常令人感到振奋，但对于气候变化政策却不是同样那么令人感到振奋。同时，我也非常希望你回国以后，能够发挥重要的作用，这需要有人去推动这些事情。我有一个想法，你或许可以召集一些真正非常重要的商界领导人，一些有志于环境政策的商界领导人，说服他们接受"经济融合"的基本原则，使他们相信只有有利于环境保护的企业才能在未来求得生存。我记得在中国有 4 家这样的企业，托尼·布莱尔与这些企业存在联系，其中 2 家是国有企业，另外 2 家是私人企业。在这一领域，我们需要商界领袖发挥其重要的作用。因为正如你刚才说到的那样，许多企业经常以一种与环境为敌的态度来发展自己。使他们在气候变化政策中发挥重要的作用，有助于其态度的转变。

郭忠华： 作为访谈的结束，我最后还想问的一个问题是，您的学术经历已逾 40 年，曾经涉及一系列不同的研究主题。您能否谈谈气候变化这一研究主题与您此前学术研究之间的关系？

吉登斯： 这实际上是一个非常有趣的问题。你也知道，在我学术生涯的前面一段时间，我写过为数众多的学术著作，后来，我又开始著述更为实践性的著作。前后之间似乎使人感到困惑。因为后一阶段我有一种强烈的实践冲动，并且我还有意识地不要写得那么学术化，因为太学术化的话，被阅读的范围将不会太广。但对于本书来说，我又有意识地回到以前的状态，创造一些新的概念，使之看起来有点像社会理论。通过这种方式，《气候变化的政治》似乎把以前两种倾向融汇在了一起。同时，它实际上也延续了以前提出过的主题。《第三条道路》一书对环境问题已经极为重视。当时的政府对环境问题根本不重视，但我在写作该书的时候，有意识地强调这一主题的重要性，以便日后引起政府的重视。后来，托尼·布莱尔果真发生了很大的变化，发表了一系列有关环境问题的演讲。

附一：经济衰退、气候变化与规划的回归[①]
安东尼·吉登斯

当前，每一个地方都充斥着气候变化以及如何应对的消息。当然，经济衰退也一样。它们都是全球性的使人深为忧虑的问题。不过，它们之间最终将会是一种什么样的关系？

西格蒙德·弗洛伊德曾经说过，每一次危机同时也是个性积极一面的潜在刺激物——一种重新开始的机会。政治领导者没有忽视这一点。仿效美国总统奥巴马，许多领导人都签约支持气候变化"新政"的理念。有理由相信，低碳技术的投资，建筑和公共交通上保温材料的投资等，将为经济的再一次腾飞做出根本的贡献。

尼克·斯特恩，《气候变化经济学斯特恩评论》的著名作者认为，这些措施至少必须占恢复方案投资的20%。奥巴马提出的计划某种程度上低于这一比例，但其他一些国家的比例却高于此。比如，在韩国的恢复方案中，三分之二以上的投资用在了这些目的上。

我支持气候变化"新政"的理念，并希望它能如其所计划的那样实现双重收益——实际上，如果各个国家能够减少对进口油的依赖，它将带来三重收益。但是，弗洛伊德所说的刺激效应应当刺激我们在更广泛的前沿领域进行思考和行动。

我们正处于一场重大革命的风口浪尖上。化石燃料的经济即将逝去，现在是深入思考其可能含义并得出结论的时候了，这包括从对事实的本质、现世的含义到更加广泛和推理性的思考。

从本质的一面来看，主要是有关工作的问题。气候变化"新政"

的支持者认为，"新政"本身就将带来新的工作。但是，如果认为新政本身将增加工作的净数目——也就是说，将产生比以前更大数量的工作。我不这样认为。随着低碳资源产生出更多的能源和能源使用效率的提高，某些以化石燃料为基础的工业（如煤矿）中的工人将变得失业。大部分技术革新都是减少而不是增加对劳动力的需求。

为应对气候变化和能源安全，人们的生活方式将发生转变，技术革新本身不会像生活方式转变那样创造更多新的工作。人们的敏感性以及相应的品味都将发生改变。新生的经济将比以前我们所见证过的更加后工业化。在这种迅速扩张的后工业经济中，能否抓住经济机遇完全取决于企业家自己——就像造船工业已然逝去的船坞区域，正以各种各样的方式获得新生。

思索以何种方式来复苏衰退的经济，还要求我们认真思考经济增长本身的性质，至少在富裕国家是如此。下列现象早已为大众所熟知：在经济繁荣达到特定的水平之后，增长并不必然带来更多的个人和社会福利。是时候引入与 GDP 并重的更加全面的福利措施了，并给予它们以真正政治上的共鸣；是时候对消费主义进行持续而积极的批判了，消费主义可以从政治的角度加以考量；是时候考虑复苏的措施了，并确保复苏如何不会退回到仅仅意味着社会荷载的金钱。

非管制的撒切尔时代已然逝去，国家已经回归。出于气候变化和能源政策之缘故，经济制度上我们需要有积极的工业政策和计划。但是，我们必须避免前一代规划者所犯下的错误。许多议题这里已经自我呈现出来了。以可再生技术为例，化石燃料倘若要成为历史，技术上的突破就将成为必需。但是，政府如何知道应当支持哪些技术？它们又应当如何应对那些闻所未闻的最根本的技术变革——例如网络？

我们既给政府找到了新的角色，也给以市场为基础的机制找到了新的定位。由于该死的市场失败，复杂的金融工具突然变得过时了。但是，我们仍然需要它们，因为一旦得到适当的调节，它们实际上常常是长期投资的关键，而不是障碍。

必须考虑针对极端天气事件的保险这一议题，例如加勒比海的飓风。由于气候变化肯定将超越特定的等级，这些事件将变得更加频繁和剧烈。对由此导致的损失进行保险是应对这些天气事件的一种主要方法——从更贫穷者的角度考虑尤其如此。私人保险公司将为此提供大部分资本，因为这是其负载的各种其他义务的最后避风港。

除此之外，整个事情还存在着一个重要的因素——全球化——它一直在加速行进而没有得到有效的国际控制。世界金融市场的有效管制是未来的关键，或许它还可以为应对气候变化的合作铺平道路——当差不多200个国家在12月齐集哥本哈根之时，这一主题将会得到大量的再思考。金融危机及其结果为其思考方式的建立提供了警醒，它们能够也应该成为一些极为重要的思考方式。我们正处在历史终结的终结点。

附二：气候变化背景下的政治革新

——评《气候变化的政治》

郭忠华

2009 年，英国的气候注定不同寻常。先是出现据说几十年才一遇的大雪，把整个英伦三岛笼罩在莽莽飞雪和银妆素裹之中。接着是令人窒息的经济气候，萧条的社会景象使人们对经济走势的估计从稍显乐观的"V"型不断调整为日见悲观的"U"型和"L"型走势，经济转暖越来越成为人们无法指望的事情。再就是思想气候，不断制造着思想和政治奇迹的当代思想家安东尼·吉登斯再出新著——《气候变化的政治》。美国前总统克林顿誉其为"一项里程碑式的研究"，"敦促每一个人阅读它"（Giddens，2009：封面文字）；乌尔里希·贝克（Giddens，2009：封底文字）称其"作出了深刻而原创性的贡献"；《印度时报》称其为"历史终结的终结点"；《赫芬顿邮报》则称之为"气候政策的计划回归"……从某种程度上说，这一有关气候变化的专著本身就在搅动着思想的气候。

一、吉登斯悖论

按照作者（Giddens，2009：16）的定位，"本书不是一本有关气候变化的著作，而是一本有关气候变化的政治的著作"。也就是说，它讲的是如何形成一种政治模式以应对全球气候变暖的问题，气候变化至多是其论述的出发点。在著作的开篇，作者即以一种灰暗的笔调开场以表明当前气候变化问题的严重性。"这既是一本有关梦魇、灾难和梦想的著作，也是一本有关日常生活例行化的著作，这种例行化给我们的生活予持续性和实质"（Giddens，2009：1）。在本书（Giddens，2009：17－21）中，这些梦魇、灾难表现在全球气候变暖已经造成或者即将造成的结果上。例如，自 1901 年以来，世界的平均气温上升了 0.74℃，如果以当前气候变暖的趋势发展下去，到 2100 年世界平均温度将上升 6℃；在人类历史上，二氧化碳含量一直在290ppm 以下，但最近几十年来，其增长率逐年提高，2007 年的增长率为 2.14ppm，2008 年为 2ppm，二氧化碳含量达到 387ppm；北冰洋的冰盖以每 12 年近 3% 的速度在融化，如果以这个速度融化下去，到2030 年，北冰洋将不再是一个坚冰覆盖的大洋，同时世界海平面也将提高 26—50cm……总而言之，这个星球的气候如果再以这样的速度恶化下去，它将不再成为人类的栖身之所。

众所周知，气候变化并非气候本身所使然，据联合国气候变化专门委员会（IPCC：2007）公布的报告，当前的气候变暖 90% 是由于人类向大气排放温室气体所造成的，包括化石燃料的使用、土地利用的方式等。气候变化起因于人类自身，因此，从根本上说，这一问题的解决也就依赖于人类自身。但就当前的情况而言，尽管大多数公民都知道气候变化问题的严重性，但却很少有人采取实质性的行动，而等到真正被迫采取行动的时候，那又一切都为时过晚。正是针对这样一种处境，吉登斯提出了一个以自己名字命名的概念——"吉登斯悖论"（Giddens Paradox）。"吉登斯悖论"的含义是："既然全球气候变暖所带来的危害在人们的日常生活中不是具体的、直接的和可见的，那么，不管它实际上有多么可怕，大部分人就依然是袖手旁观，不做任何具体的事情。但是，一旦等情况变得具体和真实，并且迫使他们采取实质性行动的时候，那一切又为时太晚"（Giddens，2009：2）。

这一稍显烦琐的"吉登斯悖论"实际上突出的更是一种心理的悖论：当存在采取行动的余地时却不采取行动，当必须采取行动的时候却没有了行动的余地。与著名的"奥菲悖论"不属同一种类型。在分析福利国家与资本主义之间的关系时，克劳斯·奥菲（Offe，1984：153）提出："资本主义不可能'与'福利国家同时存在，然而，资本主义又'不能'没有福利国家。"这是因为，资本主义经济"需要"

福利国家来解决其必然导致的各种毁灭性后果，但另一方面，福利国家用以解决这些后果的政策又使资本主义的存在越来越成为不可能。由此可见，"奥菲悖论"表明的是社会的"结构性矛盾"。如果继续深究"吉登斯悖论"产生的原因，我们大致可以归结为两个方面：一是瑞士心理学家布洛（Bullogh，1912）所提出的"心理距离"（psychical distance）；二是奥尔森（Olson，1971）所分析的"集体行动的逻辑"。这里的心理距离与社会关系方面的"热爱""憎恨"等无关，而是单指物我之间由于"自然距离"的增加而形成的冷漠递增机制。米尔格拉姆试验（Milgram Experiment）表明，当被电击的"学生"在物理空间上远离了操作电击器的"老师"的视野时，"老师"服从"指导者"命令的意愿也就大幅提升。同样的解释用在"吉登斯悖论"上，那就是当气候变化的危害在人们日常生活中不具体、不直接、不可见时，人们对它的心理紧迫感以及相应的行动积极性也就大大降低。从集体行动的一面来看，气候显然属于一种公共物品，当自利的"经济人"与公共物品相结合的时候，如果没有强制的存在，那么必然产生"搭便车"的现象。体现在气候变化上，那就是每一个人都不愿付出边际成本来改善这种大家受益的气候，最终造成没车可搭的后果。

当然，实际的"搭便车"者也存在着诸多的类型。一是认识到气候变化问题的严重性，但却不愿采取实际行动者。以 SUV（多用途运载车）为例，在英美等工业化国家，大部分人驾驶此类车型，同时它也是二氧化碳的主要排放源。尽管大部分人知道二氧化碳排放与气候变暖之间的关联，但面对广泛的使用者，个人的普遍反应是，"我是想不用这种车了，但我个人不用又能带来什么差别呢"，或者干脆就是"以后再换吧"。二是怀疑论者。在这一类人看来，气候变化问题完全就是被制造出来的耸人听闻的问题。千百年来，世界的气候从来就没有停止过波动和变化。与一千多年前相比，今天的气候并不存在太大的差异，而且花如此多的钱用在诸如二氧化碳的减排问题上也未必能解决问题。在当今世界，还存在更多比气候变暖更加严重的其他问题，如核武器、恐怖主义等。"搭便车"者不仅体现在普通公民身上，在政治领导者、民族国家那里也是一种非常普遍的现象。例如，部分政治领导者一边大谈对气候变暖问题的重视，而自己的生活方式却未做任何的调整。当然，也存在其他一些不是"搭便车"者的情形，那就是环保主义者。但在吉登斯（2009：57—64）看来，他们所奉行的"拯救地球""预防原则""可持续发展原则"等一方面已沦为一种口号，另一方面这些原则内部也存在着各种各样的缺陷。"应对全球气候变暖问题与'拯救地球'无关，无论我们对地球做什么样的事情，它都将继续存在下去"（Giddens，2009：56）。

二、气候变化的政治

在吉登斯看来，面对全球气候变暖这一潜在危机，已经存在的"搭便车"主义者、怀疑主义者、乐观主义者、环保主义者的思维都无助于问题的解决。环保主义者尽管一直充当了解决气候变化问题的先锋，但其思路同样有着不可忽视的缺陷。例如，出于对自然保护的重视，他们骨子里希望建立的实际上是一个"没有发展的社会"；出于预防在先的行动原则，他们没有看到危机同时带来了各种机会；对于"可持续发展"的重视则没有看到"可持续"与"发展"之间的张力——前者意味着延续性和平衡，后者则意味着动态和变化。从现实主义的立场出发，吉登斯提出了解决全球气候变暖问题的一揽子方案——"气候变化的政治"（politics of climate change）。在他（Giddens，2009：4）看来，"我们还不存在气候变化的政治。换句话说，如果我们要实现限制全球气候变暖的抱负，我们尚不具备必要的政治革新纲领"。气候变化政治针对的是全球气候变暖问题，在这一总体目标的指导下，它由一系列关键概念或者纲领所组成：保证型国家（ensuring state）、政治融合、经济融合、充分重视（foregrounding）、气候变化的正面、政治超越、百分比原则、发展要务（development imperative）、过度发展、前摄适应（proactive adaptation）以及可持续、污染者买单。在他（Giddens，2009：68—72）列举的这些概念中不存在国际合作的概念，但作者在本书最后专门以两章的篇幅论述了气候变化问题的国际合作。因此，从总体上看，这些庞杂的政治革新纲领大致可以划分为一般性指导原则、政治维度、经济维度、国际维度等几个方面，其中尤其以政治维度显得重要。

首先，气候变化政治的一般性指导原则大致包括充分重视、气候变化的正面、百分比原则、过度发展、可持续等概念。必须说明的是，作者并没有对其中的每一个概念都做出详细的解释。从总体上看，这些一般性指导原则主要体现在如下指导思想上：政治领导者或者一般大众都必须真正重视当代全球气候变暖问题，而不是仅仅摆出某种姿态甚至通过这种姿态来捞取政治资本；通过各种制度性机制来让全球气候变暖问题成为政治议程的核心；改变一直以来对气候变化问题的偏见，气候变化问题不是只有负面的作用，它还存在其正面作用，例如，气候变化问题的解决有助于形成长期和持续性政策，有助于提高人们的社会关怀度等；气候变化问题的解决不能采取环保主义者的一味预防原则，必须坚持"百分比"的原则，衡量气候变化的风险与机遇，引入周密的风险衡量机制；重新认识经济发展与社会福利之间的关系，认识当经济发展超过一定的发展水平以后，两者的关系将潜在地出现问题，因此必须把经济发展、气候变化等问题整合起来思考，不能只顾经济发展的目标；在处理气候变化问题时，要着眼长远，要以中长期发展战略来指导气候变化问题的解决。

其次，在政治维度上，气候变化的政治主要体现在保证型国家、政治融合、政治超越等原则上，其中尤其以保证型国家作为核心。保证型国家的含义是："国家负有监管公共目标的责任，并确保以一种可见和可接受的方式使之得到实现"（Giddens，2009：69）。更具体地说，在解决气候变暖问题上，保证型国家至少具有以下的职能：制定着眼长远的政策；帮助人们形成超前的思维；把气候变化的风险置于当代社会所面临的各种风险的背景下通盘考虑；促进政治和经济融合；确保污染者买单原则的制度化；干预有碍于气候变化问题解决的经济利益；确保气候变化处于政治议程的核心地位；形成适当的经济、财政框架，促进低碳经济的发展；为气候变化将带来的各种后果预先准备；整合地方、地区、国家以及国际的气候变化政策；等等（Giddens，2009：91—94）。所谓政治融合，指的是把解决气候变暖问题的政策与其他公共政策整合在一起，使它们形成一种相互拉动的机制。其中，最重要的政策整合领域为气候变化政策与社会福利政策的整合。例如，SUV 尽管给人们带来很大的自由和流动性，但它同时也造成了严重的交通堵塞。因此，可以重点考虑升级公共交通体系或者其他清洁的途径，从而既解决交通堵塞问题，又减少二氧化碳的排放量。政治超越指的则是气候变化政策必须独立于党派和意识形态之争，要使之成为不论哪一个党派执掌政府，它都始终处于政治议程的中心，从而使问题能够得到持续解决。

再次，在气候变化政治的经济维度上，这一维度的主旨在于以经济的手段来解决气候变化的问题，其内容主要表现在经济融合、前摄适应、污染者买单等原则上。所谓经济融合，主要指把低碳技术、低碳市场以及相应的生活方式与经济竞争性结合在一起。实际上就是要以市场的手段来促进低碳市场的发展，使气候变化政策走上良性循环的轨道。经济融合政策企图达到两方面的目标：一是使经济具有竞争性，二是促进气候变暖问题的解决。前摄适应建立在一种高度现实主义的基础上，即认识到气候变化问题短时间内不可能得到解决，在未来一段时期内，它将不可避免地变得更加严重并带来各种各样的问题。针对这种情况，预先的适应性准备变得极为重要。它包括两方面的准备：一是对地方和国家层面的弱点进行全方位的评估，从而对未来可能出现的风险有一个清醒的估计；二是建立全方位的保险覆盖网络。在吉登斯（2009：172）看来，"就适应而言，保险的改革有着最为重要的意义"。私人保险公司在形成这种前摄适应方面尤其能够发挥重要的作用，关键在于国家必须建立有效的经济或者财政杠杆，使保险业逐步覆盖各个领域。污染者买单的含义非常明显，即"谁污染谁买单"。实现这一原则的途径是开征"碳税"（carbon tax）等相应税种，对碳排放超过一定指标的人征税。"税收是国家公共政策的主要杠杆之一，它在尽可能减少排放方面当然具有广泛的作用"（Giddens，2009：149）。

最后，在国际维度方面，吉登斯在本书中以两章的篇幅分析了解决全球气候变暖所存在的国际性问题及其应对思路。从国际的视野来看，工业化国家（尤其是美国）是造成全球气候变暖问题的主要责任人，但是，中国、印度、巴西等几个最大的发展中国家也越来越成为世界最大的污染源。当前，从总量的角度来看，中国已经取代美国成为世界最大的污染源，尽管按人均污染排放指标衡量，中国只有美国的五分之一（Giddens，2009：183）。近二三十年来，国际社会尽管在解决全球气候变暖问题上做出了一系列的努力，如里约"地球峰会"、《京都议定书》、约翰内斯堡"地球峰会"等。尤其是《京都议定书》，就 2008—2012 年的全球减排目标确定了明确的比例。但是，由于民族国家之间利益和观念的分歧，这些减排方案要么沦为"计算的把戏"，要么变得"内容空洞"（Giddens，2009：190）。民族国家之间的利益计算、资源争夺、观念差异始终是解决全球气候变暖问题的三大绊脚石。欧盟和联合国尽管不遗余力地推进气候变暖问题的解决，但由于它们实际上取决于成员国的权力，造成许多良好方案的实施变得倍加艰难。针对这些困境，吉登斯提出的解决方案是"发展要务"和"多边主义"的原则。发展要务指必须尊重发展中国家的权利，经济发展是解决其长期贫困和污染的最终办法。同时，向发展中国家提供技术援助，避免其走发达工业化国家曾经走过的"先污染，后治理"的老路。多边主义原则强调建立国家间的民主对话渠道，建立"世界共同体"。同时，这种共同体的建立尤其必须致力解决好不发达国家的贫困问题、围绕石油所形成的地缘政治问题、国际碳市场问题以及美中关系问题。

三、基本评价

本书甫一出版，便在思想和政治界产生了较大的影响，这种影响主要得益于本书所针对的研究主题。就当前的情况而言，有谁能否认近年来出现的极端天气状况与全球气候变化之间存在的关联，有谁又能否认全球气候变化问题的解决必须借助于政治的推动。当然，这种影响也得益于吉登斯本身所具有的影响。这位曾经为社会科学研究贡献过"结构化理论""现代性""全球化""第三条道路""风险社会"等风靡全球理论的思想家，时刻就没有停止过影响全球的思想气候，"气候变化的政治"不过是其抛出的又一大影响因子而已。接下来所要探讨的问题是：如何看待本书的分析及其在吉登斯庞大思想体系中的地位。

自 1972 年罗马俱乐部出版《增长的极限》（Meadows et al., 1972）以来，人类环境就越来越成为一个与经济发展并重的问题。世界环境与发展委员会的成立（1983），联合国气候变化专门委员会的成立（1988），里约"地球峰会"的召开（1992），《京都议定书》的制定（1997），约翰内斯堡"地球峰会"的召开（2002）等等，各种探索解决环境问题的努力从来就没有停止过。本书显然也是这种努力的一部分。它一方面切合了西方社会从工业社会向后工业社会转型过程中所凸显的环境问题，为解决这一问题提供新的思路；另一方面某程度上又代表了对以前各种努力的反思和策略调整（参阅本书第一、二、八、九章）。这对于陷入气候变化政策困境的西方政府来说，不啻是一副新的解药。本书集各种一般性指导原则和具体策略于一身，既提出"充分重视""可持续"等一些稍显陈旧的指导思想，又提出一些非常具有可操作性的策略，如碳税；融气候变化政策于其他公共政策之中；在参照英国经验的基础上，提出强化《气候变化法》，加强"气候变化委员会"的权威等。无论如何，它们对于西方国家气候变化政策的调整都有着重要的启示作用。另外，本书的另一个重要特色还体现在理想与现实的结合上。一方面，作者提出必须建立"世界共同体"等许多具有"乌托邦"成分的主张；另一方面，又时刻透露出对现实的冷峻认识，如仅依靠市民社会和市场这种"自下而上"的方式是不可能使问题得到解决的，现实的策略在于借重政府的权威（Giddens，2009：128）。

同时，本书尽管目前已经产生了较大的影响，但的确也存在某些值得进一步思考的地方。一是从理论的角度来看，主要体现在"吉登斯悖论"的表达方式上。按照著名哲学大师奎因（Quine，1966：5）的定义，悖论指的是两种或者多种事实之间的彼此关联和相互抵触。"吉登斯悖论"表明了"行动余地"与"行动本身"两种事实，即前文所说的"有行动余地时却不行动，必须行动的时候却没有行动的余地"。仔细考察这两种事实，它们之间的逻辑关联和抵触程度似乎并不是那么强，至少不如"奥菲悖论"所表明的那么强。另外，从悖论表达本身所要求的简练程度而言，"吉登斯悖论"的表达也远远谈不上简洁。二是解决气候变化过程中的国际合作的问题。本书所针对的对象实际上是西方发达国家，旨在为西方发达国家的气候政策出谋划策。作者尽管辟两章的篇幅论述了国际的维度，但从全书的重点来看，它们并没有构成全书的中心，也远没有像前面章节那样提出许多切实可行的对策，而是偏重于问题的揭示。众所周知，气候问题远不像当今民族国家那样具有清晰的排他性的边界。无论民族国家的边界如何清晰，全球气候注定是彼此融合在一起的。一个国家出现的气候问题完全可以影响到另一个国家乃至全球。气候问题的这种性质决定了国际合作的重要性——对众多小国而言尤其如此。本书侧重民族国家内部（尤其是发达国家内部）气候问题的解决，却相对忽视了"全球"气候变暖问题的存在。

　　从吉登斯庞大思想体系的构成来看，本书实际上是其重建高度现代性社会的重要组成部分。经过 20 世纪七八十年代对经典思想家的反思和社会学研究方法的重建之后，"现代性"成为 20 世纪 90 年代以来吉登斯学术研究的基本主题。围绕这一主题，吉登斯（Giddens，1991；Giddens，1993；Giddens，1994）一方面反思现代性给社会制度、个人心理、亲密关系等诸领域所造成的影响；另一方面，又积极提出重建高度现代性社会的可行之路。1994 年，吉登斯出版其"社会理论"三部曲中的第三部《超越左与右》，提出其重建现代性社会的总体设想，这一包括政治、经济、军事、生态、家庭等诸方案在内的社会蓝图展示了作者对于未来社会的想象。生态之维构成了这一架构的有机组成部分。这一宏大的社会蓝图通过其著名的《第三条道路》

再一次以一种简洁的方式得到重现。沿着《超越左与右》所建立的理论框架,吉登斯在以后的岁月中从各个方面进一步加以阐释和展开。本书在某种程度上构成了该框架的生态维度。它不仅切合当今时代的主题,而且还体现了作者学术研究的高度连贯性。

参考文献:

Bullough, Edward (1912), "'Psychical Distance' as a Factor in Art and as an Aesthetic Principle", *British Journal of Psychology*, vol. 5: 87-117.

Giddens, Anthony (1991), *Modernity and Self-Identity*, CA: Stanford University Press.

Giddens, Anthony (1993), *The Transformation of Intimacy*, CA: Stanford University Press.

Giddens, Anthony (1994), *Reflexive Modernization*, CA: Stanford University Press.

Giddens, Anthony (1998), *The Third Way*, London: Polity Press.

Giddens, Anthony (2009), *The Politics of Climate Change*, London: Polity Press.

Intergovernmental Panel on Climate Change (IPCC) (2007), *Fourth Assessment Report*, 3vols. and summary, Cambridge: Cambridge University Press.

Offe, Claus (1984), *Contradictions of the Welfare State*, London: Hutchinson.

Olson, Mancur (1971), *The Logic of Collective Action : Public Goods and the Theory of Groups* (Revised edition ed.). New York: Harvard University Press.

Meadows, Donella H. et al. (1972), *Limits to Growth: A Report for the Club of Rome's Project on the Predicament of Mankind*. New York: New American Library, 1972.

Van Orman Quine, Willard (1966), "The Ways of Paradox". *The Ways of Paradox and Other Essays*. London: Random House.

第四章
巨变时代的展望与方法

杰拉德·德兰迪

杰拉德·德兰迪（Gerard Delanty），英国苏塞克斯大学（University of Sussex）社会学系教授、社会学系主任，主要从事社会理论、文化分析等主题的研究，在世界主义研究领域具有广泛的影响，出版《欧洲现代性的形成：欧洲的历史和政治社会学》《欧洲的遗产：批判性的再阐释》《共同体》《世界主义的想象：批判社会理论的复兴》等著作。

世界主义的定义多如牛毛，其中最基本的一点是：当我们彼此相遇时，我们内心燃起的是一种什么样的感觉？这种感觉使我们本身又发生了何种改变？这是一种最基本的定义。因此，世界主义是"交互式的"。

——杰拉德·德兰迪

世界主义共同体的构建与分析
——对杰拉德·德兰迪的访谈

背景介绍："世界主义"（Cosmopolitanism）的理念由来已久。20 世纪中后期以来，随着全球性问题的出现、全球公民社会的壮大和全球治理的发展，世界主义的理念也得到广泛复兴和发展。但是，何谓世界主义？世界主义的发展对民族国家形成了何种冲击？公民世界主义有何特色？应当如何研究世界主义？这些在学术研究领域都是有待澄清或者回答的问题。出于对这些问题的思考，郭忠华教授对英国苏塞克斯大学社会学教授、社会学系主任杰拉德·德兰迪（Gerard Delanty）进行了专访。本次访谈主要从认识论、本体论和方法论三种路径对于世界主义做出了理解。其中，世界主义的本体论体现在"交互性"上；认识论体现在对世界的开放态度，对其他文化的承认、对话、交流和联合，对世界性问题的集体审议上；方法论则体现在可以从"前提""机制""过程"和"变迁轨迹"等四个维度分析世界主义上。

杰拉德·德兰迪接受郭忠华专访

（2010 年 12 月 10 日于中山大学）

郭忠华： 非常感谢您接受我的专访。长期以来，您在世界主义领域出版了大量的成果，请问是什么原因促使您一直集中于这一研究主题？

德兰迪： 我从 20 世纪 80 年代中期开始就一直集中于世界主义的研究主题。在 20 世纪 90 年代初，公民身份还是一个相对新颖的主题，但它同时也进入了我的研究视野。把世界主义与公民身份结合在一起，使我发现其中存在着非常有趣的一点，那就是当代后国家公民身份（post-national citizenship）的发展，或者说世界主义公民身份的发展。在那个时候，同时还出现了一股明显的全球化浪潮。我想它与世界主义、公民身份都存在联系。你也知道，在此之前，公民身份总是与国籍、国家等联系在一起。世界主义、全球化与公民身份的结合则使我从超民族国家的视界来思考公民身份。后来，我写了一本名为《全球时代的公民身份》（*Citizenship in the Global Age*）的著作了。在该书中，我从世界主义的角度出发，阐述了传统公民身份的理论模式及其当代困境，同时提出世界主义公民身份的发展趋势。近 10 年来，我发现已出现大量有关世界主义公民身份的研究著作，同时，也出现了大量以"世界主义"作为标题的学术刊物。例如，我正在给罗特里奇出版社编辑一本《罗特里奇世界主义国际研究手册》（*Routledge International Handbook of Cosmopolitanism Studies*，Routledge，2012），该书一共有40章，它试图对世界主义研究进行全面的综合和解释，包括概念、维度、历史等。这是一项非常艰难的任务，因为世界主义并不是一个清晰可辨的主题，相反，其中充斥着混淆不清的东西。

我从事世界主义研究还有另一个重要的背景，那就是"欧洲化"（Europeanization），即欧洲的内部整合。关于这一主题已经存在大量的著作，但它同时也影响了我对世界主义的研究。我是从社会哲学、社会理论的角度来分析这一主题的，包括欧洲整合的历史、欧洲整合的哲学基础等。

郭忠华： 您谈到了全球化、欧洲化对您从事世界主义的影响，但这些相对都是晚近的现象。正如您一开始所说的那样，您在20世纪80年代就开始研究世界主义，这说明世界主义的研究主题是早于全球化和欧洲化的。因此，最开始的时候是否有其他的因素影响了您对世界主义的兴趣，或者说您对于世界主义的兴趣还存在其他的知识来源。

德兰迪： 是的，在欧洲的社会科学、社会哲学界，世界主义有其悠久的历史和传统。比如，在哲学、人类学、社会学领域，它是一个非常重要的概念，人类学家写作大量有关后殖民主义（post-colonial）的著作，社会学家也是如此。我是从社会科学的视角来探讨这一主题的，当然，社会科学会是一个比较广泛和模糊的视角。更具体地说，我是从哲学的角度来探讨这一主题的。实际上，从历史的角度来探讨这一主题的也不少。

郭忠华： 不论在西方还是东方社会的知识史上，世界主义都不是一个新概念。古希腊的斯多葛学派曾提倡过世界主义的观念，古罗马皇帝马可·奥勒留更以其世界主义的思想为后世传颂。在东方社会，不论在古代还是当代，也都存在世界主义的思想。比如，中国古代儒家提倡"天下主义""世界大同"的思想。至于当代亚洲的世界主义，部分学者甚至以经验调查的方式证明了它们的存在和丰富性。既然世界主义是一种纵贯古今、横跨东西的精神，请问您是如何评价当代世界主义与古代世界主义的关联和差别的。

德兰迪： 这是一个非常有意思的问题。如你所言，世界主义不仅出现在西方，尤其是欧洲国家，而且也出现在非西方国家。那么，应当如何理解它们，如何把握其历史发展脉络？我先举一个例子吧。有一位研究印度古代历史上的世界主义的著名学者，叫波拉克（Pollock），他曾经出版过一本专门论述世界主义精神的著作。① 当然，该书取的不是这个名字，可惜我忘了它的名字。他讨论了世界主义精神，这种精神与欧洲历史上出现的世界主义精神存在差异。与世界主义对等的概念同样见之于中华文明。我不知我的发音是否准确，但它的确隐含了世界主义的含义，那就是"天下"概念。"天下主义"与西方的"世界主义"尽管存在差异，但它仍可以被看作古希腊"世界主义"的对应词。它已经以一种不同的形式被翻译成西方术语。因此，不管在什么地方，世界主义似乎都可以在各种不同的土壤中以不同的形式成长起来。通过这种方式，我们可以考察它们之间的对应状况和关联程度。当然，更有效的方式会是从历史的角度着手，考察中国的历史、印度的历史以及其他国家的历史。从世界主义概念本身而言，还有一种有效的方式就是考察它在各种不同的文化当中是如何被转译、被定义和被解释的。因此，世界主义是一个开放的概念，依赖于你如何对它进行定义。

郭忠华： 但按我的理解，世界主义并不是一个如此开放的概念，这完全取决于人们的理解，因为这样的话，我们对于世界主义的讨论可能就无法有所指。当我们讨论世界主义的时候，里面显然是隐含着某种共同的东西。它尤其体现在一种精神上，这种精神从古代一直传承到现在。例如，对于其他国家的开放性、对于差异的包容性、对全人类问题的关注以及解决问题的协商方式等。Cosmos 作为一个词根，所指的也就是"宇宙的""世界的"意思。当然，这不是没有争论，

---

① Sheldon Pollock，美国哥伦比亚大学中东与亚洲语言系教授，曾作为主编出版了 *Cosmopolitanism*（Duke University Press，2002）一书。

而是争论的焦点在于这种共同性是什么，包含哪些共同的要素等。因此，我想问您的是，世界主义作为一种源自古代的精神，其中的核心是什么？

德兰迪： 我希望我能回答这个问题，因为这是非常富有挑战性的一个问题，要说出其核心精神的确不易。在每一个地方，甚至把视角局限于亚洲，得出的结论都完全不同。例如，亚洲是一块广袤的大陆，中国尽管处于亚洲，但中国不同于亚洲，亚洲也不同于中国，亚洲里面包含着不同的文明，中国文明、日本文明、印度文明等。要作为一个整体来谈论欧洲也不容易，因为里面也包含着不同的文化，但谈论欧洲的统一性比谈论亚洲的统一性相对还要容易一些。我同意你的看法，我们必须同意我们是在谈论什么，如果对于概念的一致性都无法达成的话，那么，讨论世界主义还有什么意思？但是，考虑到上述限制，我对于世界主义的看法或许不那么具有连续性。我想今天分析世界主义的流行做法是从历史和理论的维度做出分析，重视的不是连续性，而是断裂性。你所说的历史连续性当然也非常重要，但我更注重跨文化和跨国家的比较研究，我希望跨文化比较能形成丰富的世界主义研究成果。至于你所问到的问题，即世界主义的历史延续性问题，对我来说只有把它置于欧洲背景下才能做出某种回答。1995年，我曾出版过一本相关的著作，这也是我写作的第一本书，现在已经出新的版本了，它的主题恰恰就是"欧洲的遗产到底是什么"。我把这一问题置于与亚洲进行比较的背景下加以分析，同时首先分析了构成这种延续性的因素。但我这里不想再去复述这些内容，因为这一问题缺乏直接一致的答案，每一个人都可以从不同的角度做出回答。

郭忠华： 既然如此，那我就问您一个非常具体的问题，即您是如何定义"世界主义"概念的？

德兰迪： 有关世界主义的定义多如牛毛，我想其中最基本的一点是：当我们彼此相遇的时候，我们内心燃起的是一种什么样的感觉，这种感觉使我们本身又发生了什么样的改变？这是一种最基本的定义。因此，世界主义是交互式的（interactive）。

郭忠华： 如果按照您的交互式世界主义定义，当今世界的世界主义精神肯定比古代要发达得多，因为我们现在所处的时代是一个全球化的时代，是一个以因特网和电脑为基础的信息时代。人们即使足不出户，也与外部世界有着广泛的联系。因此，在我们的时代，人们之间有着更多的交互性。而古代社会则由于其落后的交通和通信手段的限制，世界主义精神相应也变得不发达，是这样的吗？

德兰迪： 我从交互（interaction）的角度界定世界主义，主要想表明这一概念所隐含的统一性（unity）涵义。再回到我前面所说的一点上来，不同的学者对于世界主义的定义也是不同的。但是，倘若要想对世界主义有所理解，那么他就必须从某种普遍主义的视角出发。但是，这仅仅是一种出发点，所形成的也是一种稀薄的（thin）理解，在这一基础上，还必须加上其他的要素，使之变得更加丰富。

郭忠华： 在《比较视野下世界主义政治共同体的建构》一文中，您曾提出一种世界主义的研究框架，即从认识论、本体论和方法论的角度来分析世界主义。我们知道，实际上，不论对于哪一个社会科学主题，我们都可以从这三个方面做出分析。因此，我要问您的问题是：世界主义的研究框架与社会变迁的其他分析框架之间存在哪些差别？

德兰迪： 这是一个非常不错的问题。我花了很长时间在你所说的那篇文章上，我希望从方法论的角度阐明世界主义，但我没有意思说存在着一种特定的世界主义的研究方法。也就是说，我希望做的是，试图为人们提供一种方法论视角，告诉人们应该如何来分析世界主义现象——如果有一种现象可以被称作是世界主义的话。在我看来，仅仅对世界主义做出界定是不够的，你不能仅仅告诉人们何谓世界主义，还必须对这一现象进行实实在在的研究。作为一名社会学家，我试图告诉人们的是，这种现象是如何兴起的、如何发展的等，这些都属于方法论范畴的内容，但不是说这就是一种世界主义的研究方法，我想阐明这一点是很重要的。我不太同意有些社会科学研究者的做法，认为存在一种特定的，与其他研究方法不同的世界主义研究方法。在我看来，这种观念是错误的，是一种太强势的主张。

郭忠华： 您这样说当然有道理，但我们之间或许存在一些分歧，即采取了两种甚至有点相反的立场。您希望从一种普通方法论的角度（本体论、方法论、认识论）来理解世界主义这一特定的现象，同时坚称不存在一种属于世界主义的、特定的研究方法。我却走向另一端，试图寻找某些特定的、属于世界主义的东西。正因为如此，我才会说，您从这些角度研究世界主义与其他社会科学研究有何差别，因为我们毕竟是在探讨一个特定的主题，即世界主义的特定内涵。

德兰迪： 我要说的是你的说法也很有道理，因为在完成这篇文章以后，我把它发给我的一些朋友读了，他们也提出了你所提出的问题。这让我有点招架不住。我要抱怨的是，许多人在研究世界主义，但却仅仅停留在抽象理念的推理上，没有做规范的具体的分析。他们用世界主义的见解来描绘这个世界，例如乌尔里希·贝克，但是完全是从描述的角度来说明世界主义的。但由此导致的问题，它来自何方，能否对它作进一步的具体的论述，世界主义现象到底体现在哪些方面？这些都不是抽象描述所能解决的。因此我提出要从上述三个角度来探讨世界主义，试图总结世界主义的现象。但正如我在论文中所说的那样，必须认识到世界主义的发生机制，这些机制尽管在社会学研究中早已有人提出过，但必须把它应用于研究世界主义这一现象，以便能够解释、衡量和预测世界主义的发展。因此，你所说的无疑是正确的，我们也可以用这些视角来分析其他社会现象，例如民主化等。我非常感谢你所提出的问题，因为你使我意识到，必须避免陷入特定的所谓世界主义的研究方法中去。同时你也说得对，我们彼此站在两个极端上。

郭忠华： 我也理解您的立场，同时也意识到，社会科学研究实际上不可能有如此多的特定的研究方法，而且一旦您声称某种方法是专属于世界主义的，您所招致的反对声音或许比赞许的声音要多得多。我不想再纠缠在这一问题，但还再想问一个有关概念方面的问题。您提出，世界主义是一个与国际主义（internationalism）、全球主义（globalism）、跨国主义（transnationism）等相区别的概念。我前面说过，在中国，我们实际上很少用世界主义概念；在中国，我们使用得更多的是全球化，当然，过去曾经有一段时间大量使用国际主义，比如"文化大革命"时期。请问您是如何区别这些概念的？

德兰迪： 对于这一问题我有过一些考虑，也有很多人向我提出过类似问题。跨国主义很大程度上指的是流动性，我不认为流动性会是世界主义的重要特征。国际主义很大程度上指的是世界社会之间的互动性，它尤其暗含了民族国家的背景。当然，它也可以用传统的方法来加以定义，指的是一种理想。世界主义指的是社会行动所处的一种完全不同的情境，它既涉及广泛的社会变迁，也指面对世界问题时形成的协商和慎议。它是一种在普遍主义的原则和精神指导下的状况。因此，与其他概念相比，世界主义更强调转换性（transformative）的一面。与全球化相比，世界主义更强调规范性的一面。从某种意义上来说，世界主义可以被看作全球化的替代品（alternative）。我想这也是为什么今天会有这么多人使用世界主义概念的原因，因为它是一种不同形式的全球化。

郭忠华： 好的，概念之间的纠葛有些时候是非常难以理清的。我想探讨一些更加具体的问题。回到您的方法论框架上来，让我们从您所建构的方法论视角出发，具体探讨何谓世界主义。显然，您是从认识论、本体论和方法论三个层次来分析世界主义的。那么，从第一个层次来看，世界主义的认识论主要表现在哪些方面？

德兰迪： 从这一角度而言，我试图表明的是世界主义是一种规范性的理念（normative idea），是揭示世界主义涵义的维度之一。当然，我知道，对于这一点，你又可以提出许多问题。但在我看来，这一维度可以把我们带入到一个规范性（normativity）和批判性的领域。从批判性的角度而言，世界主义要求我们首先以一种批判的态度审视人类在历史上所形成的各种经验，尤其是批判性地审视人与人之间的关系。世界主义的发展首先起源于社会行动者之间的多元互动关系，这些行动者通过彼此相遇而走到了一起，从而必须以一种批判而多元的精神来审视自身的经验、审视对方的处境。通过参照普遍性的规范和准则来理解彼此的情境。从这一角度而言，世界主义的态度首先是一种对话的态度。世界主义现象是通过相遇、交往、对话的逻辑得到塑造的，这中间通行的是一种普遍主义的准则，而不是一方高于另一方的逻辑。这一点在古典社会学家米德（G. H. Mead）的互动理论和皮亚杰（Piaget）的发生心理学理论中已经得到强调。同时，世界主义的这一特征也是区别于此前普遍主义的重要方面。说得更明白一点，世界主义是一种对于真理的后普遍主义（post-universalistic）观念。我必须对此做一点补充。所谓对于真理的后普遍主义观念，指不是以一种专断的永恒的或者以一种得自某种普遍性价值的立场来垄断对真理正义等的解释。换句话说，世界主义是一种弱普遍主义，这种普遍主义与大部分相对主义是相容的。

再归纳一下，在我看来，从认识论的角度来看，世界主义包括以下几方面的内容：第一，在真理的达成、问题的解决等方面，强调交流和对话，尤其强调通过集体审议来解决问题；第二，对世界持开放的态度，这是世界主义的基本特征。

郭忠华： 对于您说的世界主义的本体论层次，似乎显得很庞杂，里面充斥着各种各样的概念，而不像一般社会科学研究中的本体论的那样，把某一分析前提置于分析的核心，如"行动""结构""物质""意识"等，再从这一"本体"延展开来，对整个社会及其过程做出解释。您所提出的"本体论"似乎让人抓不住核心。因此，请问在您的世界主义理论中，"本体"到底指的是什么？

德兰迪： "本体论"（ontology）是一个起源于古希腊的词汇，后来被广泛用于社会科学、社会理论、社会哲学当中，它指的是知识的本质（nature of the knowledge）。在社会科学中，指你的假设以及以这一假设为基础所作的解释和分析。作为本体论框架的世界主义首先也从经验的角度出发，必须参考社会现实，而不完全是一种规范性的观念。我所说的世界主义的本体性指的是"交互性"的意思，这一点我在前面已经强调过。交互性是形成整个世界主义本体论框架的基础。以这一认识前提作为出发点，我们可以从两个层面来加以说明：一是对社会现实的说明，二是对世界主义形成环节的说明。

那么，我们应当如何围绕"社会现实"这一本体展开分析呢？我遵循了查尔斯·梯利的观点，从"系统""情境""相互"三个层面展开分析。系统性分析主要阐明作为社会现实而存在的社会、共同体或者组织，解释社会现象及其作为一个整体的发展趋势。乌尔里希·贝克有关世界主义的论述大部分停留在这一层次上，即对于世界主义的宏观分析。这一解释层次当然很有用，但仅有这一层次是不够的，因为它只是对社会过程的总体性叙述，从而缺乏解释的力度。情境分析以社会行动者作为分析焦点，分析导致其行动的倾向、态度、刺激等。与系统性分析不同，这一层次更集中在个体行动者上，同时也更表现出经验的性质。有许多学者在分析世界主义现象的时候，经常同时使用定性和定量的方法。但是，这一分析层次也存在缺陷，那就是太过集中于行动者个人的情性上，太过集中于微观层次的分析。互动层次的分析以探讨行动者之间的互动作为出发点。对于这一层次的分析来说，作为个体的行动者和作为整体的社会已不再是分析的焦点，而是互动的场所和过程。对于世界主义的分析而言，这一层次的分析有助于理解世界主义现象所包含的要素，如交往、社会认知模式的形成过程、文化模式的形成过程、集体学习的过程等，这些要素无法化约为个体行动者或社会共同体。我要指出的是，在现存的各种世界主义著作中，这一层次的分析显得最为缺乏。我前面也已说过，在我看来，必须从行动者之间的交互性的角度来理解世界主义现象。

以上述三个层次的分析作为基础，世界主义的过程表现在四个环节上，它们结合在一起共同组成了世界主义的本体性分析框架。第一个环节是个体的层次，体现在个人认同感的相对化上。当一种文化与另一种文化相遇时，另一种文化使个体重新认识和解释自身的文化。第二个环节是个体对他者的积极承认，这一环节可见之于所谓"承认的政治"。也就是说，当处于某一政治和民族中的个体与来自其他共同体的个体相遇时，他们积极采取一种反思性的态度重新思考既往的关系模式，意识到其他文化、文明、民族的价值和优点，采取一种对他者负责的精神而积极承认他们。第三个环节是相互评估彼此的文化和认同。指采取一种批判的、怀疑的、反思性的态度思考彼此的文化和认同，尽可能建立起跨文化联合。在这个环节中，反思、对话、交往、慎议（deliberation）等显得极为重要，因为只有它们是形成跨文化交往的基本手段。第四个环节是世界主义关系的形成，体现在个体与他者共享文化规范、共享世界意识等方面。在这一环节，生态、贫困、性别歧视等全球性议题是刺激世界性意识的重要力量，通过这种意识，最终走向全球公民社会或者说世界公民社会。

郭忠华： 为了使世界主义的分析具有可行性，您提出必须从方法论的层次解释世界主义，并把这一层次的分析划分为"前提""机制""过程"和"变迁轨迹"四个维度。这一方面让我感到耳目一新，因为我苦苦理解的世界主义终于有了可行的进路；另一方面，它又使我感到失望，因为读完之后我还不知道应当如何从这四个维度来理解世界主义。因此，我要问的或许是一个非常愚蠢的问题，那就是您将如何把这四个维度与世界主义本身结合在一起，比如，产生世界主义的前提是什么，世界主义的形成机制是什么，世界主义的形成过程表现在哪些方面，世界主义的变迁是一种什么样的轨迹？您能就这一问题谈谈您的看法吗？

德兰迪： 让我以这种方式来说明吧，不论这种说法可能导致什么样的结果，我只是尽可能把这一问题解释清楚，而且里面似乎还充满了吊诡性。当我们谈到世界主义的时候，参考其产生的背景显然是非常重要的一点。举例来说，世界主义是一种特殊的元素，这种元素是由特定的文化和文明所催生的，比如世界宗教的影响。当然，并不是说就是这种文化或者这种文明催生了世界主义，我没有想要建立起这样一种强固关联的意思。我们不能陷入文化决定论的陷阱中去，认为某种文化或者文明产生了世界主义，而是说这种文化或者文明成为世界主义产生的背景或者说为其产生造就了土壤，尤其是制度方面的因素，如民主的性质、国家形成的性质、制度安排的性质以及环境的性质、社会制度的安排等。所有这些方面结合在一起可能催生了特殊的问题，世界主义很可能是因应这些问题的产物。识别这些背景性的前提性的因素，对于世界主义研究是非常重要和有意义的，它们可能引发特定的发展方向，只不过不要在它们之间建立起因果关系链。

既然我说的仅仅是方法论意义上的东西，我也就没有必要对催生世界主义的具体文化具体文明加以说明，而仅在于指明一种分析思路。同时，对于你所提到的机制、过程和变迁轨迹来说也一样。它们都指的是一种分析的思路，通过这些要素，我们可以对世界主义加以具体分析，但我目前没有研究催生世界主义的前提、机制、过程和变迁轨迹具体指什么的打算。

郭忠华： 但是，我却不想就这样把它们简单地打发了，因为抱着理解世界主义的态度，我的确希望对您所提出的每一个维度都与世界主义本身建立起密切的关联。比如，您所说的机制，您区分了世界主义的产生性机制（generative mechanism）、转换性机制（transformative mechanism）和制度化机制（institutionalizing mechanism）。从逻辑上看，它们似乎是完美无缺的，即首先是出现某种产生性机制，接之而来的是社会转换，因此转换性机制很重要。社会变迁之后，新社会形态的制度化至关重要，因此制度化机制又走向了前台。但是，在我看来，任何形式的社会变迁都可以用这三种机制来加以分析，这是一种适用于所有社会变迁的研究方法，无须将它们与世界主义这一特定主题套在一起。您既然长期专攻世界主义这一研究主题，我还是希望了解一些特定的内容，即在您看来，世界主义的产生性机制、转换性机制、制度化机制是什么——尽管前面您已表明了您的立场？

德兰迪： 我同意我必须在这一点上作更深的分析。但在我的文章中，我也提出了一些相关例子可供你参考。但毕竟这是初次建立起来的一种方法以便研究世界主义，不完善之处肯定很多。至于是何种产生性机制推动了世界主义的产生，我认为这是我今后将要重点从事的一项工作，即考察催生世界主义的特定机制。这里，我提供给你的只是一种一般性解释。例如，产生性机制指的是促发变迁或者引起人们观念发生转变的机制。我们也可以反过来说，当一种情境使人们提出越来越多的要求或者使人们的观念发生剧烈冲突时，这便是一种产生性机制。具体联系到世界主义来说吧，当出现某种多元化的情境，它使人们以一种新的方式感知自我、他者和整个世界的时候，这就是一种世界主义的产生性机制。这种机制使人们越来越倾向于形成相对性的、相互承认的、自我反思性的认知态度。更具体一点来说，这种机制重点引起人们的自我反思性、相互承认性和文化创造性。

至于转换性机制，总体上指的是人们在众多观念、模式当中所做的选择，因此它同时也是一种文化模式、新文化框架重新建构的机制，通过这种重新建构而导致了社会变迁。具体到世界主义上来，重点体现在解释和评估两个方面，既往的经验在解释和评估过程中实现转化。对于这一机制来说，第三个重要的因素是扩散（diffusion），即新的、陌生的观念和模式在一种完全不同的环境下为社会个体所采纳。更具体一点来说，转换性机制重点体现在以下环节上：普遍化、跨文化交流、反思与怀疑、文化转译与再情境化（recontextualization）等。

最后，制度化机制关注的是新的模式如何深深嵌入到社会当中，成为人们行为互动的制度化形式。在这一机制重点分析共享的规范性文化是如何更加发展和普遍化的。对于世界主义而言，制度化机制重点体现在创造性改革、慎议民主等方面，它们使新的观念、模式植根于新的社会情境中。

郭忠华： 您的解释使我对各种机制与世界主义的关联有了更清晰的理解。但是，如果我的理解没有错的话，这是一种建构主义的方式。听起来似乎给读者讲了一个完美的有关世界主义形成机制的故事，具体到历史情境当中去是否还是如此完美无缺，我却不太敢肯定。也就是说，世界主义产生的具体历史情境可能更加复杂。但无论如何，您的方法的确代表了一种理解事物的方式，即马克斯·韦伯的"理想类型"，并非要求具体情况下的世界主义必须体现出其中的每一种机制。

德兰迪： 你说得非常有道理，韦伯的方法给了我很多启示。但与他不同的是，我更加注重理想类型与具体社会现实之间的联系。

郭忠华： 在过去数年里，由于全球化、世界公民社会的发展，世界主义的转向也明显加速。同时，学术界有关世界主义的讨论明显增多。但是，世界主义的转向同样属于总体社会变迁当中的一部分，而社会变迁则是自古以来就存在的现象。因此，我想问的是，世界主义的社会变迁与此前的社会变迁存在哪些主要差异？

德兰迪： 我想，把世界主义看作一种新的社会变迁现象是不正确的，无论在人类历史的什么时候，都存在世界主义的现象。当然，你可以说在人类历史的不同时期，世界主义发展会表现出有起有伏的现象。在这一方面，我与乌尔里希·贝克不同。他尽管写作了大量有关世界主义的作品，但把世界主义看作一种新的东西。我却不这样认为，在我看来，世界主义是一种无论什么时候都存在的现象，不能问存在还是不存在的问题，而只能问多与少的问题。同时，我也同意你的判断，即今天，世界主义的发展明显加速，这或许是由于全球化和跨国移民加速发展所导致的结果，同时也是由于世界性问题所导致的结果，如全球环境问题，世界主义是对这些问题的反应。在这方面，因特网的发展也起了重要的推动作用。但是，所有这些因素都是导致世界主义高涨的背景性因素，它们之间并不是一种完美的因果关系。

郭忠华： 您的著作主要以欧洲作为论述背景，但正如我在访谈开头时所说而您也同意的那样，包括中国在内的东方社会也存在着许多世界主义的思想。我不知道您在研究世界主义的时候是否关注过东方社会，如果有的话，在您看来，东方社会的世界主义观念与欧洲的世界主义观念存在哪些主要差异？

德兰迪： 在此之前，我对东方世界主义观念的确所知无多，但我已开始了解它们。我曾在印度的一所大学待了一年，作为其合作伙伴从事印度世界主义观念的研究，并且我发现非西方社会的世界主义观念非常有趣，应当早一点注意到这一点。同时，我的妻子来自拉丁美洲的巴西，我对那里的世界主义观念同样有着浓厚的兴趣。但这些对于现在的我来说，都只是一些新奇而有趣的主题。例如，我刚才跟你提到过的我所编辑的《罗特里奇世界主义国际研究手册》，它一共分为四个部分，其中第四部分是"世界主要地区的世界主义"，它探讨的是不同国家和地区的世界主义。这是一项非常有趣的工作。在我看来，世界主义是一种可以而且已经植根于世界不同地方的观念，并由此结出了丰硕的果实。

郭忠华： 接下来我想把讨论的重点转到公民身份，我想这也将是一个非常有趣的话题。因为公民身份在通常的情况下仅仅被局限于民族国家，而世界主义则是要超越民族国家的樊篱。因此，在您看来，世界主义的发展给传统公民身份模式带来了哪些挑战？

德兰迪： 首先，世界主义的公民身份是一种非常困难的概念，也就是说，不存在一种纯粹形式的世界主义公民身份。即使如此，我也不认为世界主义的公民身份与我们通常所理解的公民身份存在太大的张力。我们不能把国家公民身份与世界公民身份看作两种截然不同的东西。相反，在我看来，在传统公民身份框架下，世界主义丰富和发展了公民身份的内涵，使它表现出新的发展方向。我始终认为，民族国家、民族主义、民族性等与世界主义之间并不是不相容的，相反，它们是可以融合在一起的。因此，与其考察国家公民身份在世界主义背景下的转换，不如考察国家公民身份在世界主义发展浪潮下增加了什么新的内涵。这也是我一直以来的思考方式。如果你以这种方式来分析的话，你将会获得各种不同的进路来分析以国家为基础的公民身份。

郭忠华： 但是，当公民身份在近代诞生之时，它纯粹指的是一个国家范畴内的事情，比如，英国人、法国人、德国人、中国人等。这种称呼后面潜在地隐含着与普遍公民身份相对立的含义。当然，我刚才问您的这个问题没有隐含这一点，我也同意您的见解，我们显然不能把世界公民身份与国家公民身份对立起来，认为前者将会取代后者。但是，无论如何，世界主义在当今的发展都给这种完全以国家为基础的公民身份增添了新的内容，这一点从国际移民的角度来看尤其如此。我只是想了解，在您看来，在世界主义的发展背景下，原来纯粹以国家为基础的公民身份表现出了哪些新的发展特征。

德兰迪： 肯定带来了很多变化，你的问题提醒我对此要多作思考。在我看来，随着世界主义的发展，国家公民身份内在地发生了转变，即向世界主义的方向转变。如果把当前兴起的国际移民浪潮纳入考虑范围内的话尤其如此。在世界主义潮流的影响下，作为民族国家和特定政体成员资格的公民身份现在不再像以前那样界限分明，公民身份开始以许多不同的参照物作为建立基础。一个公民同时拥有多国公民身份的情形也屡见不鲜。因此，在我看来，世界主义的发展使以民族国家为基础的公民身份发生转变，而形成这种转变的力量则是来自不同的群体。我想强调的一点是，相对于民族国家而言，世界主义是一种发生于社会内部的过程；相对于民族国家而言，世界主义是一种创造变化的力量。

郭忠华： 自 20 世纪中后期以来，公民身份的大家庭出现了明显的变化，出现了种类繁多的公民身份，如环境公民身份、女性公民身份、文化公民身份、企业公民身份、亲密公民身份、性公民身份等。作为一种社会现实，随着欧盟的建立，欧洲则出现了欧洲公民身份。为什么在 20 世纪中后期会出现如此繁多的公民身份？我想答案或许与世界主义的发展存在关联。我不知您是如何看待这一点的？

德兰迪： 我想你说的是对的，所有这些新公民身份概念都与世界主义的发展导向存在关联。这些新公民身份概念的出现首先与这样一种事实有关，即将公民身份与特定的国籍割裂开来，从一种全新的视角或者从特定群体的角度来考察公民身份的内涵，而不再像以前那样仅仅从国家的角度来分析公民身份。刚才你所说的每一种公民身份实际上都是分析公民身份的一种新视角，而这些视角的出现与世界主义的发展是存在关联的。这些新公民身份范畴与国家公民身份形成了一种有效的补充关系，当然，它们也给原来的国家公民身份理念带来了挑战。

郭忠华： 在您的著作中，面对世界主义的发展，您提出"公民世界主义"（civic cosmopolitan）和"世界主义公民身份"（cosmopolitan citizenship）概念作为对公民身份未来发展的展望，当然，您有些时候还使用全球公民身份（global citizenship）概念。请问在您看来世界主义公民身份应包括哪些特定的内涵，尤其是与民族国家公民身份之间是一种什么样的关系？

德兰迪： 正如我前面已经说过的，你可以把它们看作彼此分离的公民身份。但总体来说，国家公民身份、以国家作为归属的公民身份内在地发生了改变，越来越朝着世界主义的发展方向改变。在我看来，要指出世界主义的公民身份就是一种与国家公民身份截然不同的公民身份，这是有困难的。因为公民身份原则上指的是公民在政治共同体中所拥有的权利、所承担的义务和所形成的参与等，这些东西很难与特定的国家分离开来。因此，我只是说国家公民身份在世界主义的影响下内在地发生了改变，只有在这一点上你可以谈论世界主义的公民身份。脱离了以国家为基础的公民身份，世界主义的公民身份在某种程度上也不可能存在。

郭忠华： 在我看来，世界主义的公民身份与民族国家公民身份之间可以形成一种既相互补充又内在紧张的关系。一方面，例如，当民族国家的政府违反国际公约，如在国内大规模侵犯人权的时候，世界主义公民身份可以对它形成强大的压力。另一方面，例如环境问题，涉及全人类的环境问题仅靠单一的民族国家政府是无法解决的，而必须依赖于国际社会的紧密团结。在这一方面，民族国家政府之间的合作及其与国际 NGO 组织、国际公民社会的合作等都至关重要，从而形成了民族国家与世界主义力量之间的通力合作关系。也可以说，世界主义力量对民族国家形成了一种有效补充的关系。

德兰迪： 你说的非常有道理。民族国家的公民身份主要体现在马歇尔意义的公民身份上，尤其体现在公民权利、政治权利、社会权利及其相应的义务上。但是，世界主义则在公民身份权利和义务之外添加了额外的因素，例如环境的因素、性别的因素、文化的因素等。这些新的要素既给民族国家带来了挑战——因为马歇尔主义的公民身份很少关注到这些方面，也给民族国家的公民身份增添了新的内涵。总之，世界主义的发展给传统公民身份增添了新的内容，这些内容与传统公民身份之间既存在张力又相互补充。我们可以遵循这样一种原则来考察两者之间的关系。

郭忠华： 但这里面不是没有隐含问题。众所周知，作为一种最经常的用法，公民身份指的是权利与义务的集合体。权利和义务必须在相应强制力的保障下才可能。如果缺乏国家强制力的保障，它们就很可能沦为空谈。国家公民身份在这一方面不存在问题，因为民族国家具有强大的强制手段。但是，这一点对于世界主义公民身份来说却并非如此，绝大部分国际组织和国际 NGO 都缺乏保障世界主义公民身份的能力，我们也不存在一个能够施加强制力的世界政府。因此，请问您是如何看待世界主义公民身份保障的问题的？

德兰迪： 是的，你提出的这一问题实际上是国际层面的权利和义务如何得到执行的问题。这些在欧盟已经有过很好的探索，尽管它或许不是一个很好的例子。是的，我同意，国家拥有韦伯所说的暴力垄断权，从而形成了其强制力，处于一个国家中的公民很难逃脱它的控制。但对于世界公民身份来说，我想有两点必须注意：一方面必须避免继续延用国家公民身份的思维来审视它，它仅仅是给国家公民身份提供了某些新的发展导向或者原则，使国家公民身份变得更丰富多彩；另一方面，必须避免把兑现公民身份的强制力仅仅集中在暴力机器上，在很大程度上说，世界公民身份可以给国家公民身份形成道德强制力。例如，一个国家如果违反了得到公认的普遍原则，它将经受来自外部的压力。

郭忠华： 作为访谈的结束，我最后能否请您就公民身份的未来发展做出预测，即公民身份在未来将表现出哪些发展趋势？

德兰迪： 我想将呈现出许多有趣的发展导向。正如哥伦比亚大学社会学家萨斯基亚·萨辛（Saskia Sassen）所指出的那样，国家越来越必须与不断扩大的、组织良好的移民群体谈判。有时，国家也必须与环保组织、性别组织等进行谈判。通过谈判，一方面知道他们的需求，另一方面知道他们的状况。例如，英国政府确切地说就不知道自己国家到底有多少移民，尤其是非法移民。有时，面对非法移民，政府被迫给予他们合法的居留权，因为它不知道这些非法移民到底来自哪个地方。的确，面对这些问题，国家似乎变得越来越无力了，因为它必须进行各种各样的谈判，越来越经受着世界主义发展所带来的问题。尤其是跨国移民问题，因为国家必须解决它们。这又回到了我前面所说的世界主义公民身份与民族国家公民身份的问题上去了。

　　结构化理论与三方面的内容联系在一起：一是社会思想的历史，二是社会科学研究方法，三是对现代性的实质性分析。要分析现代性的突出特性，既必须反思社会理论的历史，又必须拥有某种方法论。

——安东尼·吉登斯

作为现代性研究方法的结构化理论
——对安东尼·吉登斯的访谈

　　背景介绍：20 世纪中期，以结构主义、功能主义和阐释社会学为基础的研究方法在社会学领域具有广泛的影响，它们在主体与客体、能动与结构、个人与集体等问题上形成尖锐的对立。为超越这些对立，从 20 世纪 70 年代开始，吉登斯对这些研究方法进行了深切的反思，并提出了著名的"结构化理论"（Structuration Theory）。本次访谈的内容主要围绕结构化理论展开。在谈话中，吉登斯说明了结构化理论的建立背景、建立目标、知识基础等问题。尤其是重要的是，他还详细说明了自己与格奥尔格·西美尔、列维·施特劳斯、欧文·戈夫曼、塔尔科特·帕森斯等人之间的知识关联以及这些思想家在其建立结构化理论过程中所发挥的各种作用，这些内容在其出版的诸多著作中很大程度上并没有被提及。

郭忠华与吉登斯

（2009 年 10 月 23 日于吉登斯寓所）

郭忠华： 对于这一次访谈，我主要想集中在您有关结构化理论的内容上，尤其是那些在您的著作中有所暗示，但却很难加以清晰概括的结构化理论的知识基础上。从 1976 年《社会学方法的新规则》出版，到 1984 年《社会的构成》出版，您前后花了 8 年多的时间来建立这一理论。对于当时的您来说是否存在何种特殊的动力，推动您下决心去建立这一理论？当时您建立这一理论的背景是什么？

吉登斯： 结构化理论与三个方面的内容联系在一起：一是社会思想的历史，二是社会科学的研究方法，三是对现代性进行实质性分析。要分析现代性的突出特性，既必须反思社会理论的历史，又必须拥有某种方法论。前者对于我来说体现在对经典思想家著作的反思上，后者则通过《社会的构成》等著作，体现在新的方法论体系的建立上。这就是我为何会在结构化理论上花费如此长时间并写作大量著作的原因。在我看来，这三个方面实际上是彼此联系在一起的，这也是我对你这一问题的一点想法。

郭忠华： 这是否意味着从您投身于学术生涯伊始，就拥有了非常明确的研究目标，即现代性。当然，其中的道路显得非常漫长和曲折，经历了对经典思想家的现代性理论的漫长反思，经历了对社会科学研究方法的长时间建构，最后才过渡到对现代性的研究。

吉登斯： 的确如此。它们是三个联系在一起的环节。当我着手写作《资本主义与现代社会理论》的时候，在我看来，帕森斯对于涂尔干、韦伯的处理方式与历史事实不怎么相符，而且与我的思路也不怎么相符。因此，我着眼于经典思想家，从现代性的角度分析他们所建立起来的社会理论。这也是为什么我说上述三个方面实际上是融合在一起的原因。而且在我看来，帕森斯实际上没有解决社会行动（social action）的问题，这也是我为什么要重建社会分析框架的原因。当然，当我们讲到现代性的时候，指的是一个非常广泛的主题，可以把整个现代文明囊括在内。从这一角度而言，每一位社会科学研究人员实际上都是现代性的研究者。但我对于现代性的兴趣后来也发生了某些改变，变得对亲密关系、自我认同等主题感兴趣，这些改变在我学术生涯的开始阶段倒是没有预料到。

郭忠华： 结构化理论明显综合了各种理论要素，如结构主义的结构，功能主义的系统，阐释社会学有关行动、能动、权力等的分析，此外还有海德格尔的时间，弗洛伊德、埃里克松等人的心理分析等。

吉登斯： 哈哈，对的，此外还有研究疯癫等人的著作的影响。我想，在你的新著中，你或许可以稍微谈一下有关亲密关系方面的问题。曾经有一段时间，当我写作《现代性与自我认同》《亲密关系的变革》等著作时，这一主题对我产生了很大的影响。当然，这一主题与其他主题存在着关联，但又表现出不同，因为它主要集中在对情感的关注上。

郭忠华： 那么，您能否用一种更加简明的方式，说明一下您是如何把这些完全不同的因素调和在一起的呢？

吉登斯： 的确，如你所言，结构化理论是一种综合了非常多观点的理论。但实际上，所有这些要素都与一个核心的主题联系在一起，那就是我刚刚讲到过的社会再生产。这一主题包括：社会再生产如何进行和发生变化；权力如何产生以及如何与社会再生产交织在一起；文明如何转型。它们是社会再生产中的三大基本问题，我把它们与不同的思想家联系在一起。你也知道，对于这一主题的论述不可能不联系到这些理论或者思想家。就如当我们谈到的权力理论那样，一旦你想理解什么是权力，那么，列维·施特劳斯那里存在着非常有趣的论述，戈夫曼的著作也同样如此，尽管权力在后者那里并不是那么明显。同时，你还可以考察权力在 19 世纪晚期 20 世纪早期的经典思想家那里是如何得到阐述的。实际上，在论述社会再生产中的权力和社会转型等问题时，我近来的著作并没有太多引用马克思、涂尔干等人的观点，而是把精力集中在了晚近思想家身上，当然也不是某个特定的思想家。因此，马克斯·韦伯对于官僚制的分析尽管非常重要，但我实际上更受后来思想家的影响，其中包括列维·施特劳斯、戈夫曼和帕森斯等人。

郭忠华： 好的，那我们就转入权力的话题吧，因为它是结构化理论最基本的概念之一。缺少权力概念，也就无法沟通主体与客体这两大支柱。同时，在您有关国家类型和民族国家的论述中，权力也是其中的基础性概念之一，您把权力的时空伸延程度作为划分国家类型的依据，把无所不在的行政监控作为民族国家的基本特征。在反驳马克思权力观的基础上，您把"配置性资源"和"权威性资源"分别看作权力的基础。不难看出，前一种资源某种程度上受马克思权力观的影响，但您为什么会把权威性资源单列出来作为权力的基础呢，在这方面是否也受到了特定理论或者思想家的影响？

吉登斯： 后一种资源很大程度上来源于列维·施特劳斯，其中最核心的则是其有关书写的思想。因为书写使你（的能力）可以在时间和空间方面形成伸延（distanciation），因此，书写不仅仅是写一本书或者讲一个故事那么简单，而是权力的媒介。列维·施特劳斯对于这一点的论述在我看来是非常正确的。另外，在我看来，他把不同文明的演进与交往（communication）方式联系在一起也非常中肯。我有关权力的论述很大程度上来源于列维·施特劳斯，我只是以一种更加概括化的方式进行了论述。而对于交往方式，因为如果我们从印刷的角度加以思考的话，它对于现代社会的兴起来说无疑极为重要，我不认为现代民族国家的运作可以不跟印刷发生联系。当然，后来随着摩尔斯电码的发明，人类的交往方式开始与电子通信技术联系在一起，可以与远距离的人进行即时性交流，这是人类交往方式的一次重要革命。它不仅改变了整个社会，而且还改变了战争的性质，催生了现代工业化战争。

随后，人类发明了收音机、电视、互联网等技术。尤其是互联网，这是人类交往史上的另一次重要革命，它所影响的不仅仅是人们之间的交往，而且实际上影响了整个社会的组织。对于这些影响，列维·施特劳斯提供了极为重要的启示，尽管其研究针对的主要是那些没有书写的社会。其他一些非常有趣的观点也可以从他那里推导出来，那就是时间的发明。他对于时间问题也写作过某些著名的作品。当日历出现以后，人们形成了某种线性的时间观念。但是，只有在存在书写的前提下，你才可以编订日历，才能绘制星象图，才能对事件进行有序的规划。我仍然认为，它们仍然是一些非常重要的观点，即使是后来当我写作有关全球化问题的著作的时候，我还是主张，全球化很大程度上更为交往革命所驱使，而不仅仅是市场的扩张，后者是一种后来（later-day）才出现的延展（extension）。

在许多人看来，列维·施特劳斯与欧文·戈夫曼（Eving Goffman）完全不同。但是，他们之间或许并不是如此差异迥然，因为他们两者都是人类学家，而且都深受拉德克利夫·布朗的影响——布朗则是一位深受涂尔干影响的英国人类学家。列维·施特劳斯写作了大量有关仪式（ritual）的文献，对无文字社会进行过大量的分析，而仪式同时也是戈夫曼的重要研究主题。因此，我的确认为这两大思想家之间存在着某些知识关联，并且尽可能把他们的思想应用于自己的研究。因为戈夫曼在解释社会再生产方面无疑是一位非常重要的思想家。没有类似的分析，也就无所谓社会再生产以及社会再生产如何可能的理论。因为当我们环顾自己周围的社会，涂尔干的观点无疑非常正确，即社会比个体要广泛得多。比如，议会比我们所有的人都更早存在，对包括首相在内的每一个人都有着重要的影响。但是，如果在某种程度和方式上，我们每一个人不知道自己在日常生活中该做一些什么，那么，这种机构也就无法运转下去。我们的日常生活很大程度上是以一种惯例和仪式化的方式组织起来的。在这一方面，我认为这也是戈夫曼之所以说涂尔干的观点存在缺陷的原因。

郭忠华： 您给我的信件中提到，您早年对西美尔的兴趣后来导致了对戈夫曼的兴趣。这看起来有点令人感到不可思议，因为这两位思想家在人们眼里有着很大的不同。比如，西美尔关注对现代性问题的研究，侧重于宏观社会的视角，而戈夫曼则侧重于日常生活的分析，属于微观分析的视角，而且由于戈夫曼仅仅关注对日常生活的分析而受到诸多社会学家的指责，认为他的作品至多不过是一种茶余饭后的娱乐。因此，能否请您谈谈这两者之间的知识关联。

吉登斯：　实际上，西美尔的理论在许多方面已经预示了戈夫曼的出现，后者对人们的日常生活行为，以及这种生活如何与群体化的结构和仪式化的例行常规交织在一起进行了分析。我曾经有一段时间写过一些有关西美尔的东西。从某种意义而言，西美尔与戈夫曼是存在不同的，因为前者感兴趣于宏观变迁，并写作了大量有关宏观历史变迁的著作，而后者则总是拒绝做类似的分析。例如，西美尔写作过货币史（the history of money）方面的著作。在这一方面，他又把我们带回到了列维·施特劳斯那里，因为货币是一种符号，不能仅仅把它看作你口袋里的硬币。尤其是在当今时代，货币完全变成了你银行账户上的数字。因此，西美尔的名著《货币哲学》的意义在于，它从宏观结构的视角说明了日常生活的变化。但在我看来，我们必须把这两个方面结合在一起，而且在我看来这仍然是非常重要的一点。我不知道你是否知道，今年我再次写了一篇有关欧文·戈夫曼的文章，它发表在一个美国的杂志上。今年是戈夫曼的《日常生活中的自我呈现》出版50周年，那家杂志发表了数篇纪念他的文章，我写的那篇叫《30年后重读欧文·戈夫曼的〈日常生活中的自我呈现〉》。如果你感兴趣并且记得提醒我的话，我可以把该文的电子版发给你。在这篇文章中，我再一次提出了上面谈到的某些问题。

郭忠华：　我一直非常好奇，如您刚才所言，您的学术生涯深受西美尔的影响，并且早年也写过一些有关他的作品。但是，当您着手研究经典思想家的时候，您却把他放弃了。在《资本主义与现代社会理论》一书中，您只是把马克思、涂尔干、韦伯看作三大经典社会学家。您后来还写作过《历史唯物主义的当代批判》《埃米尔·涂尔干》《马克斯·韦伯思想中的社会学与政治学》等专门针对三大思想家的著作。但是，您为什么没有把西美尔也纳入其中？难道在您看来他在社会学历史中的地位真的不如这三大思想家那样重要？

吉登斯： 在我看来，在社会学的历史上，西美尔是一位被低估了的思想家。但对于你刚才提到的问题，我自己都说不上太多的原因。当我写作《资本主义与现代社会理论》的时候，我本应当把西美尔置于与马克思、涂尔干、韦伯同样重要的地位。但我没有这样做，部分原因是出于对塔尔科特·帕森斯的反应。在其《社会行动的结构》一书中，帕森斯主要关注的是涂尔干和韦伯，对马克思提都没有提到一下。我的写作试图给予马克思以更加重要的地位，但却不幸把西美尔给漏掉了。帕森斯没有给予西美尔多么重要的地位，但他同时也在我的思维中溜走了，对他没有投以足够的关注。但在社会学的历史上，他的地位无疑堪与例如涂尔干相媲美。在我看来，他从来没有受到其应有的影响，即像涂尔干、韦伯等人所拥有的那种影响。因此，他是一位被低估了的思想家，即使在我这里也是如此。

郭忠华： 我非常赞同您的见解。在中国，西美尔的绝大多数著作都已被翻译成了中文，但不幸的是，研究其思想的人却寥寥无几。西美尔在中国所受到的待遇就像其在西方所受到的待遇一样。

吉登斯： 这样的话，这种趋势看来还在继续……

郭忠华： 实际上，在有关现代性的研究方面，西美尔的重要性一点都不低于马克思、涂尔干、韦伯等经典思想家。而且在我看来，他与这三大思想家形成了一种有趣的对比。比如，与三大思想家一样，他也旨在解释现代社会的兴起和问题。作为与马克思的关联，他反对历史唯物主义，但却与马克思一样，把货币作为基本的研究对象。西美尔从个体心理的角度透视宏观社会，这与韦伯的研究视角很相似，但却与马克思、涂尔干相对立。他反对实证主义，把分工看作社会走向异化的表现，这与涂尔干形成鲜明的对比，但却与韦伯、马克思等人的立场相近。他对现代社会的未来持一种悲观的态度，这与韦伯的观点很相似等等。总之，在我看来，西美尔对于现代社会理论的突出重要性在于：文化哲学的研究路径，"解释"在社会理论中的重要性等。

吉登斯： 我非常同意你的观点，在解释现代社会方面，就拿当前的金融危机来说，西美尔是经典思想家当中唯一一位从货币的角度进行过广泛分析的思想家，马克思尽管也对货币进行过分析，但主要是与资本主义相关联。但西美尔强调的却是货币的社会学意义。历史学家弗谷森（Niall Ferguson）去年写过一本广受关注的著作，书名叫《货币的攀升》(*the Ascent of Money*)，该书所谈的尽管主要是历史事实，但其中不难看出，西美尔在几十年前就已经预见了其中的许多事实。

郭忠华：　那么，您是如何看待西美尔的现代性理论的呢？

吉登斯：　我想他对于现代性的分析除货币之外，还体现在对城市的分析上。与许多学者一样，他也把城市看作现代性的典型。在这方面，我想他主要受滕尼斯《共同体与社会》一书的影响。城市是变化的核心。当然，这一点戈夫曼等人的观点也一样。西美尔把城市看作非个人关系（impersonal relationship）的主要发源地，与许多你根本不了解的人生活在同一个地方，与大量的人比邻而居。现代城市与传统城市迥然相异，并且与迁移和交通联系在一起。这是西美尔现代性理论的特殊之处。这一方面当然也与其《货币哲学》联系在一起。在我看来，我们也可以从另一种不同的角度来看待《货币哲学》，即如何穿越时间与空间而建立起人们的相互关系。它沟通的不仅仅是你从不了解的人，而且是你从未见过的人。货币表现为一种媒介的功能，它原则上使你可以与远隔千山万水的人进行交易，这些人或许你从来也不会谋面。同时，他还正确地指出，货币不仅仅是一种财富积累的手段，而且是现代社会赖以扩展开来的媒介，就如帕森斯后来所说的那样，是一种交往和转化的媒介。金融体系使人们可以与远距离和不同时间的人进行交易，因为金融体系使人们可以着眼将来，使人们原则上可以进行风险计算。因此，这些是我所说的现代性时空转换当中的至关重要的方面，这些方面结合在一起催生了一种全球化体系。我想，西美尔对所有这些方面都进行过大量的分析。

郭忠华：　从这里可以看出，您后来有关全球化、亲密关系等的研究似乎都与西美尔的观点存在关联……

吉登斯： 是的，我想还与西美尔有关"陌生人"的论述存在联系，这是对大型机构中个人关系的一种探索。在他看来，在传统社会，"陌生人"指的是来自其他地方，你不与他们进行对话交流的人。从这一角度而言，在现代性社会，人们无时不与陌生人擦肩而过。这些方面与戈夫曼的论述存在类似之处。当你在大街上遇到素不相识的人时，你不会对他们产生多大的兴趣，但你知道他们的确在那。在那些更加传统的文化中，内部与外部有着严格的划分。如果你是一名来自"外面"的人，他们可能目不转睛地盯着你，或者对你指指点点，这是因为陌生人不经常出现在他们的日常生活中，对后者也不信任。同时，他们对大规模机构也不怎么信任，因此，农民经常不把钱存入银行，而是把它们换成金子埋在床底下。他们相信的是另一种抽象机构，因为如果把钱存入银行，就如近来所能见到的那样，产生了严重的信任问题，所有的金融机构都出现了问题。因此，在我看来，西美尔预示了帕森斯对于货币的符号性质的论述，这种符号与信任联系在一起。近年来，信任出现了严重的问题。在我看来，当代社会的人们经常处于半信任或者不信任状态。例如，在民意调查中，总是反映出对个人关系的较低信任水平，这些情况就像是个人关系领域的陌生人那样。因此，把西美尔与所有这些方面结合在一起并不困难。但我那个时候却没有充分这样做，因为我没有把他置于核心的地位。

郭忠华： 如果对上面的谈话加以总结的话，这是否意味着西美尔、戈夫曼两位思想家对您形成了某种综合性影响。西美尔对您的影响主要体现在宏观社会变迁上，而戈夫曼的理论则使您看到了研究日常生活中的社会再生产的重要性。

吉登斯： 的确如此。戈夫曼主要研究那些我们在日常生活中似乎已经完全理解的东西，但却很少关注宏观社会变迁，他对后者应当投以更多的注意力，我不很明白他为什么没有这样做，或许仅仅拒绝为之。但是，西美尔的著作关注的却是作为一个整体的社会制度。

郭忠华： 我们已经就您与西美尔、戈夫曼、列维·施特劳斯等人之间的知识关联谈了许多。但是，我还有一个更加具体一点的问题，那就是他们与您所建立的结构化理论之间存在何种关联。这一问题在阅读《社会的构成》等著作时尽管可以捕捉到蛛丝马迹，但我更愿意听您更加清晰的解释。

吉登斯： 你说得没有错，戈夫曼对我写作《社会的构成》一书有着巨大的影响。但我想，该书并不是只受他的影响。社会是如何超越行动者的日常行动而不断结构化的，社会再生产与社会结构化之间的关联等，戈夫曼的理论为解释这些问题提供了重要的线索。当然，在这一方面，他从涂尔干那里也受惠良多，因为只有使用系统、制度等分析工具才能对这些问题做出解释。在我看来，这对于社会科学来说是一个极为重要的见解，这也是戈夫曼为何会如此重要的原因。同时，我后来对"身体"问题也产生了浓厚的兴趣，而在这一方面，戈夫曼也进行过大量的论述。身体在日常交谈中的重要性，身体与癫狂（madness）之间的关系，以及身体的培育等，所有这些方面都与戈夫曼存在联系。当然，也与西美尔存在关联。科亨（Cohen）写过一本非常有趣的书，说你可以从戈夫曼那里获得完全不同的见解（vision）。在戈夫曼的论述中，权力概念也显得极为重要，权力在他那里某种程度上是进行分析的核心概念，当然在这一点上他也受惠于列维·施特劳斯。

郭忠华： 这是否意味着，您的权力观主要受惠于两大思想家：一是列维·施特劳斯有关书写的观点，即权力以对信息的储存作为基础，也就是您所说的权威性资源的储存；二是欧文·戈夫曼，即权力在日常行为互动中的应用，类似您在《社会的构成》中说的权力是自由的基础。

吉登斯： 的确，他们是形成我的权力观的基本来源，但同时，马克斯·韦伯的权力观也对我产生了重要的影响，这体现在权力与暴力的关系上。社会学对暴力的制度化有着强烈的兴趣，对军事暴力有着强烈的兴趣。韦伯的权力观在某种程度上影响了我对《民族-国家与暴力》的写作。在该书中，我从权力与暴力关系的角度，对国家的演进，尤其是当今民族国家的状况进行了分析。

郭忠华： 但是，这两种权力观之间不是存在着某种差异甚至是张力吗？我的意思是，列维·施特劳斯关注的是权力的使动（enable）一面，主要体现在个体身上，他能够做某一事情的能力，即您所说的权力与"自由"之间的关联。韦伯关注的则是权力的支配（domination）一面，把权力看作产生支配、进行压制的能力。简单地说，韦伯的权力观体现在"即使遇到反对仍然能实现自己意志的能力"上。一个把重点放在自由上，一个把重点放在压制上，您是如何把这两者有机地结合在一起的呢？

吉登斯： 其实，这两个方面并不像看上去那么矛盾。在我看来，在韦伯那里，支配是一个针对组织的概念，指的不仅仅是人们如何对另一个人形成控制（how people power over another）的能力，它还在某种程度上暗示，权力具有不同形式的产生途径，例如，你可以以完全不同于官僚制的方式把权力组织起来。对人们的支配同时也意味着权力的形成，这是从帕森斯意义上来说权力的产生的，我认为韦伯对于这一点论述无多。官僚制可以以其他组织无法做到的形式形成广泛的控制。在谈到官僚制的时候，我们可以以医院作为例子，当你去到医院或者去到 NHS（英国的国民健康保险机构），它们的统治完全是官僚制的。你可以看到无数的文件，在这种体系中，你也不拥有多大的自主性。在我们上面所提到的那些人当中，权力是贯穿他们的主线。

郭忠华： 您刚刚还谈到了帕森斯，但从您的著作中，我似乎可以体会到，他似乎更是从一种反面的角度对您产生影响的。众所周知，在 20 世纪中期的世界社会学领域，帕森斯是首屈一指的思想家。但您除了写作"塔尔科特·帕森斯思想中的权力概念"一文以外，对他却没有多少正面的论述。因此，您能否谈一谈您与帕森斯之间的知识关联。

吉登斯： 的确，他是那一时期最著名的社会学家，我的许多理论既是在反对他，又受他的影响。那一时期，许多人自称为"帕森斯主义者"，追随帕森斯，我们都受他和罗伯特·默顿的影响。在美国，他们与戈夫曼一样都是那一时期社会理论领域最重要的人物。

郭忠华: 那么,除了赋予卡尔·马克思更加重要的学术地位以外,您认为您的学术生涯中还有哪些方面是在与帕森斯进行对话?或者说潜在地以一种不同于他的方式进行写作。

吉登斯: 我没有以帕森斯的笔法进行写作,而且也没有复制他的风格。我除了写作你刚才提到的那篇论文以外,对他没有进行更多的研究。同时,他现在的影响也远远不及当时,尽管他没有完全被忘却,但至少不如以前那般如日中天。与他相比,我过的是一种完全不同的生活。例如,我创造了自己的出版公司,并且积极参与现实政治,而他则只是停留在知识界。与他相比,我的生涯实际上更接近拉尔夫·达伦多夫。在我之前,达伦多夫也是伦敦政治经济学院的院长,也对现实政治产生了很大的影响,只不过他没有像我那样建立公司而已!

郭忠华: 迄今为止,我们已就结构化理论的知识基础问题谈论了很久。我现在更想转到结构化理论本身,这一理论的提出现在过去了二十余年之久,我不知道您回过头来看,会如何评价自己的这一理论,尤其是较之于结构主义、功能主义和阐释社会学这三种研究方法,您认为结构化理论做出了何种理论贡献?

吉登斯: 在我看来,它仍然是一种非常重要的理论,因为结构主义、功能主义尽管提出了某些非常有趣的理论。功能主义以涂尔干作为起点发展到帕森斯、默顿,结构主义从列维·施特劳斯发展到福柯。他们对于现代性提出过某些非常重要的观点。但是,在我看来,他们的理论也存在某些局限。从方法论的角度来看,福柯在讨论权力的时候造成了某些无法逾越的问题,他在讨论组织权力的建立的时候尽管写下了许多优秀的作品。但说实话,在我看来,他的方法论是错误的。他没有把行动者看作具有自身能动性的个体,没有把日常生活看作具有创造力的人们每时每刻所从事的新鲜事情。乔姆斯基的观点对我产生了强有力的影响。比如,一个不满两岁的小孩可能说出人类历史上从来没有人说过的句子。把行动者当作主体来看待非常重要。从这一角度而言,它也反映出福柯有关监狱的论述存在缺陷。更一般地说，把戈夫曼的权力观与福柯的结合在一起将非常有益，这可以弥补后者权力观的缺陷，因为前者的观点在某种程度上填补了福柯权力观中所缺少的东西。戈夫曼某种程度上把权力看作工作人员与囚犯之间的交易关系，而不仅仅是一种抽象的权力系统。

当然，这是一种系统化的权力，但通过行动者非正式的例行化行为，它被探索、重组和重建。我不认为权力仅仅是一种抽象的东西，而是能够产生各种结果的东西。我想权力的这种特征影响了我有关现代性的研究，甚至是有关政治主题的研究。当从事政治主题的研究时，我提出，我们必须认识到，现在的公民是积极从事反思的公民，人们已不再只是被动地接受事物。认识到这不只是方法论上的问题，而且是历史的结果，这是人们对以前事物进行积极反思的结果。从方法论的角度来说，我以一种比较抽象的笔法写作了反思性。反思性是一种社会性的建构，是晚期现代性的重要特征。随着互联网的出现，反思性变得更加明显。当我写作反思现代性的时候，我已经预期过因特网世界的出现。我们每一个人都过着一种更加积极的生活，而不仅仅是被动地接受已经存在的符号和结构。我们不能再像以前那样经营国家，把人们看作没有自己主见的人。我们的社会变得对自身越来越具有反思性。如果你连上因特网，你可以发现这可能会是什么样的结果，这是一种巨大的技术进步，是一种反思性活动。关于晚期现代性，我认为，它在因特网到来以前就已经出现，因特网只是给现代人类添加了另一个维度。这是一些我们以前所没有预见到的事情，但所有这些方面都存在其方法论上的路径。

郭忠华： 反思性既是您结构化理论的基本概念之一，也是您现代性理论的基本概念之一。请问您如何将这两者区分开来呢？

吉登斯： 对于结构化理论来说，反思性体现在对行动者知识性（knowledgeability）的强调上，这是人们对自身行为具有清醒认识的表现。至于现代性的反思性，突出体现在人们的生活不是为过去所构造（structure），而是为未来所构造上。更具体地说，更是被无法预见的未来所构造，人们被迫对此进行连续不断的反思。科学和技术现在已侵入到人们生活的方方面面，使他们被迫面对各种纷至沓来的信息。例如，你可能无法在一个传统的地区安身立命，打个比方，某个穆斯林居住区，但你无法逃离这个反思性的世界。不论你是否了解，你都必须对各种各样的信息进行加工。每一次当你吃饭的时候，你意识到它对你的身体健康可能会造成的各种后果。人们对于这些问题的意识实际上是一件非常复杂的事情。具体地说，这是由于科学的影响，由于营养学等兴起的缘故。对于我们来说，无论这个世界是好是坏，我们都无法摆脱它。当然，你可以尝试去忽略它，但它总是存在那里。这也是我为什么会把风险信任（risk trust）问题置于如此重要地位的原因。

郭忠华： 对于风险的信任是一种不同于传统社会的信任，这其实也反映了信任关系的转型。在晚期现代性社会，如您所言，人们的信任关系主要建立在对抽象体系、专家系统等的信任上，而在传统社会，信任关系则以对血缘、传统、宗教等的信任作为基础。从这一角度而言，信任是一种进行社会分析的视角。

吉登斯： 的确，就如我们刚才谈到的西美尔的"陌生人"概念那样，在传统社会，人们的信任关系很大程度建立在人际关系的基础之上，人们的生活中基本上不受来自外界的力量的侵入。即使在传统中国，尽管存在国家，存在以儒家思想作为文化基础的统治阶级，但它们很大程度上并没有渗入到普通人的日常生活中。今天，情况已不复如昨。人们无法在无穷无尽的信息旋涡中独善其身。无论如何，这已形成了一种完全不同的信任。这同时也表现在风险问题上，你越是着眼于未来，你就越必须从风险的角度进行思考。这也就不奇怪在许多领域会出现健康保险、社会保险、金融保险、气候变化保险等诸如此类的现象。在许多领域，风险已变得具有核心重要性。

郭忠华： 在您刚刚谈到的这些风险中，有些实际上并不是消极的，而是人们积极去拥抱的风险，比如金融风险，人们可以通过购买股票而获得这些风险所带来的好处，当然也可能造成损失。那么，请问您如何评价风险在社会生活中的作用呢？

吉登斯： 风险不完全是负面的。在这一方面，美国金融史学家彼特·伯恩斯坦（Peter Bernstein）的著作显得非常重要，因为风险是控制未来的一种有效手段。但在金融危机中，它所表现的积极性似乎没有以前的多，哈哈。因为他说数学计算可以给你很高的安全感，但当你尝试控制未来的时候，这种安全感实际上非常有限。无论如何，我都认为，风险是一个核心概念。生活在当今社会，人们被迫加工各种各样的信息。当人类尝试去控制未来的时候，它却逃离于他的控制，因为有许多大事以人类完全没有预料到的方式发生，比如 1989 年（前社会主义阵营的崩溃）和 2001 年（世贸中心遭恐怖主义袭击）等等。因此我提出，我们努力去控制未来，但未来却离我们而去。

郭忠华： 我最后要问的是一个非常实际的问题。既然结构化理论是一种研究方法，而我们现在又面临着全球气候变暖的危机、金融危机等。我不知道您是否可以从结构化理论的角度对这些危机的产生做出解释，并从这一理论的角度对这些问题的解决提供思路。

吉登斯： 要把这些问题硬是与结构化理论联系在一起存在困难。我在很大程度上是从风险的角度来考虑这些问题的，而不是从结构化理论。当乌尔里希·贝克写作《风险社会》的时候，他主要是受环境问题的启发。在该书出版以后的很长一段时间里，出现了各种各样的重大事件，它们对我产生了很大的影响。当我们谈论气候变化问题的时候，很大程度上是在谈论难以预测的未来，谈论风险评估和确定性问题，这些问题即使通过现代科学技术也难以得到有效的处理。当然，它们实际上都依赖于风险评估。我们能否控制气候变化，很大程度上以我们能否使自己创造的风险变得最小化作为前提。在这一方面，信任问题再一次变得非常重要。因为大部分普通公民都感觉自己与这些问题无关，甚至根本不同意气候发生了变化。

乔恩·埃尔斯特

　　乔恩·埃尔斯特（Jon Elster），当代著名社会理论家，师从美国哥伦比亚大学政治学系罗伯特·默顿教授。1970年在雷蒙·阿隆的指导下在法国巴黎第五大学获得博士学位，此后在挪威奥斯陆大学历史学系任教，后任教于美国芝加哥大学哲学与政治科学系。1984年任教于美国哥伦比亚大学政治学系，同时兼任法国法兰西学院教授。1997年，由于其对人类心灵活动的卓越研究而被授予简·尼科德奖（Jean Nicod Prize）。埃尔斯特的学术研究领域主要为分析马克思主义、理性选择、情感理论、社会科学哲学、制度变迁和宪法设计等。在过去近四十年的时间里，他先后出版著作二十余部，且绝大部分出版于剑桥大学出版社，其代表性著作包括《理解马克思》《尤利西斯与塞壬》《酸葡萄》《技术变迁的解释》《心灵的炼金术：理性与情感》等。

在社会科学中，方法论个人主义与寻找"机制"密切关联，其目标在于从个体及其行为的角度对复杂社会现象做出解释。机制只有在下述情况下才能发挥作用：能够识别出一套特定的因果模式，并通过这一模式而识别所有的条件，从而对"他为何这样做"做出合理的解释。

——乔恩·埃尔斯特

社会科学的解释模式与方法论个人主义
——对乔恩·埃尔斯特的访谈

背景介绍： 社会科学总是存在着拥有过分雄心的倾向，即试图找到某种能够解释所有社会现象的"覆盖律"（covering law），这一点尤其体现在"理性选择"理论上。这种过分的雄心存在着严重的局限。人类活动尽管存在理性的一面，但非理性因素也总是不可避免，后者对理性活动形成干预。情感是非理性现象的最主要体现，表现在激情、愤怒、妒忌、复仇等现象上。社会科学研究不同于自然科学研究，前者建立在具有自身能动性和反思性的行动者的基础上，后者则以缺乏人类理智现象的自然之物作为基础。由于这种差别，社会科学无法像自然科学那样建立起放之四海而皆准的覆盖律解释，而必须以"方法论个人主义"作为出发点，以"机制"和"工具箱"的方法来进行解释。本次访谈以乔恩·埃尔斯特作为访谈对象，他突出了方法论个人主义，认为必须理解情感、利益、行为和需要等因素在社会科学研究中的作用，主张以"机制"解释方法取代决定论式的解释，在原因与结果之间建立起复杂和不确定的联系，同时主张通过不同解释机制的积累来建立起解释"工具箱"，从而不断逼近事物的本来面目。

郭忠华与埃尔斯特

（2018 年 4 月于中山大学）

一、斑驳的思想地形图

郭忠华： 埃尔斯特教授，非常感谢您接受我的访谈。作为您著作的翻译者，我总是有兴趣与作者本人进行交谈，从而使我对著作本身有更深的理解。在翻译您著作的过程中我能窥见您巨大的知识能量，比如对马克思的研究，对理性选择的分析，对新古典政治经济学的分析，对人类心灵的研究，对文化社会学的分析，对后共产主义国家制度变迁的研究以及时下对美法建国时期宪法制度设计的研究和对中国巨大的学术兴趣等。我在想，这些迥然相异的要素之间是否存在某种连贯的线索。您能就这一问题谈一谈吗？

埃尔斯特： 对这一问题必须从我所受的教育说起，有三个国家对我的学术研究产生过重要的影响：挪威、法国和美国。

我出生于挪威，在那里接受高等教育和开始研究生涯。1972 年，我在雷蒙·阿隆的指导下，在法国巴黎第五大学（University of Paris V）获得博士学位，我的博士论文探讨的是马克思。在此之后，我同时持有法国和挪威两个国家的大学教职或者研究职位。在 20 世纪 80 年代初，我又成为美国芝加哥大学的哲学与政治科学教授。确切地说，从 1984 年开始至 1995 年，我同时是挪威奥斯陆大学、美国芝加哥大学的教授。1995 年之后，我离开芝加哥大学而从教于位于美国纽约的哥伦比亚大学，直至现在。但从 2006 年至今，我同时兼任法兰西学院（the Collège de France）的教授职位。我不知道您是否知道法兰西学院，它不是一所普通的高等学府，它不具有我们普通意义的学生，严格来说它没有固定的学生，而是主要教那些已经退休了的老年人，但它拥有法国一流的研究人员。以上是从地理意义上来勾勒我过去几十年来的学术生涯的。

在不同的地域同时也形成了我不同的研究主题。让我这样来说吧，我的学术起点是"社会主义"而不是马克思主义，我没有成为马克思主义者。但我希望从马克思而不是马克思主义那里为社会主义找到基础。然而，在研究马克思的时候，黑格尔又成为我不可绕过的人物，因此我又以黑格尔作为起点。在 1966 年，我去到法国，并在法国完成了我有关黑格尔研究的硕士论文。因为在我看来，在我研究马克思之前，我必须先研究黑格尔。后来在 1968 年我去了法国巴黎第五大学，在那里完成了我有关马克思的博士论文。但在这一过程中发生了有趣的事情。你要理解马克思，你就必须理解马克思的经济学，而你要能理解马克思的经济学，你又必须理解更加一般意义上的经济学。你要理解一般意义的经济学，你就必须理解经济学基础，这种基础就是理性选择理论。因此这就形成了一条有趣的链条：黑格尔—马克思—经济学—理性选择。这样一条学术线索并不是我最初的计划，但后来我却发现必须这样去做。当然，我并没有因为不断拓展的研究兴趣而抛弃最初的研究计划。1972 年，当我在巴黎第五大学获得博士学位的时候，我已与杰拉德·科亨（Gerald Allen Cohen）等分析马克思主义者建立起诸多联系，继续从事马克思研究。那个时候，我几乎每年都要在伦敦与他见面和进行讨论。这些讨论稿后来我以《理解马克思》（*Make Sense of Marx*）为题结集出版。但此后发生了一些极为奇怪的事情。我们这些人都是以马克思作为起点的，但我们都试图把马克思从经济学、经典社会理论、上层建筑理论等领域中驱逐出去。除了异化等极少数几个要素之外，马克思几乎变得踪迹全无。之所以还会保留异化理论，是因为我们还要进行批判。因此在接下来大概20多年的时间里，我并不是一名马克思主义者，而是一名社会理论家，或者更准确地说，我是一名社会民主主义者。

我变得非常感兴趣于理性选择理论。在从1988—1998年的十年时间里，我出版了三本有关理性的著作，它们是《尤利西斯与塞壬》（*Ulysses and the Sirens*）、《所罗门的判断》（*Solomonic Judgements*）和《酸葡萄》（*Sour Grapes*）。每一本书都存在一个副标题，以表明经济学中的理性选择必须得到"非理性选择"（irrationality）的补充。第一本书的副标题是"有关理性选择与非理性选择的研究"（*Studies in Rationality and Irrationality*），第二本书的副标题是"理性的颠覆研究"（*Studies in the Subversion of Rationality*），第三本书的副标题是"理性选择局限的研究"（*Studies in the Limitation of Rationality*）。从一开始，我就对理性选择理论的局限非常清楚。从理论上来看，理性选择是一个非常精彩的概念，与其他概念相比，它使我们更能够理解行动和行为互动的理由。但它也存在过分的雄心，即试图通过理性选择来解释一切，我想这就使其局限变得非常明显。

郭忠华： 但此后，您显然不再局限于马克思和理性选择研究，而是更多涉及情感、制度、正义等主题。这些主题与您前面所说的那些研究主题之间又是什么关系？

埃尔斯特： 你说得没有错，我以马克思作为起点，但后来我对社会科学哲学有着更加持久的兴趣。我写过一本名为《技术变迁的解释》（*Explaining Technical Change*）著作，我在其中回答了三个问题：解释的理由、解释的方式和解释的功能。在那本书里，我提出了"机制"（mechanism）概念。在你翻译的《心灵的炼金术》那本书中，我一开始便讨论这一概念，并用它来解释心理和文化。因此要很好理解《心灵的炼金术》，先要对社会科学哲学问题有所了解。但是，当我对非理性行为投以注意力的时候，它使我注意到情感问题，这也是我对情感研究感兴趣的原因。

所有这些尽管体现出一定的计划，但更带有非常多的偶然性。它以黑格尔、马克思等经典思想家作为开始，我也阅读过他们大量的著作，但此后却变得与他们没有多少关联了。同时，我在从事研究的时候，阅读过亚里士多德等古希腊思想家、法国道德学家等的作品，除此之外，还包括文学作品，并对某些时代的社会风气（比如中世纪地中海国家的复仇等）具有持续的兴趣，我便将所有这些主题纳入我的解释视野中来，即理性选择与非理性选择。在《心灵的炼金术》之后，我更加关注情感或者说非理性选择的问题。这是一个非常丰富的话题，此后，我对情感问题也有了更加深入的理解。但从情感所具有的复杂性而言，更合适的说法或许应当是，我只是一个起步者（beginner）。从我出版的诸多著作来看，《心灵的炼金术》迄今仍然是我最满意的著作。

继情感之后，接下来进入我研究视野的主题是正义与非正义的问题。就这一主题，我著述了三本著作，探讨人类能动性如何影响正义与非正义行为。它们分别是《社会的黏合剂》（*The Cement of Society: A Survey of Social Order*）、《地方正义》（*Local Justice: How Institutions Allocate Scarce Goods and Necessary Burdens*）、《历史视角下的转型正义》（*Closing the Books: Transitional Justice in Historical Perspective*）第一本已经被翻译成汉语。这本书主要探讨正义观念如何影响人们的家庭，第二本书出版于1992年，这本书主要探讨地方政府机构（agencies）所持的正义观念是如何影响稀缺性资源（如教育）和负担分配的。在这一问题上，经常出现效率与公平之间的冲突。第三本书出版于2004年，主要探讨从法西斯政体、权威政体等向民主政体转型时司法体系的建立以及如何给前政权所犯下的过失给予补偿的问题。比如，1945年德国法西斯政体解体后，如何建立正义的司法体系给予受害者补偿。所有这些著作都围绕正义问题而展开，而且主要是从第三方所持的正义观而不是我的正义观角度来进行思考的。这也是我第一次冒险从第三者角度而不是我的角度来进行写作。之所以会进行这一主题的研究，一方面是个人早就拥有的兴趣；另一方面也是因为当时各个地方出现的政府转型，并由此形成转型正义问题，必须考虑政府转型过程中正义的观念和公正的分配体系是如何形成的。当然，对这一问题的思考也把我带入另一个主题，那就是制度设计和制度变迁问题。

在 1989—1991 年间，伴随着共产主义体系在欧洲的瓦解，面对这一情况，我与我芝加哥大学的同事一起建立了关于欧洲后共产主义国家的数据库，并创办了一本学术刊物，名为《东欧宪法评论》（*East European Constitutional Review*）。在接下来的数年里，我们都集中在欧洲后共产主义国家的制宪问题上。制宪问题从而成为 1990 年以来我学术研究的主要议题，我希望这是我最后的一个主题，哈哈。回顾自己的学术历程，以马克思作为开端，先后经历了社会科学哲学、理性与非理性、情感、正义与非正义以及制度转型研究。

二、社会科学与方法论个人主义

郭忠华： 谢谢您的介绍，这是一个非常丰富多彩而又成果丰硕的历程。接下来的问题是，通过如此众多的研究主题，您是否形成了某些在您看来明显属于自己的独特的东西，或者换一种方式来说，通过博采众长，您为社会科学研究做出过哪些独特贡献？

埃尔斯特： 回顾自己的学术生涯，时间尽管漫长，而且出版的著作也不少，但若说哪些就是为我独创的东西，则不敢妄言。因为有一种说法，社会科学中没有什么是新鲜的，你提出的某种观点在当时看来可能新颖，但随着时间的流逝，你会发现，这种观点或许早已为他人所提出过，或者至少提出过类似的观点。

如果我们把社会科学看作一个"工具箱"（tool box），我或许可以说自己给这个工具箱中添加了某些"工具"。这些工具包括"自我约束"（self-bounding）、"偏好适应"（adapting preference）（指对于不同机会的调整）、"机制"（mechanism）（如何通过机制来进行社会科学研究，而不是过分的雄心）等。我在从事制度变迁和宪法设计研究时，利用过这些工具。在我看来，我们可以从不同学者那里学到不同的东西来服务于自己的目的。就我个人而言，我从马克思、黑格尔、托克维尔、边沁、亚里士多德以及法国道德学家等人那里获益良多，我使用他们的理论，对他们的理论进行改造，为社会科学工具箱提供改良的工具。例如，我在一些著作中引用了马克思的文本，他的整个大理论不一定要遵从，但他的许多局部观点却是非常有用的。我提出通过"机制"来进行解释，很大程度上也是受马克思的启发，或者至少你可以利用机制来对他的著作进行解读。这一点在马克思有关意识形态、异化等问题的论述中都有明显的体现。

工具箱的观点还在于，它为我们如何进行社会科学研究提供了视角。我们可以积累起自己的工具箱。当你读过一本书后，可以考虑他所使用的工具是什么。在读下一本书的时候，可以用到其中的工具，或者通过新的阅读来改良旧的工具，从而让工具箱不断更新，并越来越成为你自己独特的东西。这不是一种理论，这反映的不过是我一直支持的方法论个人主义。因为你必须着眼于社会个体的行为，理解他的情感、行为、利益和需要等，而不是把它们看作阶级、阶层等的行为，这样淹没了丰富多彩的个体，不能对社会现象进行有效的解释。只有社会个体才能行动，这从一开始就是所有社会现象的驱动力量。社会科学研究如果有什么统一的东西的话，那就是方法论个人主义，因为或许你也知道，社会科学中存在着许多大理论，如功能主义、阶级分析等。如果你集中在原因、结果等问题上，那么你就走在错误的轨道上。但就目前而言，社会科学的功能主义仍然存在广泛的市场，我也因此而花费了大量的时间来反对这一立场，尤其是在 2007 年出版的《解释社会行为》（*Explaining Social Behavior：More Nuts and Bolts for the Social Sciences*）一书中。

郭忠华： 您主张的方法论个人主义尽管有其合理性，但也存在两方面的问题：一是走向了客体主义的反面，把主体主义置于社会科学研究的核心。我们知道，主体主义的观点尽管不乏真知灼见，但它与客体主义一样，都忽视了对手存在的某些重要长处。二是方法论个人主义真的有那么独特吗？因为按我的理解，20 世纪中期，至少还存在部分社会理论家也持相似的立场，都以对马克思学说的反思作为起点（或许因为那一时期马克思在欧洲存在着巨大的影响力），都对结构主义、功能主义等宏大社会理论进行批判，认为必须重视社会生活中的个体，不是把个体仅仅看作社会的决定物。我曾对吉登斯进行过长期研究，他的学术经历某种程度上与您相似，以马克思作为起点，对结构主义、功能主义等宏大社会理论进行过长期反思。但与您不同，他没有走向方法论个人主义，而是主张必须同时重视主体和客体在社会科学研究中的重要性，因此提出了"结构化理论"。请问您是如何看待这一点的？

埃尔斯特： 是的，结构主义不像功能主义那样一致，它内部存在着很多不同的流派，但功能主义很容易识别，而且也更加统一，它从后果的角度来分析社会现象。结构主义意味着许多不同的东西。比如，法国结构主义内部就包括不同的流派和作者。但它们也存在一个共同点，那就是都把结构看作专断性的，这方面在列维·施特劳斯那里表现得非常明显，在阿尔都塞那里也一样。如我前面所言，我于1968—1971年间在法国学习，因此对法国结构主义颇为熟悉。但在我看来，结构主义并不是一种很好的学说。你刚才说得很对，使用马克思作为研究的起点在1960—1970年代的欧洲是一种很普遍的现象。如果把那个时期与现在比较，作一个没有太多根据的猜测（wild guess），现在对马克思著作的引用率大致相当于那时的十分之一。也就是说，那个时候欧洲对马克思的热情有着更加广泛的兴趣。当然，结构主义和功能主义也是那时流行于欧洲的重要社会思潮，因此很多人同时也会对这两种研究方法加以反思。因为这两种研究方法都是客体主义的不同变体，作为客体主义的批评者，走向主体主义也就不令人为奇。我对吉登斯了解不多，我只是认为，没有社会个体，所有社会现象和事实都将不可能出现，因此社会科学研究必须以个体作为出发点。在那个时期，我们这些分析马克思主义者的立场是，试图将马克思主义与理性选择结合在一起，将马克思主义建立在方法论个人主义的基础上。正因为如此，分析马克思主义有时有被称作理性选择马克思主义，其核心观点在于，思考如何从理性选择或者个人行为的角度理解阶级、资本主义等结构性事实。我不知道分析马克思主义在这一点上取得了多少成效，但至少这是我们的一致立场。

郭忠华： 关于社会科学能否预见未来的问题。我们都知道，包括马克思主义在内，存在着众多试图解释现代社会产生、发展、问题和未来的社会理论，甚至可以说，除解构主义之外，任何完备的社会理论体系都旨在解释现在，说明当下社会存在的问题，并在此基础上提出未来社会的发展走向。但您却在一系列著作中提出，社会科学是不可能对未来做出预测的，那是"过分雄心"的体现。如果说任何社会科学理论都旨在从一定的角度对社会做出解释的话，对于未来的预测也就成为它们合理的选择。但您为什么会认为社会科学不可能对未来做出预测呢？您是从何种角度得出这种结论的？

埃尔斯特：　让我再重复一下我的主要观点，我认为社会科学，比如经济学，可以预测社会中某些领域发生的一些小型变化（small changes），比如，我们需要经济学家来告诉我们，如果提升税率，将导致人们什么样的经济行为。但我不认为社会科学家能预测大范围和长时期的变化。比如，刚才讲到的1989—1991年东欧社会主义阵营的瓦解，很少有哪一个社会科学家预测过他们的崩溃，相反，倒是反过来，有许多社会主义理论家从意识形态的角度预测过资本主义的灭亡，但这种预测更多是意识形态上的一厢情愿。关于从2008年起席卷世界的全球金融危机，如果你看一下《经济学家》杂志所作的解释，至少存在着50种不同的解释和50种不同的理由，关于世界经济将如何发展的问题，也至少存在着50种不同的预测。这些观点彼此差异甚迥，有些甚至完全相反。如果社会科学能够预测未来的话，那么它就应该存在共识，而不是充满争论和攻讦，否则如何做出预测，以谁的意见为准。社会科学与自然科学不同，自然科学以普遍性共识为基础，某种观点一旦提出，便可以得到证实或者证伪，但社会科学却不同，它不存在着类似的普遍性共识。这是自然科学与社会科学之间的根本差异，不存在着某种普遍有效的社会科学理论，能够做出普遍有效的预测，社会世界存在着太多的不确定性因素。

为什么社会科学就会存在着如此多的不确定性因素？这是因为与自然世界不同，社会科学所研究的是人的世界，作为社会行动者的个体都拥有其自身的能动性，会根据不同的情境和不同的理由不断调整自己。同时，社会科学研究者也拥有其能动性，具有不同的世界观和知识积累，并且也是生活在变动的社会世界中，因此会根据情境的变化而改变其态度和思想。当然，这些只是隐含在社会科学后面的原因，不一定为社会科学家或者行动者所认识到。他们在从事社会科学研究时，仍然试图对社会世界的未来发展做出准确的预测，这方面尤其体现在经济学家和政治学家身上。如果致力为之，将导致他们声名狼藉，还可能使他们感到气馁。当然，有些人可能会采取一种鸵鸟政策，那就是我所作的预测之所以还没有发生，那是因为时候未到，但它们迟早是要发生的。比如，有人说，中国迟早是要变为世界第一的，但它不指出具体会是在什么时间，如十年或者二十年，就像马克思预测共产主义社会的来临那样。但我要说的是，这样的预测等于没有预测，不能给你带来任何启示。

郭忠华： 这听起来当然很有道理，但如果我们回望历史，人类历史并不是杂乱无章地来到当下的。处于当时历史条件下的人们可能无法想象未来会是什么样子，但如果站在我们当下来回望历史，你会发现其中仍然存在着某种"模式"（pattern）。在一定的时候，人类发明了火，然后发明了文字，然后再发明了蒸汽机、电等，直至我们今天的网络世界。我们很难想象今天的网络会出现在两千多年前的古希腊社会。技术的每一次重大变革都深刻影响了人类社会，催生了特定的社会形态。如果我们把对于历史的理解用于未来，似乎同样可以肯定，在现有的基础上，人类社会仍将遵循某种模式向前发展，也就是说，存在着某种总体性模式，只不过人类的社会科学迄今为止尚没有发现这种模式而已，并不是它不存在。我不知您如何看待这一点？

埃尔斯特： 有人还预测过"历史的终结"呢！但历史根本没有终结。回望漫长的人类历史，当然存在着某种模式，从封建主义向资本主义过渡，从资本主义再到社会主义。但另一方面，也必须看到，也出现过社会主义向资本主义倒退的模式。不过，我还是同意你的见解，认为人类社会存在着某种总体性发展模式。但在我们今天所处的信息社会，由于一切事情都发展得极为迅速，我并不认为当前的社会科学能够对这种总体发展模式做出预测。因为社会科学听起来尽管是一个总体性名词，但里面充斥的实际是各个分支，不存在着某种统一的社会科学,用某一分支科学来预测总体历史,那是办不到的。比如,我们不可能依赖于经济学来对整个社会世界做出预测。

三、从"机制"解释社会

郭忠华: 这样说当然有道理,但我觉得最终还是由于社会科学的研究对象问题。因为社会科学研究的是人的世界,在其中,每一个人都是理性的行动者,每一个人都理性地行动,但另一方面,理性又总是有限的,而且还存在着非理性的时刻,即情感、激情等对人类行动造成干预。理性与非理性的问题,如刚才所言,也是您一直全心关注的问题。正因为如此,社会世界才会变得难以预测。但我还是想转入更加特定的角度和更加特定的问题来进行探讨。您在《心灵的炼金术》一书中提出从"机制"的角度理解社会行为。首先,什么是机制?它与其他社会科学的解释有何不同?

埃尔斯特: "机制"是在我《心灵的炼金术》一书中提出的主要解释视角,我不认为客观世界存在着某种决定性因素,比如马克思所认为的生产力。从实践经验的角度来看,要发现"机制"则相对容易,因为它所要涉及的也主要是经验性问题。所谓机制,指的是那些经常发生和容易认出的因果模式,而且这种模式通常是由我们没有认识到的条件或者不确定的结果所引发的。比如,举一个例子来说,军队本来以服从命令为天职,但历史上也出现军队拒绝服从命令,拒绝向反抗者开枪的情形,法国的路易十六就曾遭遇这种情况。由此提出的一个问题是,如何解释为什么军队有时候服从命令,有时候则拒绝执行命令。这其中实际上不存在着什么覆盖律(covering law)的解释。我们可以说,有两种可以预期的因果链作用于同一结果,或者说它们从不同的方向作用于同一个独立变量,从而使结果变得高度不确定(当然,军队这个例子可能不是太好,因为军队大部分时候是服从命令的)。再举一个南茜·卡特莱卡所举的那个令人信服生物机制方面的例子。他在将山茶花栽种在肥沃而温热的土壤里后,发现一部分山茶花生长得非常茂盛,另一部分则枯萎了。

但是，这只是机制中的一种，它在日常社会实践中表现得更加复杂。比如，一头牛如果受到刺激，可能引起惊恐、跑、攻击、嘶鸣等情形，也就是说，同一个独立变量，可能引起高度不确定的结果。有些时候，不同的机制还可以组合在一起，形成我所说的"分子机制"。所有这些都说明，许多社会行动无法从单一因果律的角度做出解释，这是科学中"化约主义"策略。社会科学的任务在于阐明事物发生的不同机制，而不是做出某种覆盖律的解释。

郭忠华： 我总是想追求一些更加特定的东西，那就是在我看来，您尽管不认为社会科学不存在规律性解释，但您又试图通过机制来对各种社会现象做出解释。只不过机制更加复杂一些而已，承认同一件事情可能由各种不同的原因所引起，或者同一种原因可能引起不同的现象。在您看来，这与社会科学的覆盖律解释存在本质性差异吗？

埃尔斯特： 我在晚近的《解释社会行为》一书中对这一问题进行了说明。我这里也可以综合一下。首先，从机制来解释社会现象，可以提供更多额外的解释，而不像规律解释那样那么简单化约。其次，你必须注意到各种竞争性解释，也就是说，你不是只集中在某种单一的因素上，而是同时关注各种不同的因素在同时发挥作用。

让我举一个例子来说明吧。我有很长时间住在美国的纽约，百老汇有许多著名的演出。每当演出结束的时候，观众都会站起来鼓掌。我有时候就会想，为什么他们要站起来鼓掌呢？是为了表示他们对演出非常满意？还是因为演出质量与价格相比，50美元一张的票让他们感觉物有所值？从覆盖律的角度解释，很容易认为就是前者。但我发现，价格实际上也在其中发挥着十分重要的作用。如果价格贵出某一标准，他们可能就不会这样做。也就是说，我们在解释观众站起来鼓掌这一现象时，既要注意到演出质量，又要注意到门票的价格，甚至其他更多的因素，这样使我们对社会现象的认识变得更加全面。机制的解释就是这样，它不是对某种现象仅仅做出单一的解释，而是解释了更多的内容。在机制解释中，不是某种原因处于专断性地位，而是同时注意到多种因素在同时发挥作用。

郭忠华： 机制的解释听起来的确让人感觉更加全面，也更加迷人。但由此带来的一个问题是，由于人类知识和视野的有限性，我们实际上并不能确定哪些原因应当进入解释的范围，哪些因素则应当忽视。从结果来看也是一样，我们不能确定哪些结果应当纳入考虑的范围，哪些则不应当。以你刚才所举的牛的例子来说，它受到刺激之后，可以变得嘶鸣、跳跃、攻击、惊恐……我们实际上并不确定牛的哪些表现是由于受刺激所致，而只能凭主观进行判断。有些表现可能的确是由于刺激所引起的，但有些则可能不是。从事物都彼此联系的角度来看，机制的分析方法似乎把我们带入到一个无穷无尽的因果网络中，这种无限性使解释变得不再可能。如果我们要使解释成为可能，那就必须凭自己的主观意志专断地认定，这些因素应该纳入考虑范围。这种做法显然违背了机制的解释初衷，变成了另一种化约论变体。

埃尔斯特： 这的确是一个很难的问题，但我想还必须求助于我刚才所说的工具箱，工具箱是各种机制的积累，它已经对各种行为建立起了"索引"（index），从而使你对行为的机制具有全面的了解。以牛的例子来说，乍看起来你的确说得对，但如果工具箱里已经积累起了丰富的解释工具，那么它就可以对牛受刺激之后存在哪些表现做出全面的解释。当然，我知道你可能会问，工具箱不可能会那么全面，已经积累起了解释所有行为的机制。我承认，当然有些行为无法通过现有工具箱的机制做出解释。如果遇到这种情况，那你就必须建立起一个"例外索引"，它说明现有工具箱中的机制无法对它做出解释，并在工具箱中着手建立起有关此类行为或者现象的机制。下次当你再遇到类似的现象时，这一例外索引就可以帮助你进行一定程度的解释，同时检验现有索引中的机制积累是否全面，如果不全面，加入新的机制。久而久之，例外索引就变成工具箱中的常用工具了。

郭忠华： 把各种不同的机制积累成为工具箱，再通过工具箱来解释各种社会现象，听起来似乎说得通。但对于我来说，您所积累起来的工具就像是一个"黑箱"（blackbox），我根本不知道里面存放着一些什么样的工具。除非您打开您的工具箱，让我看到里面所有的机制，否则那个工具箱就只能是一个黑箱。如果工具箱只能为您一个人所拥有，或者说如果每个人都拥有自己特殊的工具箱，那事物的解释就可能变得五花八门，很难形成什么共同的理解。我不知道您是否也这样认为？

埃尔斯特： 你的问题所指的实际上是不同工具箱之间如何形成共识，或者建立共同工具箱的问题。首先我必须说明的是，能够建立起工具箱以对社会现象进行解释者，很大程度上只是少数社会科学家，只有社会科学家才会有意识地对社会现象做出解释，普通行动者尽管拥有丰富的社会知识，他们很少有意识地对社会现象做出理论解释。每一个社会科学家都拥有独特的视角或者方法，或者说都拥有独特的工具箱，这一点我不反对。但他的工具箱能否有效，关键取决于他通过其工具箱所做出的解释能否为他人所理解、接受以及在多大程度上被接受。如果能够为他人所接受，这说明他的工具箱是有效的，否则就是无效的。这种理解和接受某种程度上就是打开"黑箱"的过程，就是研究者将自己的工具箱展示于他人面前和使他人理解其解释工具的过程。

郭忠华： 我们做出这些谈论的时候，实际上都是从理性的角度来阐述自己的立场的。但诚如您在《心灵的炼金术》一书所探讨的那样，理性总是与情感等非理性的因素绞合在一起。我不知道您如果将非理性因素纳入考虑的范围，机制的解释又会变得如何？另一方面，让我来打一个比方。在翻译《心灵的炼金术》一书时，我一方面充满乐趣，享受到您对人类理性与情感问题的许多真知灼见，但另一方面，我又产生些许沮丧，感觉满地珍珠，但却无从发现一条完整的项链。在我们现在这种场合，我非常好奇的是，不知您能否给我展示一条关于人类理性与情感的完整项链？

埃尔斯特： 对于前一个问题，你的说法实际上这是一种误解，正是因为非理性因素的存在，我才会提出必须从机制的角度来做出解释，因为非理性因素的加入使事物的发展充满不确定性。如果事物完全按照理性设计好的路径发生和发展，那么有覆盖律的解释就够了，不必需要有机制的解释。

至于你说的后一个问题，我想你所问的是我著作中最根本问题，即理性与情感之间关系的问题。你的沮丧我不感到意外，因为此前我已多次遇到过类似你的评论。我在纽约的一个朋友有一次也对我这样说，埃尔斯特，你著作中涉及太多的例子和细致的分析，但是你却忘了说明总体性轮廓和连贯的线索，这让我无法理解你著作中的总体思想。至于你说的项链问题，我在《心灵的炼金术》一书的第四章提出了有关这两者的三组关系，或者是这一项链的大致轮廓，但那只是粗线条的，说不上是一条精细而完整的美丽项链。我认为关于理性与情感的关系，可以重点考虑以下三组问题：情感对理性的影响、理性对情感的影响以及情感在多大程度上成为理性选择的目标。哦，我实在再说不上太多，或者说能够给你一个清晰的答案，但我记下了你的问题，我也期待有一天能给你那条美丽的项链。

郭忠华： 或许是我太贪心，想要您给出一条美丽的珍珠项链，从而导致了一个太艰难的问题，那我们现在转移到一幅更加特定的图画上来吧。在人类情感的星空中，闪烁着许多美丽的星星，有爱情、激情、妒忌、愤怒、憎恨等，说实话，对于人类情感的复杂性，我们很难知道其中到底有多少种情感。但您在著作中论述到的主要是妒忌、激情、憎恨等少数几种类型。您为什么认为这些足以解释人类情感呢？或者说您在做出这些选择时，后面主要隐含了哪些考虑？

埃尔斯特： 你说得完全对，当写作完《心灵的炼金术》后，我发现自己似乎掉进了一个没有边际的情感黑洞中，发现自己对情感的理解更少而不是更多了，我只是化约性地论述了其中少数几种。但我想，爱、恨、妒、激情等或许代表了人类情感中最典型的几种，这也是我做出这种选择的理由，因为我不可能在一本书里穷尽所有人类情感。同时，我还注意到，有些研究人类情感的人试图建立起人类情感的结构，指出哪些是最基本的情感，在基本情感的基础上再衍生出二级情感或者三级情感。但我没有为他们的论证所说服，因为人类情感实在太复杂，在不同的情感或者不同的个人那里，每一种情感都有可能扮演基本情感的角色，因此基本情感也就不会仅仅限定在某几种情感上，否则就变成了一种情感化约论。但我的确提出存在某些"情感群"，比如蔑视、愤怒等可以划归为同一情感群。

图书在版编目（CIP）数据

巨变时代的社会理论：名家访谈录 / 郭忠华编著 . —
北京：商务印书馆，2022
ISBN 978-7-100-20881-9

Ⅰ.①巨… Ⅱ.①郭… Ⅲ.①社会科学家—访问记—
世界—现代 Ⅳ.① K815.1

中国版本图书馆 CIP 数据核字（2022）第 045363 号

巨变时代的社会理论

名家访谈录

郭忠华　编著

商 务 印 书 馆 出 版
（北京王府井大街 36 号　邮政编码 100710）
商 务 印 书 馆 发 行
南京鸿图印务有限公司印刷
ISBN　978-7-100-20881-9

2022 年 4 月第 1 版　　　　开本 700×1000　1/16
2022 年 4 月第 1 次印刷　　印张 21½

定价：98.00 元